2022年度湖南省哲学社会科学基金青年项目"数字化赋能家庭德育促进的内在逻辑与实践路径研究"（项目批准号：22YBQ013）成果

U0668995

新时代家庭德育变革研究

XINSHIDAI JIATING
DEYU BIANGE YANJIU

欧阳鹏 ⊙ 著

中南大学出版社
www.csupress.com.cn
·长沙·

图书在版编目(CIP)数据

新时代家庭德育变革研究 / 欧阳鹏著. —长沙：
中南大学出版社，2023.3
（马克思主义理论学术著作丛书）
ISBN 978-7-5487-5164-9

Ⅰ. ①新… Ⅱ. ①欧… Ⅲ. ①家庭教育－德育－研究
－中国 Ⅳ. ①G78②G41

中国版本图书馆 CIP 数据核字（2022）第 207348 号

新时代家庭德育变革研究
XINSHIDAI JIATING DEYU BIANGE YANJIU

欧阳鹏 著

□出 版 人	吴湘华	
□责任编辑	杨 贝	
□责任印制	唐 曦	
□出版发行	中南大学出版社	
	社址：长沙市麓山南路	邮编：410083
	发行科电话：0731-88876770	传真：0731-88710482
□印　　装	长沙雅鑫印务有限公司	

□开　　本	710 mm×1000 mm 1/16	□印张 12.75	□字数 221 千字
□版　　次	2023 年 3 月第 1 版	□印次 2023 年 3 月第 1 次印刷	
□书　　号	ISBN 978-7-5487-5164-9		
□定　　价	52.00 元		

序 言 ○

中国特色社会主义新时代是中国发展新的历史方位,是政治、经济、文化、社会等发生具有进步意义的重大变化的历史时期。家庭德育是在"家庭场域"中培育和发展孩子的道德、思想、政治、理想、爱国精神、民族情怀、集体意识、民主理念、法治观念、心理素质的教育活动。新时代国家发展中的新形势与新变化,以及家庭德育本身存在的许多与客观规律相违背的因素、不合时宜的因素、效率低下的问题等,呼唤家庭德育变革。变革,既是一个"变"的过程,又是一个"革"的过程。"变",意味着家庭德育中原有积极因素的强化、匮乏因素的补全;"革",意味着家庭德育中负面因素的消弭。变革既是刊谬与补缺的过程,又是强化与增益的过程。

研究新时代家庭德育变革,除明晰其基本内涵外,亦须厘清与之相关的重要概念或"关系"。人们的"家庭观、生活观与婚姻观","个人与家庭关系、家庭成员与儿童关系"的妥善建构与维持,各个家庭之"家格"的发展状况,人们对"家庭与个人幸福、与社会和谐之耦合关系"的理解,都与家庭德育的存续和变革息息相关。另外,以马克思主义家庭德育相关理论和马克思主义中国化家庭德育相关理论作为行动指南,从中国传统家庭德育思想及近代以降中外学界家庭德育相关理论中汲取充分"营养",是新时代家庭德育实现科学、高效变革的必要前提。

探赜新时代家庭德育为什么要变革,一方面,须揭示和正视家庭德育面临的新变化与新形势:科技跃升与物质积淀、地缘结构与人口结构变迁、生活方式与社交模式转型、社会分化与阶层固化加深、日益习见的特殊家庭现象。另一方面,须审视新时代家庭德育的现实问题及其归因:当前阶段社会发展中的一些结构性难题,引致家庭德育的诸多被动和无奈;在古今中外文化杂糅与冲突背景下，家庭德育面临文化选择与坚守之困局；科学建构与理性反思贫乏、德育理论与方法自觉缺失；家庭"自我"发生疏离；德育智慧与家庭安全感缺位；德育"过度"；家长育德能力和化人水平欠缺；未成年人犯罪预防与家庭"德育爱"出现"二律背反"；父亲沦为家庭德育中的"他者"。"缺失型家庭德育""控制型家庭德育""反面型家庭德育""暴力型家庭德育""威权型家庭德育"为家庭德育现实问题的典型表现形式。

深刻体认变革的制约因素与基本原则，是开展变革前最核心的准备工作。剖析制约因素，是因为变革会牵涉这些因素、变革活动将受到这些因素的制约。唯有洞悉它们的本质与内涵，才能顺利开展变革工作。制约因素主要包括主体因素、结构因素、环境因素、时间因素、功能因素等。明确基本原则，是为了充分保障变革的合理性、有序性、科学性和高效性，是为了让变革活动的具体行为在秩序与"章法"的规范下更加有的放矢。变革过程应遵循方向正确与操作可行相结合、承继传统与前瞻未来相统一、国外经验与中国国情相适应、时代共性与家庭个性相洽同等原则。

开展新时代家庭德育变革，既要变革家庭外围的"德育生态"，又要变革家庭内在的"德育体系"。变革家庭外围的"德育生态"：第一，在国家层面，创新与优化相关制度，完善制度资源供给侧结构性改革；第二，在社会层面，整治和重构家庭外围的社会环境与道德生态；第三，在社区层面，优化社区资源配置，促进社区对家庭德育的有效参与和多元协同；第四，在家校及个体层面，洞悉家校德育分野与共生之道，打造协作相通且互不从属的共育格局。变革家庭内在的"德育体系"：第一，从优化父亲角色、强化亲职教育、深化家长参与、统摄德育影响等方面着手，提高家长的德育胜任力，形成以能力发展与使命自觉为基础的家庭德育内生动力；第二，建立兼具个适性与社会性、融合民族性与世界性、统一实效性与综合性的家庭德育目标结构，规避道德目标"阿伦特困境"；第三，创新家庭德育内容体系构建的知识立场、时代立场、身份立场、生命立场和系统观导向；第四，在融贯并蓄、旁求博考、多元创生、用科技舆情之利、动"爱与关心"之情的方法求索中推动家庭德育质量提升。

综上，本书采用思辨研究法、文献研究法、实证研究法(含描述性统计、独立样本 T 检验、相关性分析、问卷调查以及质性访谈等)、历史研究法和多学科研究法等研究方法，以"变革是什么—为什么变革—准备变革—开展变革"为研究思路和逻辑线索，对中国家庭德育及其变革的内涵与理论、问题及归因、因素与原则、生态外铄与质量内求等，进行深入系统的研究分析。

特别说明

　　笔者在本书撰写过程中，多次用到"德育者"与"受德育者"两个词。这两个词并非现代汉语言词汇，它们属于本研究的"生造词""仿词"，是根据"教育者"与"受教育者"之意涵，仿造出、创生出的"新词"。事实上，笔者也曾打算用现代汉语言词汇(尤其是思想政治教育或教育学专业词汇)来替代它们，如用"儿童、孩子、学生、受教育者、受教者、受育者、受播者、德育内容接受者"等词汇来替代"受德育者"。然而，在经过仔细的推敲之后，笔者发现：在本书中，就这些词汇的内涵与外延而论，它们并不与"受德育者"等同；就其语义、词义之表达而言，它们亦不如"受德育者"达意。此外，笔者也曾想过将全书所有这两个词加上引号，将它们设为本书的专有名词，但此举又使行文表达不够凝练、平添赘余。因此，思忖再三，只好继续使用"德育者"与"受德育者"两个词。虽然，在一些学术著作和论文中，这两个词较为多见，但为了尽可能增强本研究的严谨性和规范性，特此做出说明。

目 录

第一章

新时代家庭德育变革的内涵阐释与理论基础

家庭德育是德育的组成部分，德育是教育的重要内容，因此，家庭德育在其内涵上与教育有着很大的同构性——它们都"是人们尝试持续在任何一方面改善他人心理素质结构，或者保留其心理素质结构中有价值的部分，或者避免不良心理素质形成的行动"①。家庭德育的发展受到生产力水平的制约：生产力制约家庭德育的目标、内容、方法、组织形式以及发展速度等。同时，家庭德育反过来影响和推动生产力的发展：家庭德育再生劳动者的知识、素养、品德、技能等，而凝结于劳动者身心的这些要素作为人力资本存量，有利于"提高物力资本的生产效率"②。这也即笔者将家庭德育限定于新时代这一"时空"范畴来研究的原因之一。家庭德育所受制于的、反制于的，无论是生产力、生产关系，还是其他因素，都要以时代为载体、为依托、为立足之地。因此，家庭德育的意蕴、内涵也与时代的特点和品质息息相关。

时代不断发展，家庭德育亦然。"家庭是一个能动的要素；它从来不是静止不动的，而是随着社会从较低阶段向较高阶段的发展，从较低的形式进到较高的形式"③。新时代的家庭德育脱胎于新时代之前的"旧时代"，携带着诸多来源于"母体"的"优良基因"，这些"优良基因"及其所表征的"优良品质"需要

布列钦卡.教育科学的基本概念：分析、批判和建议[M].胡劲松，译.上海：华东师范大学出版社，2001：75.

② 范先佐.教育经济学新编[M].北京：人民教育出版社，2010：132.

③ 恩格斯.家庭、私有制和国家的起源[M].北京：人民出版社，2018：30.

倍加呵护、辛勤培育，以让其得到强化、变得繁盛；但它又确带着"原罪"，带着许多与生俱来的缺陷，这需要赎救，需要"革除"。也正因为家庭德育是发展的，是动态的，它的现在是可控的，它的未来在某种程度上是可以预期的。为了让它的未来可期、前景光明，人们就应当于现在对它注入力量、施加影响，控制好它的发展方向和轨迹，让它朝着更有希望的、更有利于国民福祉的目标前进。由此，变革是立足现在、指向未来的。为了提高变革活动的科学性与实效性，变革者除了明晰家庭德育的基本内涵外，亦须厘清与之相关的重要概念或"关系"。同时，只有充分整合与利用好现有的相关理论资源，筑牢变革的理论之基，方能让变革活动有据可依、有章可循，进而有的放矢。

第一节　新时代家庭德育变革之内涵梳理及概念界定

一、新时代

在中国共产党第十九次全国代表大会上，习近平同志指出："经过长期努力，中国特色社会主义进入了新时代，这是我国发展新的历史方位。"新时代，是一个特定的历史时期，是历史上政治、经济、文化等发生具有进步意义的重大变化的时期。新时代是一个"历史时期"，意味着它是一个时间段，而非一个时间点。换言之，新时代在某个时间点开启，自此以后，持续十数年、数十年甚至更长的时间。新时代之所以被称为"新"时代，是因为，在这个"历史时期"内，国家的政治、经济、文化等方面发生了"变化"——焕然一"新"。而这个"变化"，是"具有进步意义的重大变化"。由此可见，这个"变化"的发生，是一个持续性过程，而非一个短暂性、瞬时性动作。这个"持续性变化过程"是一个高速度、高能量的过程，所以它是"重大变化"；也是一个朝着积极因素进发的过程，所以它是"具有进步意义的"。

值得一提的是，开启我们现在正在经历之新时代的时间节点，并非党的十九大，而是党的十八大。2017 年 10 月 26 日，在党的十九大新闻发言人专题新闻发布会上，时任中央文献研究室主任冷溶在解读党的十九大报告时强调："新时代是从党的十八大开启的。"事实上，虽然"习近平新时代中国特色社会主义思想"在党的十九大被确立为党的行动指南，但这一思想的历史起点、理论原点是党的十八大。另外，新时代社会主要矛盾转化的判断始于党的十八大：早在 2012 年 11 月 15 日，习近平同志就提出"人民对美好生活的向往就是我们的奋斗目标"；而新时代的总任务亦脱胎于党的十八大，如，中华民族伟大复兴的中国梦之奋斗目标就源自党的十八大。

这也就是说，在党的十九大上宣布的"新时代"，早在党的十八大就已经"进入"，党的十九大的这一"宣布"是一次判断、一个定位、一次评价、一次"阶段性的总结与回顾"：自党的十八大以来，中国确实发生了包括"政治改革、经济跃升、社会转型、文化振兴"等"具有进步意义的重大变化"，然而宣布中国特色社会主义进入新时代并非"终结式"的"总结与回顾"，因为新时代正是我们现在所处的时代，并且它还会持续到将来，它是"将来完成进行时"。所以，党的十九大报告在阐释"新时代"时，便将其赋予了诸多"未来指向"的意涵，如，"这个新时代，是承前启后、继往开来、在新的历史条件下继续夺取中国特色社会主义伟大胜利的时代，是决胜全面建成小康社会、进而全面建设社会主义现代化强国的时代……"

西方语境中亦有对应于"新时代"的类似表达。"new era"一词在西方语境中，就常被用来形容"崭新的时代""开启的全新纪元"①。但本书之"新时代"，指的是党的十八大开启的中国特色社会主义新时代。质言之，本书所研究的"新时代"，蕴含着中国特色社会主义道路、理论、制度、文化等的"元素"和逻辑，它的方方面面，都和中国特色社会主义国情息息相关。本书所探讨的关于新时代的问题、提出的解决办法，都是专门针对"中国特色社会主义"之"背景和语境"的。换言之，"新时代"是有所指的，是特指的，而非普适的；"新时代家庭德育变革"，是指发生在新时代的与中国特色社会主义建设相适应相匹配的家庭德育变革。变革，是因为家庭德育存在问题，这些问题是党的十八大以来一直存在的问题（有些是历史遗留至新时代的问题，有些则是新时代出现的新问题），是若非变革还将延及未来的问题。变革是"中国的"，意味着它应与中国历史传统一脉相承、应适用于现代中国的国情，还应符合未来中国的发展需求。变革是"社会主义的"，蕴含着它要以马克思主义、马克思主义中国化的系列理论成果作为行动指南，它要有社会主义性质的目标和过程，它要充分利用社会主义中国的种种优势。

---

① CHRIS QI. China ready to enter a new era[J]. ICIS Chemical Business, 2015(1)：73-74.

二、家庭德育

家庭德育是在"家庭场域"中培育和发展受德育者的道德、思想、政治、理想、爱国精神、民族情怀、集体意识、民主理念、法治观念、心理素质的教育活动。质言之，本书所论"家庭德育"，是一种家庭"大德育""整体德育"，它不能被狭义地理解为"家庭道德教育""家庭思想政治教育"，更不能被泛泛地视为"家庭教育""家庭美德建设"。

1. 家庭德育是关于道德、思想、政治、理想的教育

恩格斯指出："思想、观念、道德的生产最初是直接与人们的物质活动，与人们的物质交往，与现实生活的语言交织在一起的。"①为了让这种"生产"变得有序和高效，也为了让后代的道德品质与思想观念等符合社会发展的需要，同时也因为生产力和生产关系发展所创造的相应条件，独立的教育（含德育、家庭德育）活动便应运而生。

家庭德育是关于道德的教育。德育者在"家庭场域"中引导受德育者学习和领略关于人们共同生活及其行为的准则和规范，这种"准则和规范"通过人们的自律或通过一定的舆论对社会生活起约束作用。道德教育主要包括家庭美德、职业道德、社会公德、市场伦理、环境伦理等方面内容。

家庭德育是关于思想的教育。思想是客观存在反映到人的意识中经过思维活动而产生的结果，其内容为社会制度的性质及人们的物质生活条件所决定。家庭德育中的思想教育是帮助、引导受德育者正确认知和理解这一"客观存在"的教育活动。因此，思想教育在通常意义上包括人生观、价值观和世界观（简称"三观"）教育，亦包括生活教育等内容。就以"三观"而论，家庭德育的几乎全部内容都蕴含着关于"三观"的知识和"指向"，它为受德育者奠定"如何认识世界，基于这一认识应有怎样的坚定信念和实际行动""在实践中获知人生的目的和意义，并为如何实现这一目的和意义而努力""如何发现或鉴别有价值的事物，如何认清真相、明辨是非，如何为追逐价值而调节自身行为"的基础。中国特色社会主义家庭德育有责任向新时代的受德育者传授马克思主义的人生观、价值观和世界观。

---

① 王磊. 马克思恩格斯论道德[M]. 北京：人民出版社，2011：122.

家庭德育是关于政治的教育。"德育的诸要素与统治阶级的政治需求密不可分"①,具体而言,政治教育是关于政府、政党、社会团体和个人在内政及国际关系方面的理念、主张、纲领的教育,它有时被包含于思想教育之中,但将政治教育独立出来作为一项重要的德育内容,仍然具有十分重要的现实意义。值得一提的是,政治及其教育产生并服务于一定的经济基础、社会生产关系,所以,马克思"反复地、充满激情、愤慨和轻蔑地谴责资本主义的非人道的政治体系,因它使人变得残酷无情,瓦解人发展的自主性"②。

家庭德育是关于理想的教育。有学者将理想教育视为思想教育的组成部分,但本书认为,理想教育与思想教育存在诸多不同之处,故分开来探讨。从时间维度上论之,思想多是指向过去和现在的"客观存在",理想虽需以现实条件(现实客观存在)为基础,但它更多的是指向未来,它是对未来事物的合理的、有根据的想象或希望。家庭生活、家庭关系以及蕴藏于其中的德育因素,常常是受德育者怀揣理想的条件与契机。家庭德育引导受德育者树立崇高的、科学的理想,助力受德育者将理想之长远目标分解为阶段性具体目标,并激励受德育者为实现这些目标而不懈努力。

2. 家庭德育是关于爱国精神、民族情怀、集体意识的教育

家庭德育是关于爱国精神与民族情怀的教育。爱国精神与民族情怀,是反映个人对祖国依赖关系的感情系统,是调整个人与祖国之间关系的行为准则体系,也是支撑民族繁荣发展的民族精神的核心③。家庭德育培养受德育者的爱国精神与民族情怀,表现在养成受德育者对祖国江河大地、锦绣山川的依恋,表现在培育受德育者对本民族历史文化、风土人情、风俗习惯以及骨肉同胞、祖宗先辈的热爱,更表现在养成受德育者坚决维护祖国领土主权、社会制度等的能力与自觉。此外,家庭德育过程,亦敦促受德育者认知和理解关于爱国精神与民族情怀的道德准则、政治准则和法律规范。简而言之,培育受德育者对祖国和民族的坚定支持态度和积极情感,让其拥有饱满的民族自尊心和民族自信心,让其产生对中华民族的深度认同与热爱,并愿意为祖国的稳定和富强而

---

① 冯秀军.现代学校德育环境的生态建构[J].教育研究,2013(5):104-111.

② 尼尔森,李义天.马克思主义与道德[J].伦理学与公共事务,2014(1):3-20.

③ 吴潜涛,杨峻岭.全面理解爱国主义的科学内涵[J].高校理论战线,2011(10):9-14.

奋斗、献身,是家庭德育的重要旨归。"人民有信仰,国家有力量,民族有希望"①,培养受德育者的爱国精神和民族情怀,是家庭德育的主要功能之一。

家庭德育是关于集体意识的教育。习近平总书记在党的十九大报告中强调"要加强思想道德建设,加强集体主义教育",马克思、恩格斯则认为"把人当作孤岛上的鲁滨孙,属于18世纪的缺乏想象力的虚构"②,任何人的个体,只能通过与他人交往、在各种社会关系中规定自己,才能生存与发展。而这种交往互动的有序进行、社会关系的良好维持,都需要树立"一切从集体出发,把集体利益置于个人利益之上的"的意识。集体主义价值观,是对主张原子化社会与个体利益至上的个人主义价值观的扬弃。它是建立在真正的共同体基础之上,强调本体与他者、个体与集体、个人的自由发展与一切人的自由发展之间的和谐关系③。无论是德育者与受德育者在日常生活中的交往互动,还是德育者专门对受德育者施加关于集体主义的德育影响,都是达成以下目标的可行途径:培养受德育者"大公无私"之精神,敦促个体的言行符合人民群众的集体利益,让每一个公民的个人利益符合集体、民族和国家的整体利益,以最终实现"人人为我,我为人人"的大同理想。

3. 家庭德育是关于民主理念与法治观念的教育

家庭德育是关于民主理念的教育。早在1919年五四运动期间,民主("德先生")便成为中国人民反对封建专制的口号与旗帜;及至中国共产党成立、新中国成立,中国特色社会主义(尤其是中国共产党的群众路线)让中国成为"当今世界最大的民主国家"④。民主理念经历了三个阶段或层次的发展:第一是古典民主,即"多数人统治",解决的是国家与社会的关系问题;第二是近代民主,即"精英选拔机制",解决的是精英与大众的关系问题;第三是现代民主,即"利益均衡机制",解决的是资源和财富占有与分配的关系问题⑤。我国每一位公民都拥有宪法赋予的、与其他任何中国公民平等的法律权利,同时,中国

---

① 习近平.决胜全面建成小康社会夺取新时代中国特色社会主义伟大胜利——在中国共产党第十九次全国代表大会上的报告[N].人民日报,2017-10-28(1).

② 马克思,恩格斯.马克思恩格斯选集:第2卷[M].北京:人民出版社,1995:1.

③ 王中汝.社会主义核心价值观:集体主义还是其他[J].社会主义研究,2010(5):18-22.

④ 韩震.中国才是当今世界最大的民主国家[J].前线,2017(12):160.

⑤ 徐勇.民主:一种利益均衡的机制——深化对民主理念的认识[J].河北学刊,2008(2):1-5.

民主理念蕴含"少数服从多数""在尊重多数人意愿的同时极力保护个人或少数群体的利益诉求"之原则。研究表明,德育在应对民主社会存在的挑战与问题时能发挥积极效用①。致力于让受德育者认知、理解民主理念,弘扬、保护社会主义中国的民主制度及其赋予每个公民的民主权利,是家庭德育的重要内容。质言之,它是传播、发展和创新民主理念的可行途径,亦是在生活实践中诠释、示范民主理念的良好方式。

家庭德育是关于法治观念的教育。全民法治观念培育、法律素养提升,是全面实现依法治国的根本前提。亚里士多德在《政治学》中写道:"法律能见成效,全靠民众的服从","邦国虽有良法,要是人民不能全部遵循,仍然不能实行法治"②。可见,法治观念的培育,是法治建设的"重头戏",它直接关涉法律的价值实现。培育民众的法治观念,不仅要让民众认知法律的"庐山真面目",而且要将民众带入一种新的法治生活方式之中,造就公民个体与法治之间的最亲密接触,并将人们的生老病死、利害荣辱与法律紧密联系在一起。与此同时,也就向民众普及了法的价值、精神,培养了人的守法道德。家庭德育是培养受德育者作为法治国家公民应有的法律观念的根本手段,它能在促成受德育者知法守法、彰显法律精神、维护法律尊严的过程中,发挥强有力的奠基作用。

4.家庭德育是关于心理素质的教育

家庭德育是关于心理素质的教育。身心全面健康发展,是新时代人才培养的重要标准。心理素质实质上是一个由认知品质、个性品质和适应性构成的心理品质系统③。良好的个性、正常的智力、较强的心理适应能力、积极而强烈的内在动力、健康乐观的心态、适当的行为表现等,是受德育者心理素质培育的目标指向。家庭德育能对受德育者心理素质建构与发展产生至关重要的影响。新时代的家庭必须重视对受德育者心理素质的培育,以提高其意志独立能力、社会适应能力、心理承受能力。换言之,家庭德育应当致力于让受德育者拥有、保持一个良好的心理状态,并具备自主构建积极健康的心理状态的能力——智力正常发展、对生活充满热爱、能控制和稳定自己的情绪("懂得如何

①　EMILIJA PETROVA-GJORGJEVA. Democratic society and moral education [J]. Procedia-Social and Behavioral Sciences, 2010(2): 635-640.

②　亚里士多德.政治学[M].吴寿彭,译.北京:商务印书馆,2006:71.

③　张大均.论人的心理素质[J].心理与行为研究,2003(2):143-146.

与自己讲和")、对自身有正确客观的认识(有饱满的自信和适当的自尊,杜绝自负或自卑的情绪及表现)、能在日常社交中建立和谐的人际关系、能及时规避极端的思想和行为①等。

三、变革

家庭德育变革,探究的是作为"德育之重要组成部分""被限定了时空的特殊德育"的家庭德育及其变革的内部矛盾和固有规律。变革,是因为现存的模式、内容、制度或方式不再符合新时代的发展要求,是因为因循守旧"没有出路"。变革,是对马克思主义"物质世界是永恒运动、变化和发展"之科学世界观的理解与活用,是对"物竞天择,适者生存"之自然和历史规律、真理的辩证运用,也是中国家庭德育走到今天之"形势所迫、理所当然"的"被动"选择。新时代的家庭德育不能被旧时代的历史流弊所局囿,进而与新时代的社会主义国情、文化生态格格不入。变革的对象是家庭德育,需要变革是因为它存在问题(问题严重,"不变"则或将陷入"危殆"境况;同时,不但"需要变",而且要"赶紧变"——严峻情势已凸显变革之刻不容缓)。

变革,在《现代汉语词典》(彩色插图本)中的主要解释为"1.改变事物的本质;2.废除旧制度,建立新制度"。变革,是内在的、本质的改革,而非仅仅是换汤不换药的"形式主义"上的变化;它是一种制度改革,也即一种"要求大家共同遵守的行动准则或办事规程"或"在特定的国情与历史条件下形成的政治、经济、文化、政策、法令、礼俗等的规范、规格或体系"的本质改变。质言之,笔者所研究的家庭德育变革就是:对新时代的(却也是在数千年的历史积淀中形成的)中国家庭德育的外围生态(如国家制度、社会环境、社区协同、家校分工等)与内在体系(如家长胜任力、家庭德育的目标、内容、方法、评价、原则、规程等)进行深度的、本质上的改革。它是一种本质上的变革,意味着它从里至外、从表面上的形式到深层次的内容,都要来一次彻底而充分的审视和重构。

此处需要特别说明的是,"本质改变"或"彻底重构",针对的是家庭德育中的问题、"痼疾",它们是不符合"家庭存续之固有规律、家庭德育的内在规律

---

① KIM HA YUN, NAM EUN WOO, JIN KI NAM. Effectiveness of a school-based mental health education program in an impoverished urban area of Peru[J]. Global health promotion, 2020(1): 77-86.

以及受德育者身心全面发展的客观规律"的负面因素。因为这些"负面因素"在新时代家庭德育中占据了很大比例,对它们进行完全的推翻、颠覆,也就意味着家庭德育发生了"本质上的改变"。然而,现存的中国家庭德育"模式"也并非乏善可陈,辩证地看,无论是它的育人理念、思想、目标,还是它具体的"育德"内容、方法,都确有许多精辟之处、可取之点,尤其是蕴含于其中的中国优秀传统家庭德育文化,就含有诸多独到的、值得称颂的"育德经验"。因此,从这层意义上而言,新时代家庭德育变革又不意味着对历史路径、模式和规则的彻底"革命",它是在保留以往历史经验之精华的基础上进行的重建、创新与发展。

另外,尽管"从经济改革和企业改革的经验中可以获得对教育改革的启示和借鉴"①,但相比于其他领域的改革或创新,家庭德育变革具有许多独特的性质:第一,家庭德育变革是关乎人才培养的变革活动,因此它要极尽可能地实现成功。换言之,家庭德育变革不同于企业改革,不同于医学试验,不同于模拟演习,它关乎的是人,人不是利润或产品,不是试验品,不是机器设备。"育人无小事",家庭德育变革是否成功,关乎人一生的福祉,关乎国家的未来。第二,"士有百行,以德为先",家庭德育变革是关于"道德、思想、政治、理想、爱国精神、民族情怀、集体意识、民主理念、法治观念、心理素质"之教育活动的变革,而这些因素,与人们生产生活的几乎所有方面都息息相关。这也就是说,家庭德育变革关涉包括国民经济效益在内的人们生产生活的方方面面、关涉中国亿万家庭的幸福与和谐、关涉受德育者身心发展的质量、关涉国家的长治久安。这些是关乎国治、关乎民生、关乎未来的"大事情",而不是"某一个企业、某一个群体的经济利益"。因此,家庭德育变革结果的影响面之广、影响程度之深,可能要远超其他领域的变革。

变革,既是一个"变"的过程,又是一个"革"的过程。"变",意味着它要"强化"家庭德育中现有的积极、正面的却又"微弱"、尚未壮大的因素与成分;意味着它要补全、创新家庭德育中现在欠缺,但又为人才培养所必需的因素与成分。"革",意味着它要清除、消弭家庭德育中现存的负面消极的、掣肘人之全面健康发展的因素与成分。质言之,变革既是刊谬补缺的过程,又是强化、"增益"的过程。唯有从源头上探赜家庭德育问题的归因及其具体的因果关系是什么,才更有可能鞭辟入里地洞悉要"变"的究竟是什么,要"革"的又到底为

①　钱颖一.大学治理:美国、欧洲、中国[J].清华大学教育研究,2015(5):1-12.

何物。家庭德育变革，是要根据家庭德育的现实问题及其归因，来变革家庭德育的体系与结构：这既要从家庭德育之体系结构所包含的要素（如家庭德育目标、内容、方法、评价）及其"联系"上"着手"，又要从支撑、维持家庭德育体系结构存续的"章法"、环境、依据上"起底"，来对家庭德育进行一次有的放矢的"标本兼治"，以彻底清除家庭德育问题负面作用的根源与破坏力。变革，必须严格遵循正确的方向与原则，也即：坚定不移以习近平新时代中国特色社会主义思想为行动指南，坚持新时代的科学发展理念，紧扣新时代中国社会的主要矛盾，并始终遵循家庭德育的内在规律与受德育者身心发展的客观规律。

第二节　家庭德育变革的相关概念、因素或关系剖析

家庭德育是一个结构复杂、因素多元、持续变化的动态系统，家庭德育变革则是一个艰难的、复杂的、长期的、"牵一发而动全身"的系统工程。"世界是普遍联系的、是永恒发展的""世界上的一切事物都处于相互影响、相互作用、相互制约之中"是马克思主义唯物辩证法的重要内容。家庭德育及其变革受制于多重因素影响，而这些因素本身又包括诸多方面的内容。如就"家庭伦理"而言，"它的自然基础是性爱和血缘，根本属性是责任和传承，价值取向是自由和平等，它是以一定经济关系为基础的道德关系"①。因此，研究家庭德育及其变革，不仅要研究其本身的内涵与意蕴，而且要剖析与之相关的诸多因素，如探究这些因素的意涵、考察这些因素与新时代家庭德育变革的具体关联，以确保新时代家庭德育变革的科学性、有序性与实效性。

一、家庭观、生活观与婚姻观

此处，笔者将从"家庭观、生活观与婚姻观"漫溯家庭德育影响之源。"观"是人们对事物的认知、信念、倾向、主张和态度。事实上，人们对事物的认知、理解、态度、观念等，既可能是客观的，又可能是主观的，既可能是正确的、切实的、适时的，又可能是过时的、谬误的、基于偏见的。与"观"对应的，是行

---

① 张红艳.马克思恩格斯家庭伦理思想及其当代价值[M].桂林：广西师范大学出版社，2015：100-110.

为、举止、处理方式，是实践活动。家庭观、生活观以及婚姻观，是与家庭德育及其变革密切相关的因素，它们涉及人们对"家庭成员角色定位与分工、家庭成员关系及相互责任、性别(地位)平等、生活的价值(及目的、意义)、个人与社会的关系、结婚(离婚)、生育、性"等的基本看法和态度。它们通过影响家庭德育之目的设立、内容规划、方法运用等来影响家庭德育的发展与变革。研究表明："家庭观念、家庭生活模式等会显著影响人的道德品质、政治立场和政治态度，如保守主义(Conservatism)、自由主义(Liberalism)和政治中间派(the Political Middle)"①。

新时代家庭成员的角色定位、分工观念，是近年来家庭内部的性别角色规范，以及个人与家庭的关系发生重构的结果。改革开放以后，随着国家现代化节奏的加快，尤其在"新四化"(中国特色新型工业化、信息化、城镇化、农业现代化)发展的影响之下，人们逐渐建立起与国家发展、社会转型相匹配的家庭角色分工观念。中国传统家庭之"男主外、女主内"的角色规范和分工方式逐渐瓦解，女性自我解放之后的同质化家庭分工观念日趋成为主流观念，同时，人们对"个人工作与家庭职责优先顺序"的看法亦发生巨大转变。家庭角色分工观念的转变，可从德育者的性别角色、德育者的德育参与时长、德育者对家庭德育重要性的意识等方面影响家庭德育之存续。

人们对家庭成员关系及相互责任的观念态度的变化，同样会对家庭德育的发展造成影响。如，有研究表明："家庭成员关系、负面生活事件皆与青少年抑郁症存在显著关联。"②家庭成员之间理想的相处模式应是如何、家庭成员存在何种相互责任、家长应履行哪些对孩子的教养义务且如何履行这些义务等的观念，会对德育者的家庭德育行为产生巨大影响。事实上，与上述观念相关的部分家庭行为(如相关义务、责任的履行)属于法律规定行为，具有法理依据，但作为普适性规范的法律，很难在家庭"私域"(尤其是行为细则上)发挥实质性、个适性的督导、强制作用。因此，家庭行为(尤其德育行为)的适当、有效，还

---

① FEINBERG MATTHEW, WEHLING ELISABETH, CHUNG JOANNE M, et al. Measuring moral politics: How strict and nurturant family values explain individual differences in conservatism, liberalism, and the political middle[J]. Journal of personality and social psychology, 2020(4): 777–804.

② REN ZHENG, ZHOU GE, et al. Associations of family relationships and negative life events with depressive symptoms among Chinese adolescents: A cross-sectional study[J]. PLOS ONE, 2019(7): 1–16.

需以观念正确、科学、自觉为基础。人们对家庭成员关系及相互责任的认知，将明显制约德育者之德育义务的履行、家庭关系的和谐程度、家庭文化的"立德"效果、家庭氛围的"利德"作用等方面。

性别、地位的平等观念，放诸家庭德育，关涉父母、祖辈等德育者的性别（地位）平等，关涉受德育者（男孩或女孩）之间的性别（地位）平等，亦关涉德育者与受德育者之间的主体地位平等。"人们对传统的性别意识形态的坚持，是导致当代'性别不平等'事件、现象存续的重要原因"①。性别、地位平等观念的确立，有助于不同德育者之间德育影响博弈、冲突问题的解决，有利于德育资源供给"重男轻女"等现象的规避，有益于杜绝德育过程中主体地位不平等而导致的控制型、灌输型、威权型德育方式。

德育者对于生活之价值、目的、意义的理解，对于个人与社会关系的认知，将显著影响其为人处世的方式、家庭生活的态度和行为，也将在其与社会接洽的活动中、遵守社会规则的具体行为中、社交关系的开拓与维持中充分体现出来。而这些，不但作为德育榜样、德育内容、德育方式直接参与受德育者的道德建构过程，而且作为家庭生活、家庭文化的重要内容，间接影响受德育者的道德发展。

人们的婚育观念、性观念亦与新时代家庭德育及其变革息息相关。"结婚不是件私事"②，结婚观念与个体的择偶标准、婚恋态度、婚前准备密切关联，将直接影响到其婚后的家庭关系、生活方式、生育选择以及婚后权利享有与义务履行状况。离婚观念，涉及夫妻对离婚方式的选择情况、对离婚后法定义务（包括教育义务）的履行情况。生育观念，则与家庭生养孩子的数量、对孩子身心全面发展的重视程度及行为紧密联系。性观念，是经过社会文化锻造的心理倾向，也是人们对性的道德评价方式，它关涉人的两性生活、夫妻感情、性道德、性行为、性教育理念等内容。婚育观念、性观念之于家庭德育的影响自毋庸赘言，如性观念保守甚至错误、性教育缺失，导致未成年人道德沦丧并走上犯罪之路的例子层见叠出。

---

① PERALES FRANCISCO, LERSCH PHILIPP M, BAXTER JANEEN. Birth cohort, ageing and gender ideology: Lessons from British panel data[J]. Social science research, 2019(3): 85-100.

② 费孝通.乡土中国生育制度[M].北京：北京大学出版社,1998：129.

二、个人与家庭的关系

本部分内容致力于从"个人与家庭的关系"视域观照家庭德育的存续逻辑。显然，家庭德育的存续逻辑建构在个人与家庭之良好依存关系的基础之上。恩格斯指出，"血缘家庭是第一个有组织的社会形式"①。家庭由家庭成员组成，但并非由家庭成员之"个人"简单叠加而成。家庭主要包含以下要素：各家庭成员"个人"；家庭成员之间的情感依托、血脉传承、代际互助、功能维系、角色依存、法定权责等关系；建立在这些关系之上以确立"家庭存在"之价值、结构、内容、功能的家庭成员的观念、态度、行为。由上可知，家庭是一个动态的、有机的系统，个人是这个整体中的结构性要素。简而言之，家庭是以婚姻关系、血缘关系、收养关系等为情感纽带的"个人"集合组成的社会基本单位。谓之"集合"，是因为从严格意义上（狭义的家庭属性内涵上）来论，"一口之家"难以被视为家庭。同时，由于组成不同家庭"集合"之个人的数量、年龄、性别、"结构关系"各不相同，不同"家庭系统"的内容、功能、运行方式可能截然不同。

同时，也正因为家庭是一个动态的、有机的系统，所以它的运行需要方向正确、能量充足（以家庭收入为核心的经济基础、以社会资本为中心的社会条件、以国家制度为主体的政治环境等）、关系井然和组织有序。换言之，家庭的存续，需要以家庭成员之间的"应然关系"（如上文所述）得以持久有效维持，家庭成员之间的相互作用和影响得以妥善协调为基础。事实上，有些家庭正是因为其"个人"关系发生问题、运行机制出现障碍，进而导致结构混乱、功能紊乱，直至家庭"崩塌"。因各种原因而不得不选择离婚的家庭，就是家庭"崩塌"的典型例证。又如，"功能失调的家庭关系是影响人格发展和精神疾病发展的主要因素"②。

值得一提的是，家庭虽然和普通的组织机构（如政府组织、企事业单位）一样，是动态运行的有机系统，这个系统由人组成、以人为目的，但是，家庭与这些组织机构最大的区别在于：家庭的主要任务不是工作、不是创收，它以感情

---

① 马克思, 恩格斯. 马克思恩格斯全集：第 45 卷[M]. 北京：人民出版社, 1985：348.

② MINGGANG JIANG, XU SHAO, et al. Family relationships and personality disorder functioning styles in paranoid schizophrenia[J]. Personality and Individual Differences, 2020(2)：1-5.

为纽带，它呼唤人与人之间的爱与温情，它应是幸福生活的"发生地"。因此，同心同德的家庭行为、宜室宜家的家庭文化、其乐融融的家庭氛围，是新时代中国家庭的应然形态。事实上，许多家庭长期矛盾连连、琴瑟失和，虽有家庭之态，实则貌合神离、有名无实。同时，"家庭"之义内蕴着人与人之间的责任与义务（如夫妻双方的权责关系、父母对子女的教育义务、子女对父母的赡养义务）等内容。这意味着：家庭从一定程度上限制了"个人"的某些自由，它是人与人之间通过自主"订立契约，建立血缘关系、收养关系"等形式而自愿放弃部分"个人"自由的结果。这正如恩格斯所言"如果不谈所谓自由意志、人的责任能力、必然和自由的关系等问题，就不能很好地议论道德和法的问题"①。

论及"个人与家庭的关系"视域中的家庭德育存续逻辑，意味着本书所言之家庭必定是同时包含"德育者与受德育者"的家庭，因此它不是"空巢家庭"，不是"丁克家庭"，但有可能是"单亲家庭"或"重组家庭"等。笔者在上文提到，家庭是以"个人"（家庭成员）井然有序的动态关系、和谐积极的相互作用为存在依据，家庭呼唤爱与温情、以"个人"的幸福为旨归，以人与人之间的义务、责任为基础。所以，从"此刻"观"个人与家庭的关系"，我们看出新时代家庭德育存续与变革的重要性、必要性、可行性：德育者与受德育者的"德育关系"是"个人与家庭的关系"中"动态关系"和"相互作用"的重要内容；家庭对爱与幸福的追求是家庭德育存续的基础和目的；德育者对受德育者的德育义务是家庭德育及其变革的根本保障。向"未来"观"个人与家庭的关系"，我们亦能看出新时代家庭德育存续与变革的重要性、必要性、可行性：家庭德育对人的思想素养和道德品质的培育，对于"个人与家庭的关系"、对于创生未来的"幸福家庭"大有裨益。

三、家庭成员与受德育者的关系

研究"家庭成员与受德育者的关系"，是为从此角度审视家庭德育之特殊意蕴。"家庭成员与受德育者的关系"主要包括亲子关系、祖孙关系、兄弟姐妹关系等。进一步细分，如亲子关系包含直系血亲关系、收养关系、重组家庭的亲子关系等。家庭成员与受德育者的关系是受德育者最早建立起来的人际关系。这些关系健康和谐、洋溢爱与温暖，是包含家庭德育在内的一切家庭教育保证

---

① 马克思，恩格斯.马克思恩格斯选集：第3卷[M].北京：人民出版社，1995：454.

质量、取得实质性育人效果的关键前提，亦是在遵循家庭德育基础上推动受德育者身心全面健康发展的客观要求。如，"亲子关系是影响孩子社会心理发展以及学业发展的重要决定因素"①。除了外在强制的、底线约束性质的法律关系外，"家庭成员与受德育者的关系"更多的是以感情为纽带的、靠家庭成员自觉维系的非正式关系。质言之，这种关系在一定程度上是纯粹靠个人自发、自主地去构建、去"经营"、去维持的。经营得当，则"家和万事兴"，处理欠妥，则"祸起萧墙"。现实中，有的家庭"父慈子孝、融洽祥和"，即使"兄弟有小忿"也"不废懿亲"；有的家庭却"煮豆燃萁、同室操戈"。显然，在矛盾重重、心存芥蒂、刻薄冷漠的"关系"中，以及在这种"关系"影响下的焦躁心态中、尴尬氛围中、叛逆情绪中，受德育者是无法顺利完成其思想品德建构的。

值得一提的是，"家庭成员与受德育者关系"的处理是一门"艺术"、一项"技术活"，最主要的，它往往需要德育者对受德育者有更多包容、更多理解、更多换位思考。受德育者是心性尚未成熟的成长中的人，他不是一个"小大人"，他很难完成德育者为其设定的"成人要求"。事实上，许多受德育者性情乖张、行为叛逆，进而拒教、难教，通常与德育者过分苛求之态度、亲子关系建构失策、教养培育方式欠妥等原因息息相关。研究表明，"80%以上的青少年家庭至少存在一种不良的亲子关系"②。从"家庭成员与受德育者的关系"角度审视家庭德育特殊意蕴，我们正是要审视"关系"与家庭德育的内在联系、相互作用，要探究"关系"对家庭德育有何影响、家庭德育发展对"关系"的质量提升有何裨益。

良好的"关系"，在很多时候与家庭德育本就相与为一："家庭成员之间，存在着紧密的伦理关系，需要用家庭道德来调节和制约"③；良好的"关系"的建构过程，同时也是受德育者思想素养与道德品质的发展过程。这是因为，"关系"的建构以个体的互动和交往（如亲子互动）为基础，而"互动和交往"通常等同于或蕴含着家庭德育之目标、内容、方法、过程、评价等，或者作为最恰当的德育实践。同时，作为"关系"妥善建构之结果，相互信任的情感依连、行

---

① CHAN, TAK WING, ANITA KOO. Parenting style and youth outcomes in the UK [J]. European Sociological Review, 2011(3)：385-399.

② 吴念阳，张东昀.青少年亲子关系与心理健康的相关研究[J].心理科学，2004(4)：812-816.

③ 王立东.马克思主义伦理学十讲[M].北京：冶金工业出版社，2011：147.

之有效的沟通方法、和谐融洽的家庭文化、安适积极的家庭氛围，又时时滋养着受德育者的道德心灵，为其人格塑造、自信心提升、积极心理品质的培育、社会适应(改造)能力的发展注入动力。而家庭德育在巩固、升华"关系"中所能发挥的重要助力作用更是显而易见：个体的善良心性、高尚德行、高超情商，在其处理社会关系时尚且能令其得心应手，更不用说是"经营"好同一屋檐下的家庭成员关系。

四、家有"家格"

人有人格，家有"家格"。笔者在上文中曾指出，家庭是一个结构复杂、因素多元、持续变化的动态系统。所以，家庭作为一个动态系统，有其得以独立运行以及和外界进行资源能量交换的组织结构、本质特征、功能关系等。这些，就是本书所言之"家格"。"家格"，是家庭的"姓与名"，是家庭这一事物(系统)拟人化之后的"地位、能力、气质、性格、需要、动机、兴趣、理想、观念、倾向"等。由此观之，"家格"是一个兼具历时性和共时性的概念。家庭从历史中、传统中走来，"家格"也就必然传承了历史来路之底蕴、携带着传统文化的基因。家庭随着时代的变迁而发展，"家格"也就包罗了当代政治、经济、文化、社会、生态文明等的诸多因素。此外，"家格"还具有整体性、稳定性、独特性和社会性等特征。

因此，我们不难看出，同一时代、同一国度之不同家庭的"家格"，甚至是古今中外各家庭的"家格"，都具有许多"共性"；同时，每一个家庭都有其独一无二的"家格"，即使是咫尺之间的两户人家，其"家格"也势必大有不同。本书以"家格"之"共性"为立场，探讨普遍、一般意义上的中外"家格"之"有"与"缺"的差异及联系，以在这种"差异及联系"中发觉中国家庭"家格"之差、之短。中外"家格"之"有"与"缺"的差异及联系显然是不一而足的。如，就中美家庭举例：中美家庭分别用"情感至上"与"理性主义"作为维系家庭关系的纽带；分别以"仁爱"与"公正"作为履行义务的原则；分别以"服从"与"自由"作为家庭教育的方式；"独立意识觉醒、强化后的远离"与"多年独自闯荡、历练后的感情回归渴望"分别成为其家庭德性向往①。

从整体上、表面上观之，相比其他国家(尤其是发达国家)，中国家庭之

---

① 关培兰，石宁.中美家庭道德伦理观与教育的比较[J].比较教育研究，1999(4)：33-37.

"家格"具有以下显性特征：家庭规模小、家庭类型多、家庭收入差距大、家庭养老需求强烈、父亲在儿童成长过程中的角色参与有限、留守(流动)家庭日益习见、城乡家庭所享有的社会公共服务差异明显。同时，家庭平均人口变少、人口结构改变(儿童数量变少、长者数量增多)是中国家庭"家格"近年来的变化趋势。从内蕴上、深层次上观之，相比其他国家(尤其是发达国家)，中国家庭之"家格"存在以下特点：

一是受德育者的"分化度"不足。"分化度"不足是指受德育者不能随着年龄增长而逐渐从德育者的影响下独立出来，以全面发展其自身的"自由之思想、独立之精神"。在许多家庭中，德育者在将其德育影响加于受德育者身心的同时，总是不能为受德育者创生"分化"的契机，即：将自己的影响从受德育者生命世界抽离，以此来保持受德育者个体精神发展的真正的独立性，让受德育者成为其自我，让受德育者自主、自立，而非作为德育者影响的延伸。在这些家庭中，德育者成为受德育者身心发展过程中的"控制者"，而非引导者、领路人。二是家庭"娱乐因素"少，"亲密性表达"欠缺。在中国式传统文化、生活方式、社会风俗、思维逻辑的影响下，中国家庭的"老幼尊卑"观念依然清晰，这导致家庭成员之间的娱乐性活动、幽默的表达方式、轻松愉悦的家庭氛围缺乏，家庭成员之间(亲子之间)多的是"一本正经"的相处范式，少的是亲密无间的互动氛围。三是家庭成员之间的"情感表达"不足。家庭成员之间疏于细腻的情感接洽、缺乏有效的倾诉与倾听，是很多中国家庭的常态。如此，久而久之，可能出现家庭成员的严重心理问题，以及家庭成员之间的嫌隙、误会与沟通障碍。四是德育者因"过于辛勤工作"而缺位于受德育者的成长陪伴。中国式的德育者多是勤劳的工作者，但并不总是负责任的监护人。有的德育者迫于生计而不得不缺席对受德育者的管教，也有德育者将"工作重于家庭"的理念深植于自身观念之中。

五、家庭与个人幸福及社会和谐的耦合性

家是社会的基本单元，是个人幸福之源，是社会和谐之源。在此，我们将探赜家庭与个人幸福、社会和谐之耦合性。家是"社会存在"之基本的结构单元，这一点道理简明，自毋庸赘言。中国传统文化中"欲明明德于天下者，先治其国；欲治其国者，先齐其家"即为此理。习近平总书记亦说过"家庭是社会的基本细胞，是人生的第一所学校。不论时代发生多大变化，不论生活格局发生

多大变化，我们都要重视家庭建设，注重家庭、注重家教、注重家风"①。

对特定个体而言，无论是其出生时所在的原生家庭，还是其结婚时与配偶组建的新家庭，或是其父母离异再婚后跟随父（母）重组的家庭，或是子女离家后夫妻共同生活的空巢家庭等，家庭"新建"意味着家庭成员数量、组织结构、功能关系的创生或重构。换言之，因为家是家庭成员及其关系的集合，家庭成员之间的情感依托、血脉传承、代际互助、功能维系、角色依存、法定权责等关系是否健康构建，以及建立在这些关系之上的家庭之应然价值、结构、内容、功能是否有利于人的身心发展，决定家庭能否为个体"供给"幸福。譬如，对于家庭中的受德育者而言，家庭"遵循规律的教养方式，宜室宜家的文化氛围，轻松愉悦的亲子交流，对禀赋、习性、兴趣、特长的发觉与培育"是为其"供给"幸福的重要因素。

诚然，通常而言，无论是未成年人还是成年人，他的很多时间并非在家中度过，他终日接洽之人亦并非总是家人，家庭因素并不能成为影响个人幸福的全部因素。同时，不同个体对幸福的体验与评价也可能大相径庭。但是，无论怎样，家庭关系对个体的巨大影响、家庭成员在个体生命中"占据"的重要分量、家庭在个体身心发展过程中不可磨灭的奠基作用、个体在家庭中生活的时间长度等因素，决定了家庭是个人幸福之源。反之，个人幸福亦是科学构建家庭关系、妥善处理家庭问题、有效发挥家庭功能的前提条件。消极的、痛苦的、不幸的个体，不会有能力、精力和时间去经营家庭、创造家庭之幸福。由此，我们可以看出，家庭（功能）与个体幸福具有本质上的耦合性，它们相辅相成、相互制约、相与为一。

家庭状况亦与社会和谐息息相关。这从"家庭是社会的基本单元、基本细胞"即能看出：亿万家庭同心同德、和睦相处、互敬互爱、立德树人（通过家庭德育培养"有德"后代），是社会和谐的重要内容。社会和谐包含人与自身（他人）的和谐，社会各系统、各阶层之间的和谐，人、社会、自然之间的和谐，国家与外部世界的和谐。中国传统文化讲求"道法自然""天人合一""无为而治"等，就是对人与自身、与他人、与自然和谐相处之奥义的良好阐释。健康稳固的家庭关系、健全完善的家庭功能、积极向上的家庭文化、优质高效的育德过程，能从以下方面助力社会和谐：

---

① 中共中央国务院举行春节团拜会[N].人民日报，2015-02-18(1).

一是有利于国家民主进程的推进和依法治国方略的落实。良好的家庭关系建构在家庭氛围民主、家庭规制健全、家庭成员以身作则的基础之上，这些方面均有利于家庭成员在社会中秉持民主理念、弘扬法治精神。二是有利于公平正义的实现。家庭成员在家庭中"妥善协调利益关系、有效化解问题矛盾"的过程中养成的坚持公平正义的习惯，受德育者在家庭德育中构建的对"公平正义"的认知和认同，将敦促他们在社会行动中坚守公平正义。三是有利于构建诚信友爱的社会文化与氛围。当个体受到家庭之爱和幸福的滋养，当个体在温馨愉悦的家庭生活或家庭德育中养成真诚友善的积极品性，他必然是抱诚守真、处处与人为善的高尚公民。四是有利于人们的创新能力、创造活力的提升。其乐融融的家庭相处之道，寓教于乐的家庭教养氛围，轻松愉悦的亲子交流方式，对于家庭成员的创造活力的激发、创新能力的培育是大有裨益的。五是有利于社会的安定有序、人与自然的和谐相处。经过有德、有爱之"家庭文化濡染、家庭氛围陶冶、家庭德育培养"的高尚者，必是高风亮节之人，是自觉遵守社会规则、维护社会秩序之人，是爱护自然、遵循自然规律、恪守生态法则之人。同时，自然界是"人的无机的身体"①，是人的实践活动和精神生活的源泉，家庭，则承载、反映了人与自然的关系②。

而这五个方面，正是"社会和谐"之主要内容。由此，我们不难看出，"社会和谐"之于"家庭存续"亦至关重要。以上即为"家庭与社会和谐之耦合性"的具体体现。

第三节　新时代家庭德育变革的理论基础和思想资源

新时代家庭德育变革之问题，既是一个实践性的问题，又是一个理论性的问题。毋庸置疑，新时代家庭德育变革最终会在实践中得以开展、完成，但在相关工作开展前，变革者先需夯实它的理论基础。只有充分保障新时代家庭德育变革理论体系之科学性、实效性，才能促成其实践活动的顺利进行。因此，

---

① 马克思，恩格斯.马克思恩格斯选集：第1卷[M].北京：人民出版社，1995：45.

② 镡鹤婧.马克思恩格斯家庭思想的基本内涵研究[J].东北大学学报(社会科学版)，2015(6)：631-636.

开展新时代家庭德育变革，必须充分汲取古今中外家庭德育理论研究成果（如马克思主义家庭德育相关理论）之丰富"营养"，进而构筑科学的理论体系，并确保该理论体系能成为实践活动的依据。本节，笔者将从多个视角、多个方面对新时代家庭德育变革之相关理论进行审视、探究与学习，以正确认知新时代家庭德育变革的客观规律，进而为创新变革路径、提高变革实效打下基础。

一、马克思主义家庭德育相关理论

1.马克思主义家庭观

家庭作为社会的基本细胞，其"存在"之具体内容与形式，关系到人类生活及社会发展的方方面面。马克思主义经典作家们在提出、完善以及捍卫唯物史观的过程中，对家庭的本质以及与之相关的系列问题进行了全面深入的探析，提出了许多高明的见解。在一些著作中，经典作家们以历史唯物主义基本原理为工具，对家庭或婚姻的发展史、发展规律做了科学的论证与辨析。如，马克思所著的《1844年经济学哲学手稿》《论离婚法草案》《致巴·瓦·安年柯夫》《路易斯·亨·摩尔根〈古代社会〉一书摘要》等，恩格斯所著的《英国工人阶级状况》《共产主义信条草案》等，以及马克思与恩格斯合作完成的《德意志意识形态》《神圣家族》等。在另外一些著作中，经典作家们对资本主义社会家庭与婚姻制度的存续方式等，进行了科学的分析阐释和充分的揭露批判，如马克思所著的《资本论》《致路·库格曼》，恩格斯所著的《共产主义原理》《反杜林论》《家庭、私有制和国家的起源》等。马克思主义经典作家反对将家庭视为一种孤立的社会现象，他们始终将家庭置于社会的发展过程中来研究，认为"应根据现有的材料来考察和阐明家庭，而不应该像通常在德国所做的那样，根据'家庭的概念'来考察和阐明家庭"①；"家庭是一个能动的要素；它从来不是静止不动的，而是随着社会从较低阶段向较高阶段的发展，从较低的形式进到较高的形式"②。马克思主义家庭观主要涉及以下几个方面的内容。

一是关于家庭的本质。家庭的本质主要指的是家庭的生产本质与社会本质。马克思、恩格斯在《德意志意识形态》中指出，"人类为了生活，每日都在

---

① 马克思，恩格斯.马克思恩格斯选集：第1卷[M].北京：人民出版社，1995：79.
② 恩格斯.家庭、私有制和国家的起源[M].北京：人民出版社，2018：30.

重新生产自己生命的人们开始生产另外一些人，即繁殖。这就是夫妻之间的关系，父母和子女的关系，也就是家庭①。由此可见，家庭是人类实现自身生产或者说生产自身的一种基本的社会组织形式。这种社会组织单元，由有着婚姻关系和血缘关系的夫妻、亲子组成。更深入地论之，家庭体现着人类自身的生产、人类后代的生产，以及维持人类生活的物质资料的生产，这些方面，既包含"思想、意识"的生产，也包含"物质、存在"的生产。恩格斯指出，"一定历史时代和一定地区的人们生活于其下的社会制度，受着两种生产的制约，一方面受劳动的发展阶段的制约，另一方面受家庭的发展阶段的制约"②。从这一理论观点可以看出，作为生产单位的家庭，其发展阶段和发展状况制约着社会制度的存续和演变，这亦充分揭示了家庭的社会本质。

二是关于家庭形态的历史演进。家庭形态的发展和演变，要受到社会生产力发展水平和社会经济关系的共同制约。这正如马克思所言："在人们的生产力发展的一定状况下，就会有一定的交换和消费形式。在生产、交换、消费发展的一定阶段上，就会有一定的社会制度、一定的家庭。"③

在继承马克思关于家庭形态演进相关理论成果的基础上，恩格斯系统地探究了家庭从"血缘家庭形态"到"一夫一妻制家庭形态"的演变历程和本质规律。恩格斯指出："血缘家庭——这是家庭的第一个阶段。在这里，婚姻集团是按照辈分来划分的：在家庭范围以内的所有祖父和祖母，都互为夫妻；他们的子女，即父亲与母亲，也是如此；同样，后者的子女，构成第三个共同夫妻圈子。"④这种形式尽管与现代文明格格不入，但它却是人类早期"杂乱的性关系"之后的一种婚姻形态，它排除了不同辈分之间的血亲配偶关系，在人类婚姻、家庭发展史上具有重要的历史意义。

在经历了血缘群婚、族外群婚的发展阶段后的一个具有历史性意义的家庭形式便是对偶家庭，对此，恩格斯结合易洛魁人的具体情况说明："在易洛魁人和其他处于野蛮时代低级阶段的大多数印第安人那里，在他们的亲属制度所点

---

① 马克思，恩格斯.马克思恩格斯选集：第1卷[M].北京：人民出版社，1995：80.
② 马克思，恩格斯.马克思恩格斯选集：第4卷[M].北京：人民出版社，1995：2.
③ 马克思，恩格斯.马克思恩格斯选集：第4卷[M].北京：人民出版社，1995：532.
④ 马克思，恩格斯.马克思恩格斯选集：第4卷[M].北京：人民出版社，1995：33.

到的一切亲属之间都禁止结婚，其数多至几百种。"①由于禁止结婚的规制日趋复杂，群婚就变得越来越难以为继，于是，群婚就逐渐被对偶制家庭所取代。这种家庭形式是与母系氏族繁荣时期相适应的一种婚姻形态，它较血缘群婚有了一定进步，但由于在这种家庭关系中男女都有多个配偶(虽然在这许多配偶中存在"主妻"和"主夫")等，这种家庭形态本身是非常脆弱的——它缺少家庭长久存续所应有的经济基础，也难以作为推动社会经济发展的社会细胞，且这种形式的婚姻关系是极不牢固的。

随着生产力和生产关系的发展，专偶制家庭(即一夫一妻制家庭)形式出现了。专偶制家庭是与文明社会相适应的家庭存在形式、两性结合形式②。一夫一妻制家庭是一个稳定的生产单位。在农业和商品交换活动中，男子占据了主导地位，女子的出嫁成为必然。所以，恩格斯指出"专偶制从一开始就具有了它的特殊的性质，使它成了只是对妇女而不是对男子的专偶制"③，"它是女性的具有世界历史意义的失败"④。这亦能充分说明、揭示家庭形成的实质："一夫一妻制是不以自然条件为基础，而以经济条件为基础，即以私有制对原始的自然长成的公有制的胜利为基础的第一个家庭形式。"⑤

2. 马克思主义道德论

道德论是马克思主义理论体系的重要内容。马克思主义道德论立足于历史唯物主义的立场观点方法，是以人的全面自由发展为目的的共产主义道德论。马克思主义道德论是人们理性评估国家道德现状、妥善处理道德问题的根本依据，亦是研究、开展新时代家庭德育变革的理论指南。

马克思主义道德论以"现实的人"为"立论"基点和终极关怀，以人的自由全面发展和全人类的解放为指向。马克思主义道德论之所以体现出足够的切实性、科学性和先进性，是因为其经典作家们实现了对康德、爱尔维修等人的道德理论的扬弃、修正和超越。康德提出"自由的历史则是由恶开始的，因为它

---

① 马克思, 恩格斯. 马克思恩格斯选集: 第4卷[M]. 北京: 人民出版社, 1995: 44.
② 陈旸. 马克思主义家庭观及其当代价值[J]. 理论月刊, 2013(8): 24-28.
③ 马克思, 恩格斯. 马克思恩格斯选集: 第4卷[M]. 北京: 人民出版社, 1995: 65.
④ 马克思, 恩格斯. 马克思恩格斯选集: 第4卷[M]. 北京: 人民出版社, 1995: 54.
⑤ 马克思, 恩格斯. 马克思恩格斯选集: 第4卷[M]. 北京: 人民出版社, 1995: 60.

是人的创作"①，同时他认为人有"走向理想的善的实践理性"，"这是作为人的一种社会属性"。马克思主义道德论肯定了康德道德论的合理因素，如认可和发展了康德道德论中"道德的基础是人类精神的自律"②理念，但马克思更为鞭辟入里地提出，人类社会实现发展的驱动力是经济利益而非道德。在《神圣家族》中，马克思在肯定爱尔维修的"人性理论""道德与利益统一存在的合理性""人是客观的存在"等唯物主义思想的基础上，阐明"人的社会性是面向全人类利益的价值导向""人具有改造现实世界的主观能动性"③等观点，对爱尔维修的道德观进行修正。马克思主义道德论主要包括以下几个方面内容。

一是关于道德的产生与发展。恩格斯在《德意志意识形态》中提出："人们自觉地或是不自觉地，归根到底总是从他们阶级地位所依据的实际关系中——从他们生产和交换的经济关系中，获得自己的伦理观念。"④根据这一理论，人的道德认知、道德行为，总是产生于一定的生产关系、经济关系之中。在《共产党宣言》中，马克思、恩格斯对无产阶级的唯物史观进行了深入的论述，对资产阶级提出的所谓"永恒道德观"的虚伪性、狭隘性、自私自利性和"势必灭亡"性进行了充分的揭露或深刻的批判。根据马克思主义经典作家们的相关论述，道德是一种社会意识，这种社会意识的形成和发展由社会的物质条件决定，并伴随着经济关系的发展而不断发展。换言之，既然道德是一种意识形态、一种历史性因素，那么它就必然与经济基础、经济关系息息相关。因为"一切人类生存的第一个前提，也就是一切历史的第一个前提，这个前提是：人们为了能够创造历史必须能生活；但是为了生活，首先就需要吃喝住穿以及其他一些东西"⑤，所以经济关系就成为决定和制约道德这一社会意识存续的基础性因素。

二是关于道德的绝对性和相对性。马克思主义道德论认为，人的道德认知作为一种社会意识，是由社会生产关系、物质实践直接决定的。因此，对于道德目标或道德规范的制定、道德理论的运用、道德教育内容的安排，"随时随地都要以当时的历史条件为转移"⑥。换言之，有什么样的社会生产实践或经济

① 康德. 历史理性批判文集[M]. 何兆武，译. 北京：商务印书馆，1990：68.
② 马克思，恩格斯. 马克思恩格斯全集：第1卷[M]. 北京：人民出版社，1995：119.
③ 卢黎歌，周辉. 马克思主义道德观及其当代价值[J]. 理论学刊，2013(5)：4-7，127.
④ 马克思，恩格斯. 马克思恩格斯选集：第3卷[M]. 北京：人民出版社，1995：434.
⑤ 马克思，恩格斯. 马克思恩格斯全集：第1卷[M]. 北京：人民出版社，1995：78.
⑥ 马克思，恩格斯. 马克思恩格斯选集：第1卷[M]. 北京：人民出版社，1995：248.

关系,就会有什么样的道德认知、道德论断、道德标准,而这种认知、论断或标准,是否崇高、合理、符合人类发展的需要,还得不停地通过道德实践来检验。这就体现了道德的绝对性。然而,人类的认知是一个永无止境的过程,是一个螺旋式上升的否定之否定过程。新的道德实践在不断发展,这一发展可能弱化甚至证伪、颠覆原有的道德认知和标准,并生成新的道德认知和标准。这就说明了道德的相对性。因此,根据马克思主义道德论,道德是一个历史范畴,是绝对性和相对性的统一,从而也就不存在资产阶级所"鼓吹"的"永恒道德"。在《反杜林论》之"道德和法。永恒真理"章节中,恩格斯对杜林形而上学的"永恒道德观"进行了全面的揭露和严厉的批判,一针见血地道出了"永恒道德观"的历史唯心主义实质,同时,恩格斯深刻揭示和论证了道德作为一种社会意识所具有的阶级性和历史性等性质。杜林也因其"永恒道德观"等理念被恩格斯认为"是放肆的假科学的最典型的代表之一"①。

三是关于共产主义道德理想。马克思主义道德论认为人类共同的道德标准是"数百年来人们就知道的、数千年来在一切处世格言上反复谈到的、起码的公共生活规则"②。这是共产主义道德,也即全人类共同的道德理想。共产主义道德理想能在社会生产关系发展和人类解放中发挥重要的激励、引导、评价作用(如能提高无产阶级和人民群众的思想觉悟,敦促人们在日常生产生活中积极调适自身言行,坚定社会主义必胜的信心和决心,清除资产阶级、剥削阶级的利己主义风气),但却不是社会发展的决定性力量。随着社会生产力的发展,随着生产关系或经济关系的发展,人们的道德认知、道德行为将日趋接近并最终符合共产主义的道德标准。换言之,共产主义的道德内容或原则,将最终作为人们在公共生活中的道德规范——对于共产主义道德的遵守,将成为人们在日常的工作生活中的行为习惯和内在需要。进而,"人人为我,我为人人"的"大同社会"型的社会关系将成为新的道德标准,这一道德标准将贯穿人们生产生活的全部过程。

二、马克思主义中国化家庭德育相关理论

"中国化的马克思主义以其特有的中国特色、中国风格和中国气派丰富和

---

① 马克思,恩格斯.马克思恩格斯全集:第20卷[M].北京:人民出版社,1971:8-9.

② 列宁.列宁选集:第3卷[M].北京:人民出版社,1972:247.

发展了马克思主义理论宝库"①，"哲学社会科学必须坚持以马克思主义为指导，与时俱进，不断发展创新，同时，马克思主义必须中国化"②。研究新时代家庭德育变革，不仅须以马克思主义家庭德育相关理论为指导，亦当灵活运用、严格遵循马克思主义中国化的家庭德育成果之思想精要。唯有做到有据可依、有章可循，变革活动才能有的放矢、科学高效。

1. 毛泽东关于家庭德育的重要思想

作为中华人民共和国的开国领袖，毛泽东不仅是伟大的思想家、军事家，也是我国社会主义教育事业的奠基者、推动者。以毛泽东为核心的党的第一代中央领导集体和全国各族人民经过长期的艰苦探索，积累形成了许多教育方面的思想和理论、经验与成果，这其中就包含关于家庭德育的许多资源。毛泽东关于家庭教育、家庭德育的思想主要可概括为以下几个方面。

第一，毛泽东强调德育的重要性，以及思想、意识的重要作用。毛泽东发展了马克思主义"人的主观能动性""社会存在决定社会意识""社会意识反作用于社会存在"等思想的内涵，注重通过德育来培养人民群众的"正确的思想"。他明确指出："我们应当承认而且必须承认精神的东西的反作用，社会意识对于社会存在的反作用，上层建筑对于经济基础的反作用"③，"正确的思想一旦被群众掌握，就会变成改造社会、改造世界的物质力量"④。毛泽东认为德育应致力于培养儿童的共产主义品质，他说："儿童时期需要发展共产主义的情操、风格和集体英雄主义的气概，这是我们时代的德育。"⑤

第二，毛泽东勉励子女勤奋苦学、审慎选择合适的学习内容与方法。即使是在戎马倥偬、炮火硝烟的时代，毛泽东也非常重视子女的学习。毛岸英与毛岸青在苏联期间，毛泽东几次托人送书给他们，嘱咐他们认真学习、提高知识文化水平。就学习内容而言，毛泽东曾在给毛岸英兄弟的书信中谈道："趁着年纪尚轻，多向自然科学学习，少谈些政治。将来可倒置过来，以社会科学为

---

① 顾海良. 马克思主义发展史[M]. 北京：中国人民大学出版社，2009：574.
② 中国社会科学院马克思列宁主义毛泽东思想研究所. 毛泽东邓小平江泽民论哲学社会科学[M]. 北京：中国社会科学出版社，2005：165.
③ 毛泽东. 毛泽东选集：第1卷[M]. 北京：人民出版社，1991：326.
④ 毛泽东. 毛泽东著作选读：下册[M]. 北京：人民出版社，1986：839.
⑤ 毛泽东. 毛泽东文集：第7卷[M]. 北京：人民出版社，1999：398-399.

主，自然科学为辅。"①就学习方法而言，毛泽东要求子女尊重学习规律，不断积累，循序渐进。在给李讷的书信中，毛泽东写道："先要读浅近书，由浅入深，慢慢积累。"②

第三，毛泽东注重对子女的信仰、意志、毅力、实践能力、服务意识、优良作风、集体主义精神等的培育。毛泽东教育子女："做个无产阶级的知识分子，要有马列主义的世界观，要有共产主义的信仰"，"要牢固树立全心全意为人民服务的思想。"③子女生病时，毛泽东因公务繁忙，无暇顾及，便写信勉励其以顽强的意志战胜病魔："意志可以克服病情，一定要锻炼意志。"④在子女的作风培育方面，毛泽东以身作则，并严格要求党的干部杜绝子女搞特殊化、滋生特权思想。同时，他鼓励子女深入基层实践，紧密联系群众，"接触农民和城市工人，接触工业和农业"⑤。

2. 邓小平关于家庭德育的重要思想

邓小平既是开国功勋，又是改革开放的先驱者。邓小平重视德育，重视思想政治工作，他要求"一定要把思想政治工作放在非常重要的地位，切实认真做好，不能放松"⑥。邓小平对于家庭、家庭教育、家庭德育、国民道德建设等有过许多深刻的论述与见解，这些论述与见解是邓小平理论的重要内容，主要包含以下方面：

第一，邓小平正确认知家庭对于人存在与发展的重要意蕴，十分重视家庭建设。1992年，邓小平在珠海视察，论及人才和创新问题时，说道："欧洲发达国家的经验证明，没有家庭不行，家庭是个好东西，我们还要维持家庭"，"当今社会，我们每个人的发展也是从修身和齐家开始，才能再到治国和平天下"。由此，邓小平清晰地道出，家庭之于人的发展、之于人才培养具有重要作用。另外，邓小平重视家庭关系的妥善处理和家庭温馨氛围的营造，他曾提道："家

---

① 毛泽东.毛泽东书信选集[M].北京：人民出版社，1983：166.
② 毛泽东.建国以来毛泽东文稿：第8册[M].北京：中央文献出版社，1993：637.
③ 毛岸青，邵华.我们爱韶山的红杜鹃——献给亲爱的父亲毛泽东诞辰105周年[M].北京：中央文献出版社，1998：50.
④ 潘相陈.毛泽东家书钩沉[M].北京：中共中央党校出版社，1997：79-80.
⑤ 毛泽东.建国以来毛泽东文稿：第11册[M].北京：中央文献出版社，1996：149-150.
⑥ 邓小平.邓小平文选：第2卷[M].北京：人民出版社，1994：342.

庭建设中家庭和睦是基础。要维持良好的家庭关系,其中夫妻、婆媳、妯娌、父子等这些关系都要处理好。"①同时,邓小平始终强调"勤俭治国、勤俭治家"之理念,他指出:"勤俭的结果就是实现积累,这是治家更是治国的不二良方。"②

第二,邓小平提出培养"四有新人"的德育目标和以"爱国主义""集体主义""正确的三观""民主、法制和纪律"为重点的德育内容。1981年,邓小平在谈论"高度文明"时指出:"所谓高度文明,就是人民要有理想,个人利益要服从整个国家和民族的利益,要守纪律,要有道德"。1985年,邓小平在全国科技工作会议上提出:"教育全国人民做到有理想、有道德、有文化、有纪律。"③邓小平通过总结长期的中国革命、建设经验,在深思熟虑后提出"四有新人"的德育目标,使得马克思主义"人的全面发展"目标变得更明确、具体。邓小平关于德育内容的论述非常丰富,如,就民主理念而言,他指出:"一定要向人民和青年着重讲清民主问题。"④就法制教育而论,他说:"法制教育要从娃娃开始。"⑤

3.江泽民关于家庭德育的重要思想

江泽民始终关心德育、重视德育,早在1989年担任党的总书记时,他便指出:"不仅要建立完备的文化知识传授体系,而且要把德育放在首位,确立正确的政治方向。"⑥江泽民关于家庭德育的重要思想作为江泽民之系列理论成果的组成部分,为我国教育事业发展做出了积极贡献,并将继续对新时代的家庭德育发展产生影响。

第一,江泽民号召全党全社会重视和加强家风家教建设,并明确指出党员的家庭观念、治家能力和党的执政能力密切关联。江泽民指出:"共产党人首先要树立以人民利益为重的观念,切不可把党和人民给予的地位和权力,当作

---

① 邓小平.邓小平文选:第1卷[M].北京:人民出版社,1994:57.

② 中国妇女管理干部学院.中国妇女运动文献资料汇编:第2册[M].北京:中国妇女出版社,1988:23.

③ 邓小平.邓小平文选:第3卷[M].北京:人民出版社,1993:110.

④ 邓小平.邓小平文选:第2卷[M].北京:人民出版社,1994:175.

⑤ 邓小平.邓小平文选:第3卷[M].北京:人民出版社,1993:163.

⑥ 江泽民.在庆祝中华人民共和国成立四十周年大会上的讲话[N].人民日报,1989-09-03(01).

为自己和家庭成员牟取私利的手段","治家能力的大小,直接影响家庭教育功能的发挥,对党的执政能力也是一个考验"①。江泽民要求党员干部一定要严格区分"广大人民的利益"与"家庭或个人的私利",他敦促党员干部经受住"是为了党、国家、民族、人民,还是为了自己个人、家庭"②的公与私的考验。江泽民认为,只有明晰党性与亲情、党风与家风的关系,党员干部才能既管理好家庭、教育好子女,又为人民掌好权、用好权,所以他说:"深入研究家庭教育这个重大课题,具有很强的现实尖锐性和紧迫性,千万不可忽视。"③

第二,江泽民德育思想强调德育的动力性、人本性、系统性、全员性。德育的动力性是指要提高德育对于国家经济实力、国防实力、民族凝聚力和文化软实力等的助推作用。江泽民强调,思想政治教育是提升综合国力的重要方面,而"综合国力的竞争越来越表现为经济实力、国防实力和民族凝聚力的竞争"④。此外,江泽民提出"要在发展社会主义物质文明和精神文明的基础上不断推进人的全面发展"的人本德育。德育的系统性指的是德育过程(各学习阶段的德育过程;家庭、学校与社会的德育过程)的系统性与德育内容(理想信念教育;马克思主义理论教育;爱国主义、集体主义和社会主义教育;社会主义法制和道德教育;民族精神教育;心理健康和人格教育)的系统性。德育的全员性是指:德育不仅是部分人的事,亦是国家"全体成员"的事,"不仅教育部门要做,宣传思想部门、政法部门以及其他部门都要做,全党、全社会都要来做"⑤。

4.胡锦涛关于德育的重要思想

党的十六大以后,以胡锦涛同志为总书记的党中央,根据当时世界所发生的广泛而深刻的变化,立足于中国特色社会主义建设和发展过程中存在的重大问题,与时俱进地提出一系列强化德育过程、提高德育质量的策略与办法。以科学发展观为指导方针、以"四个新一代"为根本目标、以社会主义荣辱观为重要内容、以社会主义核心价值体系为价值基础的胡锦涛德育思想体系,是马克

---

① 中共中央组织部.毛泽东邓小平江泽民论干部监督[M].北京:党建读物出版社,2000:39.

② 江泽民.江泽民文选:第2卷[M].北京:人民出版社,2006:190.

③ 江泽民.江泽民文选:第2卷[M].北京:人民出版社,2006:189.

④ 江泽民.国运兴衰 系于教育 教育振兴 全民有责[N].人民日报,1999-06-16(01).

⑤ 江泽民.关于教育问题的谈话[J].求是,2000(5):3-5.

思主义中国化德育理论的又一重大成果。

第一，科学发展观是中国特色社会主义德育发展的指导方针。胡锦涛于2003年提出"坚持以人为本，树立全面、协调、可持续的发展观，促进经济社会和人的全面发展"①的科学发展观，它是"二十多年改革开放实践的经验总结"②。科学发展观立足全国、全社会、全员的发展，也即以中国特色社会主义的发展为指向，并非单以教育事业发展为目标，但其中的教育意蕴尤为显明。"以人为本的发展观"和"全面发展观"是对马克思主义关于人的全面发展学说的良好诠释，而家庭德育本就是以人为本、以人为目的、以人的全面健康发展为终极关怀的教育。"协调发展观"既意指德育与其他方面教育、与其所处的外部生态的协调，又蕴含德育系统的各结构要素、各相关因素之间的协调。"可持续发展"涉及德育资源配置、德育影响可持续、德育阶段妥善衔接等方面。

第二，培育"四个新一代"、实现"和谐社会"理想是中国特色社会主义德育的重要目标，"八荣八耻"荣辱观是中国特色社会主义德育的重要内容。胡锦涛提出的"理想远大、信念坚定的新一代，品德高尚、意志顽强的新一代，视野开阔、知识丰富的新一代，开拓进取、艰苦创业的新一代"③人才培养目标，是对毛泽东"三好学生"、邓小平"四有新人"、江泽民"四个统一人才"育人目标的丰富与发展。这一目标的制定在新时代依然具有深远意义。胡锦涛重视的以"最大限度地增加和谐因素，最大限度地减少不和谐因素，不断促进社会和谐"④为目标的共同理想教育，是新时代家庭德育的目标与内容。胡锦涛强调的"八荣八耻"荣辱观教育、"以爱国主义为核心的民族精神"教育等是新时代家庭德育的重要内容。

5. 习近平关于家庭德育的重要思想

新时代是"一个家庭教育理论集成创新的新时代；一个中国特色家庭教育理论自信重构的新时代"⑤。事实上，通过相关文献的检索数据即易知，在党的十八大召开以后，尤其是2016年12月习近平会见全国第一届文明家庭代表并

---

① 胡锦涛. 胡锦涛文选：第2卷[M]. 北京：人民出版社，2016：143.

② 胡锦涛. 胡锦涛文选：第2卷[M]. 北京：人民出版社，2016：104.

③ 胡锦涛. 致中国青年群英会的信[N]. 人民日报，2007-05-05(01).

④ 中共中央关于构建社会主义和谐社会若干重大问题的决定[N]. 人民日报，2006-10-19(01).

⑤ 高书国. 中国家庭教育研究的理论缺失与自信重构[J]. 教育发展研究，2020(2)：9-17.

发表讲话以后，家庭德育相关研究文献数量明显增多、质量明显提高。学界对家庭德育的日益关注，显然与以习近平同志为核心的党中央对家庭德育的重视密切关联。习近平指出，"家庭是社会的细胞，家庭和睦则社会安定，家庭幸福则社会祥和"①；培育和践行社会主义核心价值观要"从家庭做起，从娃娃抓起。"②习近平关于家庭德育的重要思想是习近平新时代中国特色社会主义思想的组成部分，它主要包括以下几个方面内容。

第一，习近平关于家庭的重要论述。习近平的家庭观念、对家庭建设的思考，是其治国理政思想体系的重要内容。首先，习近平肯定和强调家庭在国家发展与社会建设中的基础性作用。他指出："基层千千万万个家庭，是国家发展、民族进步、社会和谐的基点。"③其次，习近平准确认知家风建设与家道、与后代培养、与社会发展的关系，他说："家风好，就能家道兴盛、和顺美满；家风差，难免殃及子孙、贻害社会。"④再次，习近平明确指出家风与党风、政风存在密切关联，"领导干部的家风，不仅关系自己的家庭，而且关系党风政风"⑤，他要求各级党委敦促领导干部搞好家风建设，并定期检查有关情况。最后，习近平正确把握家风建设与家庭教育的相互作用，敦促家长用正确行动、思想、方法引导孩子。

第二，习近平关于德育定位、德育内容的重要论述。党的十八大以后，习近平发表了一系列重要讲话、文章或著作，这些讲话或文献资料中蕴含着丰富的德育理论资源。其一，习近平关于德育定位的重要论述。就育人的角度而言，习近平认为德育从根本上说是做人的工作，"要不断提高学生思想水平、政治觉悟、道德品质、文化素养"⑥。从中国特色社会主义德育的政治属性而论，它要"巩固马克思主义在意识形态领域的指导地位，巩固全党全国人民团结奋

① 习近平.在会见第一届全国文明家庭代表时的讲话[N].人民日报，2016-12-16(02).
② 习近平.决胜全面建成小康社会 夺取新时代中国特色社会主义伟大胜利[N].人民日报，2017-10-28(01).
③ 习近平.在2015年春节团拜会上的讲话[N].人民日报，2015-02-18(02).
④ 习近平.习近平谈治国理政：第二卷[M].北京：外文出版社，2017：352.
⑤ 习近平.习近平谈治国理政：第二卷[M].北京：外文出版社，2017：356.
⑥ 习近平在全国高校思想政治工作会议上强调把思想政治工作贯穿教育教学全过程开创我国高等教育事业发展新局面[N].人民日报，2016-12-09(01).

斗的共同思想基础"①，"把系统掌握马克思主义基本理论作为看家本领"②。其二，习近平关于德育内容的重要论述。通过对习近平德育理论的归纳与总结，新时代的德育内容主要包括以下方面：爱国主义教育、民族精神教育、理想信念教育、心理素质教育、生态文明教育、社会责任感培育、思想政治道德教育、中华优秀传统文化教育、社会主义核心价值观培育。习近平对以上方面都有过具体论述，如，就理想信念教育而言，他强调，"理想指引人生方向，信念决定事业成败。没有理想信念，就会导致精神上缺钙"③。

　　第三，习近平关于德育方法的重要观点。习近平从多方位、多角度、多层次对如何强化德育过程、改善德育效果进行过阐述。首先，就德育之"教与学"的具体方法而言，习近平尤其注重以下方法或原则的运用：循序渐进、逐步提高；融入生活、潜移默化；重视实践、知行合一；关注个性、因材施教；用好科技、正面引导。如，就"用好科技、正面引导"而论，习近平指出，"要为广大网民特别是青少年营造一个风清气正的网络空间"④；"既要让青少年上网，又要过滤掉那些有害的东西"⑤。其次，重视针对德育者的教育，亦是提高德育质量的良方。习近平认为，"教师的工作是塑造灵魂、塑造生命、塑造人的工作"⑥，"要坚持教育者先受教育"⑦。就家庭德育而言，强化亲职教育，提升父母的德育胜任力，对德育质量的提升大有裨益。再次，习近平强调"德法并行"，他提到，"要使法治和德治在国家治理中相互补充、相互促进"⑧。由于本书所论德育包括"德、法"两方面，因此，"德法并行"正是从整体上保障德育效果的良策。

---

① 习近平. 习近平谈治国理政[M]. 北京：外文出版社，2014：153.
② 习近平. 习近平谈治国理政[M]. 北京：外文出版社，2014：153.
③ 习近平. 习近平谈治国理政[M]. 北京：外文出版社，2014：50.
④ 习近平. 在网络安全和信息化工作座谈会上的讲话[N]. 人民日报，2016-04-26(01).
⑤ 习近平. 要从战略高度重视未成年人思想道德建设工作[N]. 学习时报，2004-06-21(01).
⑥ 习近平. 做党和人民满意的好老师——同北京师范大学师生代表座谈时的讲话[N]. 人民日报，2014-09-10(02).
⑦ 习近平在全国高校思想政治工作会议上强调把思想政治工作贯穿教育教学全过程开创我国高等教育事业发展新局面[N]. 人民日报，2016-12-09(01).
⑧ 习近平在中共中央政治局第三十七次集体学习时强调坚持依法治国和以德治国相结合推进国家治理体系和治理能力现代化[N]. 人民日报，2016-12-11(01).

三、中国传统家庭德育思想及其涵育之道

中国文化积厚流光，中国家庭德育亦然。中国传统家庭德育思想是本书写作的关键立论基础和研究依据，亦是新时代家庭德育变革实践之重要的行动指南。可能也正因为它本身所具研究价值的关键性和重要性，以及它对于中华民族伟大复兴的特殊意蕴，关于它的文献资料非常丰富。所以本书仅做概括性论述，以规避重复研究。

在论及教育的历史渊源时，一般认为：学校教育后发于家庭教育，家庭教育以家庭德育为主要内容。上溯至数千年前，家庭德育随家庭的出现而产生；接着，它伴着生产力和生产关系的发展（同时家庭形态内容的演进）而不断嬗变。钩沉稽古，发微抉隐，本书于史海中探微，溯源中国家庭德育之"基因"、之"血统"、之来路，以求为矫治中国家庭德育问题之"症"、开拓新时代家庭德育发展之路，寻找史实依据和理论突破口。然而，中国家庭德育思想内容丰富、广博，实难简单地归纳或罗列。笔者将从以下维度，择其重点而述之，择其要点而论之。

1.中国家庭德育思想内容之发轫与演进

在失于文字的年代，先民们以口耳相传之方式施行德育。换言之，在有可考文献记载之前，家庭德育已产生良久。然而，无文献可征的口头德育，我们无从研究。概览中国传统家庭德育之演变路径，大致可以分为五个阶段：先秦至两汉、三国至隋唐、宋元、明清、近代以降。从发轫、发展，到臻于成熟（定型），再到创新、转型，中国家庭德育在其内部矛盾的驱动下，在不断地变革、扬弃以及否定之否定的曲折前进中，在历经各阶段"量的积累"与"质的飞跃"之后，蜕变为今日之态势与意涵。

纳入视域的相关研究内容浩如烟海，我们且略做管窥和举隅。第一阶段，如：周公告诫成王如何"戒逸"（见《尚书》）；孔子通过"过庭之训"教导儿子"彬彬有礼"（见《论语》）。第二阶段，如：颜之推将"治人、勉学、修德"之家庭德育方略翔实系统地溢于纸册而赋《颜氏家训》。第三阶段，如：宋人袁采作《袁氏世范》，对如何"睦亲、处己、治家"等阐释深刻见解。第四阶段，如：曾国藩之以"修业、进德"（而非举业、谋利）为目的的劝学思想、以"敬恕、为善、戒骄"为核心的为人思想、以"勤勉、节俭、和气"为要旨的理家思想。第五阶段，

近代以降，中国政治经济社会结构发生沧桑巨变，这在家庭德育中也有所体现，如：以"真理和艺术需要高度的原则性和永不妥协的良心"理念昭著的《傅雷家书》，堪为近代家庭德育思想转型的代表之作。

2.中国传统家庭德育方法的涵育之道

方法是德育影响能否被受德育者充分吸收且有效内化至其"知、情、意、信、行"结构中的关键因素。笔者认真探究中国传统家庭德育方法之深邃义理，系统扼要地将其归纳为以下方面：环境熏陶与道德自觉并济；亲情感化与规则约束兼具；典范引领与言传身教融合；因材施教与循序渐进同行；知识传授与实践历练贯通。言之以详，即：重视环境濡染默化之作用；敦促儿童自主、自觉、自律地修身立德；采用"春风化雨，润物无声"的亲情"化人"方略；依托家规家法等实施惩戒、体罚性德育；发挥榜样人物助人"见贤思齐"的教化功能；关注德育者自身德性修养提升及其言行举止的示范功能；尊重孩子的习性、禀赋、兴趣等个性化特征及其发展需求；遵循儿童身心发展的阶段性(连续性)客观规律与"知行合一"的德育原则。

3.中国传统家庭德育思想之当代意蕴

中国传统家庭"以德为本、厚德载物""志存高远、心系天下""穷且益坚、自强不息""崇尚气节、砥砺情操"①的德育思想对现代家庭德育具有重要的价值意蕴。且举一例：在传统家庭中，德育与教育的内容几无二致，德育不仅是全部教育的基础，还是教育的主要目标(甚至唯一目标)。换言之，几乎一切教育都是用来锤炼人之品性的途径。这其实与杜威"教育上满足需要的一切目的和价值，它们自身应是合乎道德的"②之教育理念同符合契。然而，在当前阶段，家庭德育常被科学主义、理性主义、功利主义等思潮与观念所扰，舍本逐末、利益至上、罔顾规律的风气时有出现。这就亟须从传统中取经，从"来路"中汲取新时代家庭德育发展所需的"营养"。笔者于上文提及的传统家庭德育之方法、之原则，也皆是值得当代人去反思、借鉴和继承的。

四、近代以降中国学界家庭德育相关思想

近代以降，中国涌现出许多优秀的教育家、思想家、研究者，他们对于家

---

① 戴素芳.传统家训的伦理之维[M].长沙：湖南人民出版社，2008：264.
② 杜威.民主主义与教育[M].王承绪，译.北京：人民教育出版社，2001：274.

庭德育之客观规律有着开创性的深刻认知与科学见解，对于近代中国存在的诸多教育问题，以及社会问题的教育归因有着清醒的认识。他们有的就职政府教育部门，直接介入国家教育决策制定或为之建言献策；有的亲身参与教育教学实践或教育管理实践，为国家各行各业培养优秀人才，造就一方教育典范；还有的终身从事教育研究，数十年如一日地探索教育基本原理和规律，故对此有很深的造诣。以上学者，大多著书立说，为后世留下了宝贵的精神遗产。受篇幅限制，本书且对蔡元培、陶行知、陈鹤琴、鲁洁四位具有代表性的近代以降中国著名教育家的家庭德育思想略做管窥。

1. 蔡元培德育思想

蔡元培是中国近代史上著名的教育家、思想家，他一生致力于中国教育改革，为近代中国教育事业的发展做出了重大贡献。蔡元培德育思想主要包括以下几个方面内容：第一，强调德育的"中坚地位"。在《对于教育方针之意见》中，蔡元培提出"德育为中坚、'五育'并举"的思想，他认为军国民教育、实利主义教育、公民道德教育、世界观教育、美感教育皆近日之教育所不可偏废，并将公民道德教育置于中坚地位。第二，"养成共和国健全人格"的德育目标。蔡元培提出，"国民教育方针应从受教育者本体着想，有如何能力方能尽如何职责，受如何教育始能具如何能力"①，至于如何从受教育者本体着想，就是培养他们的"德、智、体、美"协调全面发展的"健全人格"。"若国民无健全人格，国家不但不能繁荣昌盛，而且会日益衰弱。"②第三，"自由、平等、博爱"的德育内容。蔡元培指出："何谓公民道德？曰自由、平等、亲爱。道德之要旨，尽于是矣。"③1912年，蔡元培编著了《中学修身教科书》，上篇从修己、家族、社会、国家、职业方面论述了如何修德，下篇则主要从理论上论述了良心、理想、本务和道德。这些论述都体现了关于"自由、平等、博爱"的思想。

2. 陶行知生活德育思想

陶行知先生有许多关于德育的论述，如他认为要坚持以德育为首的宗旨："道德是做人的根本，没有道德的人，学问和本领愈大，就能为非作恶愈大。"④

---

① 蔡元培.文化融合与道德教化——蔡元培文选[M].上海：上海远东出版社，1994：10.
② 蔡元培.蔡元培教育文选[M].北京：人民教育出版社，1980：14.
③ 蔡元培.蔡元培全集：第二卷[M].北京：中华书局，1984：131
④ 陶行知.陶行知全集：第3卷[M].成都：四川教育出版社，1991：471.

他在《为考试敬告全国学子》中写道："德也者，所以使吾人身体揆于中道，智识不致偏倚者也。"①他总结出独具特色的德育方法："重视社会实践（社会即学校）的方法"②、"集体主义和学生自治相结合的方法"③、"美育陶冶的方法"、"师生共学、共事、共修养的方法"④。

而"生活德育论"是陶行知对后世影响最深远的德育思想。他认为，"教育要通过生活才能发出力量而成为真正的教育"，"生活教育是给生活以教育，用生活来教育，为生活向前向上的需要教育"⑤。之所以倡导生活德育，是因为：首先，德育源于生活。过什么样的生活就受什么样的德育，德育为生活服务。其次，生活和德育在目标、方法上有着高度的一致性。"教人做人""教学做合一"既是生活又是德育的目标、方法论。再次，从德育的途径来看，上文已谈及，陶行知认为过集体生活、培养集体精神，是德育的有效途径。"集体生活是儿童之自我向社会化道德发展的重要推动力，为儿童心理正常发展所必需。"⑥换言之，德育途径亦是以生活为载体。

3. 陈鹤琴家庭教育思想

陈鹤琴是中国著名教育家、儿童心理学家和儿童教育专家。近70年的时间里，陈鹤琴在家庭教育、幼儿教育、儿童心理等领域进行了长期的、开拓性的实践、实验和研究工作，其关于家庭教育、幼儿教育方面的理论成果与实践经验，可为新时代家庭德育变革研究提供丰富的资源。

陈鹤琴的家庭教育思想主要包括：

第一，家庭教育应立足于对受德育者心理的长期观察与实验。每个受德育者都是独一无二的，家庭教育的方式要能与受德育者心理活动发生"个适性"的"兼容、匹配"。陈鹤琴指出："要教养儿童，我们非要懂得儿童的生理和心理不可……现在我们教养儿童必须要研究儿童的身体如何发育，儿童的心理如何

---

① 陶行知.陶行知全集：第1卷[M].成都：四川教育出版社，1991：21.
② 陶行知.陶行知全集：第2卷[M].成都：四川教育出版社，1991：491.
③ 陶行知.陶行知全集：第4卷[M].成都：四川教育出版社，1991：467.
④ 陶行知.陶行知全集：第1卷[M].成都：四川教育出版社，1991：43.
⑤ 陶行知.陶行知全集：第4卷[M].成都：四川教育出版社，1991：428.
⑥ 陶行知.陶行知全集：第4卷[M].成都：四川教育出版社，1991：429.

发展，儿童的知识如何获得，儿童的人格如何培养。"①他对儿童与生俱来的七个心理特征进行了研究，并有针对性地提出了诸多科学的教育原则。

第二，家庭教育要注重健全人格的基础素质养成。这一点其实与上文所谈的蔡元培的有关思想相仿，但陈鹤琴更为具体地指出，"健全人格的培养不是一朝一夕之功，而是要在家庭熏陶中从小养成的"②。他强调：家长应重视孩子的身心健康发展、应敦促孩子养成良好的饮食卫生习惯。他亦倡导让儿童在待人接物中养成其高尚的道德品质，"做父母的应当教训小孩子顾虑别人的安宁""否则他年之成人即将侵犯他人的幸福"③。

第三，陈鹤琴呼吁广大家庭放弃传统家长制教育作风，转向民主与科学的教养方式，并充分尊重儿童的个性独立。他批判旧式威权型的家教作风——家长们让孩子时刻保持对父母的敬畏之心，把原本天真烂漫的孩子变成了肃穆呆板的"小大人"。陈鹤琴指出，"父严子孝，法乎天地"的观念是不对的；"不要以'父亲'的名义来恐吓小孩子"；"不要在别人面前责罚小孩子"④。陈鹤琴并不否定传统家庭教育中的积极成分，他赞赏颜之推、墨子等人的教育思想，倡导"本土的育儿传统"与"国外儿童教育的先进理念、实践经验及其研究方法"合璧。

4. 鲁洁德育思想

鲁洁先生是近代以降中国德育领域久负盛名的权威专家，她对德育问题一以贯之的关切和睿智的思虑，是她为中国德育发展做出突出贡献的重要原因。鲁洁先生所著文献并不算多（截止到 2016 年《鲁洁德育论著精要》出版时，先生共有德育相关著作 14 部、论文 82 篇⑤），但每一部著作、每一篇文献都堪称经典。尽管所著文献数量不多，但在 CNKI 中国引文数据库以"德育"为题名进行被引数据检索时，鲁洁先生名列榜首且远超第二名。她在中国德育学界的影响力可见一斑。

---

① 陈鹤琴.陈鹤琴全集：第二卷[M].南京：江苏教育出版社，1989：880-881.

② 陈鹤琴.陈鹤琴全集：第二卷[M].南京：江苏教育出版社，1989：862.

③ 陈鹤琴.陈鹤琴全集：第二卷[M].南京：江苏教育出版社，1989：722.

④ 陈鹤琴.陈鹤琴全集：第二卷[M].南京：江苏教育出版社，1989：670.

⑤ 艾红梅.新时代教育如何创造性转化中华传统美德——评《鲁洁德育论著精要》[J].中国教育学刊，2020(5)：112.

鲁洁先生的德育思想主要可概括为以下几个方面：

第一，德育、实践和生活具有内在一致性。德育旨在使人成为人：让人知道其行为的可能样态与应然样态、人应该确立何种道德理想、如何实现道德理想。鲁洁指出，道德"所确立的是人的生活原则、生活的根本方向，它所涉及的是整体生活的善，它最终要达及的是使人成为人"①。实践，作为人的存在方式，它本就是人自我生成、自我完善的过程，它的目标是人全面而自由的发展。至于生活，"包括日常生活和非日常生活，也即所有对人的生存发展具有意义的实践活动"②。从以上三者的内在一致性可以得出：德育、实践和生活的具体活动，在一定程度上是重叠的，要"过有道德的生活""行有实践的德育"。

第二，从多个角度反思和批判了现实中无"人"的教育。在《教育的原点：育人》中，鲁洁以"改嫁了的教育"揭示了教育的工具化现象。她结合中国的发展实际，一针见血地指出：在当代中国，人们经常用政治和市场的逻辑来"操弄"教育，而忘却了教育本来的对象是"人"③。在《通识教育与人格陶冶》中，鲁洁认为，"当代教育在科技革命和市场经济的作用下，教育给人'何以为生'的知识与本领，却放弃了'为何而生'的思考，不能让人从生命的意义、生存的价值等根本问题上去认识和改变自己"④。鲁洁站在马克思主义的实践立场和历史立场上，对当代教育做出警示：远离人的意义和生活的无"人"教育值得深刻反思。

第三，教育的本质具有积极的理想性。教育的理想性其实也即人的发展过程所具有的理想性，它蕴含于人之存在与发展的主体特性之中。"人的发展是人的实然与应然的矛盾运动的过程"⑤，这种矛盾运动过程是否定之否定的螺旋上升过程，它是一种人的"自我超越"、朝着"积极因素"进步的过程。所以鲁洁先生认为，"自我超越是人的生存本性的显现"⑥。而"教育作为一种有目的

---

① 鲁洁.道德教育的根本作为：引导生活的建构[J].教育研究，2010(6)：3-8.

② 鲁洁.生活·道德·道德教育[J].教育研究，2006(10)：3-7.

③ 鲁洁.教育的原点：育人[J].华东师范大学学报(教育科学版)，2008(4)：15-22.

④ 鲁洁.通识教育与人格陶冶[J].教育研究，1997(4)：16-19.

⑤ 鲁洁.实然与应然两重性：教育学的一种人性假设[J].华东师范大学学报(教育科学版)，1998(4)：1-8.

⑥ 鲁洁.道德教育的期待：人之自我超越[J].高等教育研究，2008(9)：1-6.

的实践活动，它的内在就包含了超越性。因为一切实践活动的本质就是超越"①。教育的这种超越性，实质上是通过引导、助力人的发展而实现的。所以，教育的本质具有这种指向未来的、实现人的"超越"的积极的理想性。

五、近代以降国外学界家庭德育相关理论

在德育发展史上，有许多外国教育学家（德育学家）提出了科学的、具有开创性意义的德育学说、理念，如：卢梭提出一切德育的出发点和立足点是"人性本善"，典型特征是"情感重于理智"，基本原则是遵循自然规律（"情法自然、德法自然"）。康德认为人天生具有两面性，他曾对儿童受德育过程的基本步骤、具体要求做出全面的阐释。赫尔巴特在其论著中对德育的地位、内容、德育各要素的关系提出过深刻的见解。斯宾塞则对道德教育的原则与方法、道德行为的判断准则（明辨是非的办法）有过深入的研究。另外，还有一些著名的德育相关理论、观点，如：边沁、穆勒的功利主义道德观，涂尔干的社会道德教育理论，杜威的实用主义道德教育理论等。

国外学界的相关理论，除了分布于"思想巨人"们的哲学、社会学、教育学论著里，亦呈现于德育学家们的专门性作品里，如：柯尔伯格的《道德教育的哲学》、杜威的《道德教育原理》、霍尔和戴维斯的《道德教育的理论与实践》、威尔逊的《道德教育新论》、里奇等的《道德发展的理论》、彼得斯的《道德发展与道德教育》、霍夫曼的《移情与道德发展》、纳希的《道德领域中的教育》、诺丁斯的《学会关心——教育的另一种模式》、路易斯·拉思斯的《价值与教学》、唐纳德·里德的《追随科尔伯格》等。本书主要探究以下具有典型性、代表性意义的国外家庭德育相关理论：认知发展理论、道德发展理论、价值澄清理论、道德符号理论、社会学习理论。

1. 对认知发展理论的学习与借鉴

认知发展理论（cognitive development theory）由瑞士著名儿童心理学家让·皮亚杰提出。认知发展理论的核心思想可以概括为：儿童在成长过程中，对于世界的认知、对于环境的适应，以及在这种"认知"和"实践"中所表现出来的思

---

① 鲁洁.德育社会学[M].福州：福建教育出版社，1998：9.

维方式与能力，随着其年龄的增长而不断发展、改变。① 具体说来，认知发展理论认为，儿童的认知，是在已有"图示"的基础上，通过同化、顺应和平衡等机制，不断建构、发展新的"图示"，从而将自身认知能力推向新的高度、新的阶段。② 认知发展理论将儿童的认知发展过程分为"感知运动阶段、前运算阶段、具体运算阶段和形式运算阶段"四个阶段，认为所有儿童都要依次经历这四个阶段，且在经历这几个阶段的过程中逐渐形成新的智力，形成用以理解世界的更为复杂的认知、思维方式。

学习认知发展理论，我们应当明晰：受德育者的思想品德发展过程是阶段性的建构过程。受德育者从出生到成熟的发展过程中，其道德认知能力、道德思维方式、道德心理结构，是在与环境发生相互作用的过程中不断重构，并逐渐依次进入质性不同的道德发展阶段的。"儿童以现有的心理结构来挑选和理解经历，他们也调整这些结构来认识现实世界更细微的事实。"③在家庭德育中，德育者要妥善把握受德育者道德"认知、发展"的基本规律，为受德育者提供有益于其道德认知发展的新"图示"，以促成其科学认知、健康发展的良善循环。同时，就发展的各个阶段而言，德育者要充分重视受德育者在各个阶段中发展的特殊性、个适性，不可依照"邻家标准"来做模式化要求；而且要遵循受德育者道德品质阶段性发展的客观规律，切忌"揠苗助长"。

2. 对道德发展理论的学习与借鉴

科尔伯格的道德发展理论(theory of moral development)在我国德育界有深远影响。该理论是在继承认知发展理论部分成果的基础上，就德育的哲学和心理学基础进行专门探讨，对儿童的道德认知发展提出的见解与主张。道德发展理论将儿童的道德发展分为三个水平六个阶段。第一个水平是前习俗水平(0~9岁)：阶段一，惩罚与服从的取向；阶段二，朴素的自我主义取向。第二个水平是习俗水平(9~15岁)：阶段三，好孩子取向；阶段四，服从权威和社会兴趣取向。第三个水平是后习俗水平(16岁以后)：阶段五，契约的立法定向；阶段六，普遍道德原则取向。科尔伯格认为："每个阶段都是个体的认知在逐渐发

---

① 皮亚杰.儿童的心理发展[M].傅统先，译.济南：山东教育出版社，1982.
② 皮亚杰，英海尔德.儿童心理学[M].吴福元，译.北京：商务印书馆，1980：5-9.
③ 贝克，等.儿童发展[M].吴颖，吴荣先，等译.南京：江苏教育出版社，2002：312.

展的过程，道德发展的实质是个体从他律走向自律的过程。"①值得一提的是，道德发展理论"三水平六阶段"具有层递性，它并非"原地变化"，而是"螺旋上升"的。这一点其实与上文所论鲁洁先生的"教育的积极理想性、超越性"是一致的。"阶段这一概念包含着一个不变的发展顺序或序列，发展总是指向下一阶段的，从不后退，但也不跳跃。"②

道德发展理论对新时代家庭德育及其变革具有以下借鉴意义：第一，家庭要注重对受德育者道德认知、道德判断能力的培育。道德认知、判断能力，是受德育者道德发展的动力与标准，判断能力高低与道德发展阶段的前后有着高度的一致性。正如科尔伯格所言："儿童道德成熟与否，其标准是其做道德判断的能力，以及形成自己的道德原则的能力，而非他顺应在他周围的成人的道德判断的能力。"③第二，家庭要遵循受德育者道德发展的阶段性规律，及时掌握、准确认知受德育者当前所处的道德发展阶段，并对此施以具有针对性和适切性的德育。受德育者在每个阶段的道德认知能力、发展水平皆不相同，但只有前一阶段的道德发展成熟后，方能顺利达到下一阶段的道德发展水平。因此，德育者要能对受德育者所处的道德发展阶段有精准的评价与测量，并通过德育引导、助力其道德向下一阶段进发。

3. 对价值澄清理论的学习与借鉴

价值澄清理论（values clarification）认为，在"多管齐下"（多种价值观共同输入并不可避免地会发生冲突）的情况下，受德育者很难获得一个稳定的发展状态。质言之，就德育而论，现存的某些说服德育、榜样德育甚至体罚型德育方法，固然可以在一定程度上控制行为、"塑造"态度和信念，但它往往无法让受德育者形成德育者所期望的那种主体性的、"镌刻"到"骨子里"的价值观（在面对复杂的道德环境时能理智地深思熟虑并做出充满"德性"的选择）。这些控制型、灌输式的德育方式，往往因其无法适切于人性发展所需的"自由探究、审

---

① LAWRENCE KOHLBERG. The philosophy of moral development [M]. San Francisco：Harper&Row Publishers，1981：300.

② 科尔伯格. 道德发展心理学：道德阶段的本质与确认[M]. 郭本禹，何谨，等译. 上海：华东师范大学出版社，2004：29.

③ LAWRENCE KOHLBERG. The philosophy of moral development [M]. San Francisco：Harper&Row Publishers，1981：302.

慎思考、理性选择"之要求，而扼杀德性、固化甚至"驱逐"思想。价值澄清理论，要求德育者在尊重、理解受德育者的基础上，帮助受德育者科学地"澄清"、分析、认知、理解各种道德思想，引导他们自主建构道德素养和能力，但绝不剥夺他们自主选择、发展自身道德能力的权利。比起以"人们具有某种价值观"为目的，价值澄清理论更关心受德育者建构这种价值观的过程，它提升受德育者澄清、评价、分析自身价值观的能力，敦促受德育者成为理性的道德"评价者"，进而拥有深入思考、准确理解他人价值观的能力，也即明辨是非、换位思考的能力①。

价值澄清理论能为新时代中国家庭德育变革提供很好的理论支撑。学习价值澄清理论，德育者应充分规避控制型、灌输式德育方法，更多地为受德育者澄清、分析各种道德思想、价值观念，帮助其养成准确理解、客观评价这些思想或观念的能力。"教，是为了不教"，家庭德育应有效发展受德育者的自主理解道德、自觉养成德性的水平。事实上，随着国家、社会的发展，各式价值观念、社会思潮日趋多元，只有受德育者会"澄清"、会分析、会利用这些观念或思潮，才能避免陷入价值观混乱状态或在"这个状态中"无所适从。

4. 对道德符号理论的学习与借鉴

道德符号理论(moral symbol theory)主张把复杂的道德问题简单化，从而避免烦琐地、学究式地规定道德的标准和道德的内容。"简单化"的最主要途径是将"德性"(或道德目标、德育标准)分解成相互联系的道德要素、道德"构件"。道德符号理论的奠基人威尔逊主张用符号表示这些道德"构件"，如，最重要的四组符号有 PHIL、EMP、GIG、KRAT，PHIL 代表关心他人、同情、公平、尊重他人；EMP 代表体验别人的情绪、敏感、移情；GIG 代表感知到的相关事实；KRAT 代表将上述道德构件付诸实践，在特定情境下做出决定，采取行动②，帮助人们从模糊的概念中解脱出来，并将注意力集中到这些符号所代表的意义上来。道德符号理论提倡理性开展道德教育、主张尊重德育学科的独立性、主张采用直接教学法(把道德符号及符号代表的含义直接呈现给受德育者，鼓励受德育者用符号之概念和知识处理道德问题)③。

---

① 拉思斯.价值与教学[M].谭松贤，译.杭州：浙江教育出版社，2003：9.

② 袁晓琳，肖少北.道德符号理论视角下的学校德育[J].教育观察，2017(18)：48-49.

③ JOHN W. A new introduction to moral education[M]. London：Cassell Limital，1990.

研究和学习道德符号理论,家庭德育应致力于构建清晰的德育目标、明确的德育内容、高效的德育方法。事实上,许多道德理论、道德问题、道德要求本就十分简单、容易处理,或者说,一些复杂的道德问题、道德知识,也可以通过层层分类、循序渐进的办法来解决。但是,很多德育者习惯在德育过程中,平添许多原本与德育无关的因素,将受德育者对德育知识的认知、理解之路变得"弯弯绕绕",将本应井井有条、系统有序的家庭德育体系变得无比混乱。还有些德育者,在家庭德育中很容易"上纲上线",对原本与道德无关的事宜进行"道德绑架"。运用道德符号理论,要求德育者本身深刻理解道德问题、道德知识的核心,并清晰地、直接地、有的放矢地促成受德育者的道德认知。值得注意的是,家庭德育对道德符号理论的运用,并非要杜绝复杂性方法的使用以及对复杂性思维的培养,事实上,既然道德符号理论的运用有利于受德育者对复杂性知识的理解,有益于知识建构的科学性和有序性,也就有助于复杂性思维的培养。

5. 对社会学习理论的学习与借鉴

社会学习理论(social learning theory)强调"观察学习"和"自我调节"在人的心理、行为活动中的作用,以"人的认知因素、人的行为因素、人所处的社会环境因素及它们的相互作用对人类行为的影响"为研究对象。社会学习理论认为:人的观察学习过程能快速掌握大量行为模式,人的大部分行为是在观察他人行为及其结果的过程中习得的;人通过目标设立、自我评价(从而激发自我动机、动能)而进行的自我调节,同样能影响其行为;较高自信心的建立、榜样事迹的激励作用,亦能有效调节人的行为[1]。学习和运用社会学习理论,新时代家庭德育尤其应当注重以下方面:

一是重视榜样的力量和家长自身的"身教"作用。德育者应当敏锐发觉社会中(尤其是身边)的榜样人物、光辉事迹,并深入"挖掘"其中的德育意蕴和示范效应,让其有效助力受德育者的道德发展。同时,德育者应当对自身行为有严格的自律标准,踏踏实实做到身体力行、以身作则,在日复一日对受德育者的熏陶、濡染中,促成其思想品德的良性建构。二是科学培养受德育者的学习观察能力、自我调节能力。德育者要对受德育者的观察行为和自我调节行为进

---

① 班杜拉.社会学习理论[M].陈欣银,李伯黍,译.沈阳:辽宁人民出版社,1989.

行科学指导，并为其提供细心观察的对象、机会、时间，引导和敦促受德育者及时发现自身不足并进行有效的自我调节。三是注重对受德育者自信心的培养。我们从社会学习理论中可以获悉，饱满的自信有助于受德育者在面对困难时表现出勇往直前的毅力、持之以恒的耐力、坚持不懈地努力的决心。德育者要善于激励、鼓励和肯定受德育者，要尽可能地包容受德育者，允许其犯错误，并为其提供可以犯错误的机会。同时，德育者要及时发现受德育者的天赋异禀之处，积极创造有益于受德育者之兴趣、特长发展的契机。

第二章

新时代家庭德育的现实问题及其归因

变革，是问题"倒逼"之下的选择。问题是新时代家庭德育变革的号召、先声与逻辑起点。正是因为有问题，才需要变革，正是因为问题严重，才凸显变革的重要性与急迫性。所以，要开展变革活动，必须先审视问题，反思问题归因。而在研究家庭德育的现实问题前，还得先明晰新时代中国家庭德育面临的新形势与新变化，因为这些新形势与新变化往往是现实问题的"诱因"。事实上，无论蕴藏于其中的是问题的"诱因"还是问题的"成分"，如果我们缺乏对其应有的客观认知、充分重视和理性把握，新形势与新变化就很可能转化为新问题。

第一节　新时代家庭德育面临的新形势与新变化

新时代，是信息时代、网络时代、大数据时代、人工智能时代。随着生产力水平的提升尤其是科学技术的进步，人类拥有了全面发展的更大可能性。而家庭，"作为经济细胞和社会生活的组织形式之一，其产生、存在和发展受一定的社会经济关系所制约"①。在新的征程上，新的变化不断出现，新的形势需要正视。这些新形势与新变化是伴随着国家发展和社会进步而出现的前所未有的新因素。新的因素，需要深度认知、妥善把握，否则就会演变为新时代中国家

---

① 中共中央组织部，中共中央宣传部，中共中央编译局.马列主义经典著作选编学习导读[M].北京：学习出版社，2011：128.

庭德育的新问题、家庭德育变革的新阻力。

一、科技跃升与物质积淀

科技跃升与物质积淀，正成为家庭德育供给侧的新驱动与新掣肘。生产力高速发展带来的科技跃升（如信息技术的突飞猛进和网络文化的广泛普及）与物质积淀（经济实力提升、生活条件改善），使人们的生活方式、教育方式等发生了巨变。同理，在一定程度上，家庭德育也亦步亦趋于科技等因素的推陈出新中。根据马克思主义人类解放理论"一是自然解放、二是社会解放、三是自我解放"①，科技发展带来的不一定是解放，也有可能是对"自我"的奴役、病态化、畸形化乃至异化。如，近年来，智能手机日益成为人们生活中"不可或缺"的"工具"——"分秒不离""机不可失"成为许多人使用手机的常态。这对家庭德育的危害不言而喻。再如，优渥的物质条件，往往与父母"惯纵、宠溺"孩子之风格（从而导致孩子"恣意、任性"之行为）有一定的因果联系。

以科技跃升对亲子关系的影响为例。本研究对 300 名初、高中学生发放了《新媒体使用对亲子关系影响的调查问卷》。回收有效问卷 290 份，回收率为 97%，调查结果如表 2-1 所示。由此可见，新科技（新媒体）的发展，正日益改变传统的亲子相处方式，并给家庭德育带来新的挑战或困境。

表 2-1　新媒体使用对亲子关系影响的问卷调查结果

新媒体使用对亲子关系的影响	占比/%
使用新媒体之后和父母的沟通变少了	46
使用新媒体之后不愿意和父母说话了	11
使用新媒体比和父母交流有趣	37
遇到困难更愿意先寻求新媒体的帮助	72
遇到道德选择的时候会先寻求新媒体的帮助	68
新媒体让我觉得我可以尝试一些道德边界的行为	25
新媒体让我觉得父母的很多教育方式不一定对	70
新媒体让我觉得父母的一些生活方式不一定对	69

除此之外，更重要的是：对于科学和物质的"永无止境"的追逐，可能使人们

---

① 魏长领, 冯展畅. 马克思主义人类解放思想的三层意蕴[J]. 河南社会科学, 2019(10): 1-7.

迷失自我、丧失德性。因为，科技跃升与物质积淀，以及对更高科技、更多物质的"肆意"追求，让"行色匆匆"成为社会的主旋律，让人们不自觉地成为"佛系人"。他们无时间思考关乎社会和人生的实然与应然，仿佛一切按部就班就已足够。没有思考也就几乎没有体悟，最多在社交媒体上发条"状态"信手分享一下似是而非的生活"感想"。在太多人事交往的瞬间，那些关乎"是什么"和"为什么"的灵感和疑问，总因人们来不及多看一眼而迅速弥散于意识大海。于是，太多的感慨和情愫，太多的本应有的人与人之间的温情和爱的表达，都止于唇齿、疏于行动、掩于岁月了。在科技和物质的驱使下，人们日常生活中的所欲、所求、所为，越发偏离人之生命本质的应然"律动"，亦日趋欠缺人之道德品质发展的应然内容。

看到有人买了一套别墅，一辆豪车，他（此处之"他"是指科技跃升与物质积淀影响下的迷失者，下同）也想要；看到大街上络绎不绝的俊男靓女，他由此感伤芳华易逝，自己已不再年轻。他总是对亲人无耐心，对爱人不妥协，对朋友不信任，对冒犯过他的人计较不休。因为，在追逐物质的过程中，被异化的人，从来没有时间和爱心去倾听、了解、开诚布公地交流、始终如一地相信、满怀慈悲地原谅。面积合适的普通装修的房子已能满足"居住舒适"的要求，他却渴望一套富丽堂皇的别墅；高于一定价位的车，除品牌外几乎没有其他区别，他却谋求更考究的香轮宝骑。除此之外，高档奢华的物品、徒有其表的学历、炙手可热的权位等，总是让他趋之若鹜。"需要"和"想要"之间似乎总有天堑：他一如既往地追逐着这些他想要但从不需要的东西。

追逐科学、物质、功利，"追逐"两字尤为沉重：为了追逐，他活得匆忙却庸庸碌碌、浑浑噩噩，他活在"想要"里，他丧失本心，迷失本我，和物欲纠葛，与真情疏离。此时，他成了"空心人"，他的生命之实空空如也，他"身陷囹圄"，有如涸辙之鲋，却完全不自知、不能自拔。换言之，当中国生产进入前所未有的"后物欲时代"，人们就可能由于价值缺失、道德失落、精神空虚而沦为"空心人"。正如马里亚诺·格龙多纳认为："经济发展不能仅以经济价值观为指向，否则，一旦实现既定经济目标，价值观即会随之消失。"①

科学技术的迅速发展，以及人们对科学技术的狂热与执迷、对人文精神之

---

① 亨廷顿，哈里森. 文化的重要作用——价值观如何影响人类进步[M]. 程克雄，译. 北京：新华出版社，2010：60-73，89.

应有尊重与敬畏的缺乏，完全有可能导致人们进入一个精神荒芜、德性缺失、情感疏离的"美丽新世界"。换言之，纯粹的理性意志、科学技术等，随时都有可能把人们带进一个狭隘的昏暗甬道，带入一个被异化的灵魂空虚的失落世界。对于科学、物质的过度追求，势必导致人们对生命本质、德性养成之认识的回避，进而使他们企图通过解决最枝节的问题来故意忽视最本质和主要的人性发展问题。

二、地缘结构与人口结构变迁

地缘结构与人口结构的变迁过程，是家庭德育生态之"地利"与"人和"的重建过程。人类活动大都需要顺应天时、迎合地利、营造人和，家庭德育亦是如此。"天时、地利、人和"的内涵与外延丰富多元，且就家庭德育之过程与属性而言，"天时"蕴藏于"地利""人和"之中，故本研究仅论及地缘结构及人口结构。新时期地缘结构的主要变化，包括在城乡一体化进程中的居住空间结构、邻里分布结构、功能区域结构之演变(除国家经济、社会发展引致的城乡一体化进程加快，"儿童教育本身也已成为塑造当代中国城市空间的一种新动力"[①])。新时代人口结构的主要变化，表现在性别、年龄、阶层、学历、职业结构等方面。这些变迁将显著影响家庭德育之生态。如，居住空间结构影响社区、邻里交往的方式，进而关涉社会、社区对家庭德育的参与；家庭所处阶层、父母的学历与职业、家庭人口的性别与年龄结构等，对家庭德育之影响更是显而易见。

居住空间结构的转变或邻里分布结构的转变，使得传统的邻里交往方式不复存在。城市化进程让小区形式的居住方式日趋常见，人们像是被隔绝于一个个密闭的铁盒之中：平时各自独立、疏于来往、缺少互助，毗邻多年，竟不知近邻姓甚名谁；对门对户之人邂逅于电梯等小区公共场所，却形同生人；故作亲近、相互寒暄，却实在无法掩饰实质里的冷漠和心灵上的距离。更有的邻里之间，平时十分礼貌、十分绅士，本质上却是十分做作、十分见外；邻居偶尔给予的恩惠，他总是非常客气地拒绝——"懂得拒绝"，既拒绝了邻居下一次的相同举动，亦规避了未来的"还礼"。没有了礼尚往来，也就少了"好多不必要的麻烦"。

---

① ZHENSHAN YANG, PU HAO, DI WU. Children's education or parents' employment：How do people choose their place of residence in Beijing[J]. Cities, 2019(C)：197-205.

海德格尔说："诗意是人类居住的基本能力"，"诗意是居住本源性的承诺"①。诗意地栖居意味着：无论人是在现代化的居住空间中栖居，还是在与自然和谐相处的关系中栖居，或是在家庭德育的教养氛围中栖居，这些栖居之处都应该是善的，是有爱与德性的，是洋溢着幸福的。因为"诗意"本身就意味着"精神幸福"②。中国是历史悠久的农业文明古国，农耕文明、村落文化是中国现代文明的源头。在中国优秀传统文化中，邻里之间常见的相处方式是：走门串户、谈笑风生、开诚布公、古道热肠、休戚与共。而现在，以下情况时有出现：或爱答不理，或互不信任，或欺贫爱富，只要事不关己，便冷眼旁观。这是很多老人不愿在城市居住的重要原因之一：对他们而言，少了烟火气，少了人情味，少了同理心，也就少了心之所安、情之所系。显然，这对受德育者思想品德的影响是巨大的。值得一提的是，上述现象固然与人们居住空间结构、邻里分布结构之转变脱不开干系，但它亦与当代人的工作方式、生活习惯息息相关。总是行色匆匆地"路遇"，总是身心俱疲地"通勤"，自然也就少了人与人之间的那份热情、那份生气、那份"亲密无间"。毋庸置疑，这本身就是新时代之新的"人情"与新的"地缘"。

另外，功能区域结构重建，亦对家庭德育生态之"地利"与"人和"产生重要影响。功能区域结构重建是指满足人们生活、工作需求的各"供给场域"在居民区周围集聚。这本身亦是国家经济发展、资源日趋丰富的结果。功能区域结构重建，意味着人们的各种需求（如学习需求、购物需求、娱乐需求、运动需求等）在家庭附近便可满足。这种便捷、高效的需求满足方式，让人们的活动空间日趋近程化（甚至封闭化）、社交方式同质化（受地域影响，接触到的人通常在文化上趋近），进而德育实践单元化。就人口结构变化而言，新时代的人口在性别、年龄、阶层、学历、职业结构等方面的变化，对家庭德育的影响是多元和全方位的。如，农村留守儿童家庭，由年迈祖辈承担未成年的监护、照顾、教育之责，其家庭德育内容方法的科学性和适切性的具备情况令人担忧。

① 海德格尔.诗·语言·思[M].彭富春，译.北京：文化艺术出版社.1991：198-199.
② 易然，易连云.从"诗意居住"到"精神幸福"——海德格尔哲学的现代教育意义诠释[J].教育研究，2014(11)：16-23.

三、生活方式与社交模式转型

生活方式与社交模式转型，意味着生活德育新因素的"入场"与传统因素的"退场"。生活与社交，是关涉人之活动的总汇，人之衣、食、住、行以及学习、娱乐、运动、交往方式等一切尽数包罗其中。其内容反映出个体的兴趣爱好和价值取向，具有鲜明的时代性和民族性。生活方式与社交模式本身便具有德育的内容和意蕴，更遑论其能从外围推动或掣肘家庭德育质量的提升。兼顾国际视野与本土文化，坚持绿色、健康、可持续发展理念，倡导承担更多社会责任，是中国人生活方式转型的进路指向。新因素的"入场"意味着传统的、与之反向的旧因素正逐渐"淡出"。这些新的因素，作为直接的家庭德育内容或间接的家庭德育影响，正为新时代家庭德育的发展带来新的契机——它们对家庭德育内容之丰富、组织形式之多元化、实践之深化具有重要意义。事实上，生活方式、社交方式作为生活德育的重要内容，早就被学界纳入研究范畴。及至新时代，生活德育的内容发生嬗变，也就重构了其德育内涵。

新的生活、社交模式主要在下述方面对家庭德育产生影响：

其一，德育者的科学生活方式将在受德育者的身心发展过程中发挥实质性的保障作用和积极的榜样示范作用。如，德育者健康的饮食习惯、良好的作息规律，有利于受德育者之相关生活习性的养成，从而为其身心健康发展、思想品德发展奠定基础。

其二，德育者乐观、积极的心态，以及德育者所具有的进行有效心理调节的能力，有益于营造温暖、轻松、愉悦的家庭氛围，有助于适时、适切地引导受德育者的积极心理活动，亦有利于向受德育者普及心理健康相关知识、提升其自主进行心理调节和建构的能力。显而易见，这对于家庭德育之环境构造、内容创新、方法提效等，是大有裨益的。

其三，德育者热爱并坚持运动，积极利用闲暇时间，带领受德育者进行定期的、有计划的身体锻炼，不仅有利于保障受德育者的身心健康，还能让受德育者通过运动锤炼耐性、淬炼心性、建构道德。研究表明："无论人的社会地位、文化水平或生活环境如何，运动能使人轻松地展示自己的能力和素质，有助于减轻紧张感、压抑感，使人拥有自尊心和自信心，在待人处事的过程中有担当、负责任，能进行有效沟通和应对社会压力。"①

其四，德育者坚持阅读、热爱旅行的生活方式，亦能对受德育者思想素养与道德品质的发展产生积极作用。"读万卷书，行万里路"，"最是书香能致远，腹有诗书气自华"，读书和旅行，其德育效用不一而足：都能让受德育者获得知识、开阔视野、锻炼思维、砥砺情操、增强自律、减少偏见。

其五，网络社交与公民媒体的日趋流行，能让受德育者自小树立民主意识、法治观念，养成"用善意的态度，说公正话，说实际话，不发不负责任的、似是而非的言论"②的习惯；在遇到困难、烦恼的时候知晓如何求助、如何倾诉；懂得如何明辨是非，而非信谣、传谣。

四、社会分化与阶层固化加深

社会分化与阶层固化加深，使得家庭德育内容与方式日趋多元。社会分化、阶层固化现象日益凸显，是新时代社会发展的必然趋势。因科技发展引致的资本积聚、由数字经济造成的财富分层等当为主因。由国家统计局提供的数据可知（图2-1），2003年至2008年中国基尼系数波动不断，从2008年至2015年，基尼系数缓慢下降，2015年之后波动幅度较小，但一直停留在0.4的警戒线之上。这表明中国的收入差距悬殊、财富分配较为不合理。社会分化主要表现为系统分化、职业分化、收入分化、教育分化等。阶层固化则是指不同阶层"社会经济地位、资源占有状况明显不对等"之分层现象的日益严重化、"牢固化"。社会流动"举步维艰"、阶层壁垒难以破除、代际遗传显著加强，必然导致家庭德育内容与方式日趋多元化。

这是因为，尽管网络信息技术似乎拉近了人与人、家与家之间的距离，但各个阶层之间的屏障（位于不同阶层的家庭，父母的学历与职业、家庭的社会经济地位之差别，导致孩子所享用的教育、生活资源质量之差距可能判若云泥）难以逾越却是不争的事实。不同阶层、圈层之家庭德育供给状况显然不可等量齐观。值得一提的是，社会分化和阶层固化加深，其实是国家和社会发展

---

① GHEORGHIU AURELIAN, BARNA IULIANA. The education of the self and feminine body aesthetics through physical exercise and effective communication[J]. Procedia-Social and Behavioral Sciences, 2014(4): 198-201.

② 胡适. 容忍与自由[M]. 郑州: 中州古籍出版社, 2015: 91.

过程中的正常现象。它是人类社会(世界各国)发展的必经之路,亦是中国特色社会主义发展的必由阶段、过渡阶段。社会分化和阶层固化加深使家庭德育内容与方式日趋多元,在于它最终让家庭之"存在"日趋多元——家庭不再是千篇一律的同质化"社会细胞",不同家庭"资源不均、内容有别、地位有差"的现象日益凸显。

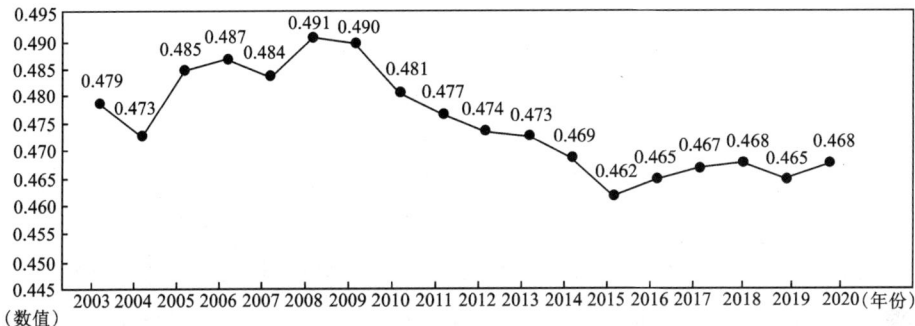

图 2-1　2003—2020 年中国基尼系数变化趋势①

社会分化及其家庭德育影响主要表现在以下方面:

一是系统分化。系统分化是指统一的国家科层体系逐渐被打破,政治、社会、经济等子系统分化开来(如政企分开、行政单位与事业单位分离),并按照各自的运行规律和运行逻辑独立运行。至此,社会运行不再是"由一个系统组织起来","而是以几种不同的方式在几种层次上组织起来"②。系统分化促进社会子系统的职能清晰化、工作有序化、功能高效化,改善了资源流通和利用的效率,进而为人们的生活、工作、生产带来便利和效益。这对家庭德育的影响是综合性的,如改善家庭的经济状况,丰富家庭的可用教育、医疗资源,增加德育者的家庭德育时间(因为节省了工作时间)。

二是职业分化。随着国家现代化节奏的加快,社会职业不断细化、多样化,新旧职业不断发生更替,社会总人口逐渐向现代职业部门流动③。尽管职业无高低贵贱之分,新时代的职业分化与社会成员的工资水平、福利水平、自

①　张劲松.基尼系数、农房与中西部地区乡村奔共同富裕[J].广西社会科学,2022(1):144-150.

②　苏国勋,刘小枫.社会理论的诸理论[M].上海:上海三联书店,2005:209.

③　贾双跃.中国改革开放以来社会分化的基本状况、特征与趋势[J].学术界,2019(7):74-82.

我认同甚至社会地位紧密关联也是不争的事实。这些方面与家庭德育质量之关系自不言而喻。除此之外，职业本身的特殊属性亦对家庭德育产生影响，如教师职业对于家庭德育方法之有效性保障可能较其他职业更具优势。值得一提的是，社会分化还包括"收入分化、教育分化、文化程度分化"等内容，它们都可对家庭德育的质量产生影响。但因为这些方面在本研究其他部分已有直接或间接涉及，此处不赘言。

阶层固化与政治、经济、社会等多种原因有关。中国社会科学院学者曾将中国典型的社会阶层分为十大类：社会管理者阶层、经理人员阶层、私营企业主阶层、专业技术人员阶层、办事人员阶层、个体工商户阶层、商业服务业员工阶层、产业工人阶层、农业劳动者阶层和城乡无业、失业、半失业者阶层[①]。阶层固化是在阶层出现明显分化之后，由于阶层保护、阶层勾连、阶层壁垒以及资源(如经济资源、组织资源、社会资源、文化资源)占有状况本身牵制等原因，使得社会流动的成本越来越高，阶层跨越的难度越来越大、概率越来越低。不同阶层的家庭由于生活、学习条件的差别，使得其家庭德育质量之差可能存在云泥之别。事实上，阶层的高低与家庭德育质量的高低存在一定的正相关关系，但也不尽然：高级知识分子家庭可能培养出心肠歹毒的犯罪分子，而善良的农妇母亲也能培养出道德楷模。值得注意的是，由社会分化与阶层固化加深而导致的家庭德育内容与方式的多元化，可能对社会成员的沟通、团结、互助以及社会秩序的维持、社会和谐稳定，具有一定的负面作用。

五、特殊家庭日益习见

特殊家庭正成为日益习见的新时代家庭德育供给场域。特殊家庭主要是指单亲(离异、丧偶)、重组、留守、流动、贫困、残疾人(父母残疾或儿童残疾)家庭等。由于结构不完整或功能不完全等原因，特殊家庭亲子关系之建构及发展往往受到掣肘，致使特殊家庭的孩子社会适应能力显著低于正常家庭的孩子，尤其是在情绪控制、人际关系和学习适应等方面问题突出[②]。因为经济社会发展、宏观政策驱动、思想观念变迁等缘故，如经济社会发展趋势下的"离乡务工潮"、社会转型与观念变迁下的"离婚率总体趋势上升现象"(如图 2-2 所

---

① 陆学艺. 当代中国社会阶层研究报告[M]. 北京：社会科学文献出版社，2018：7.
② 吴红明. 特殊家庭学生群体值得引起关注[J]. 中国教育学刊，2015(10)：108.

示，基于《中国社会统计年鉴(2021)》离婚对数与离婚率统计数据)，特殊家庭日趋习见。显然，含有某方面缺陷的特殊家庭，其德育供给质量往往低于正常家庭。值得一提的是，由于特殊家庭之"特殊性"各不相同，其引致德育质量低的原因大相径庭(如贫困家庭之德育缺陷，与单亲家庭可能全然不同)。

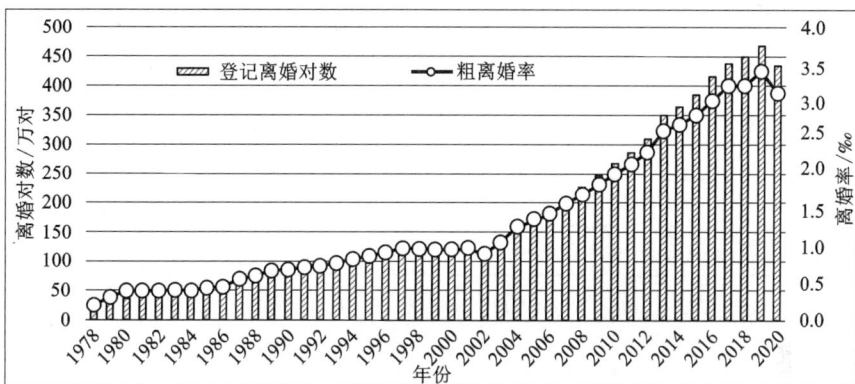

图 2-2　1978—2020 年中国离婚对数与离婚率变化①

就单亲(离异、丧偶)家庭而言，父母任何一方的德育缺位，对于孩子的思想素养和道德品质之发展的负面影响都将是必然的、巨大的。这是因为，父母由于性别差异，他们所能提供的德育内容是迥然不同的。无论哪一方的德育缺失都会造成整体的德育缺失，即便单亲一方不遗余力地想将它补全也无济于事。质言之，有些德育影响是无可替代的，唯有父母之其中一方可以给予。譬如，孩子的思想品德、心理结构、智力水平、性格特征、决断力、冒险力、创造力、安全感、自立、自信等的发展，与父亲的德育投入、角色参与有着必然的关联。重组家庭也常存在各方面的德育阻碍：这类家庭或因亲子之间存在隔膜与芥蒂，或因血缘亲疏的观念"作祟"，常使得继父、继母难以或不愿对继子女提供亲子德育。而这仅是从亲子关系视域论之，若再加上家庭文化构建、家庭氛围营造、家教方式运用，以及父母在家庭生活实践中本应发挥的"身教"引领(示范)作用等，重组家庭遭遇的德育困难可能更多。本书且对是否单亲中学生的道德差异进行独立样本 T 检验(研究工具介绍见第二章第二节第一条)，检验

---

① 宋健, 李灵春. "离婚冷静期"政策能否降低离婚水平[J]. 探索与争鸣, 2022(8)：119-128,179.

数据如表 2-2 所示。

表 2-2　是否单亲中学生道德差异的 T 检验

组统计量					
	单亲	N	均值	标准差	均值的标准误
道德	1	266	67.2143	2.75062	0.73514
	0	32	45.3750	6.78110	1.69528

独立样本检验					
方差方程的 Levene 检验		均值方程的 t 检验			
F	Sig.	t	df	Sig.（双侧）	Std
假设方差相等	4.868	0.036	11.248	28	0.000***	4.91

注：* $P<0.05$，** $P<0.01$，*** $P<0.001$

1 代表非单亲家庭，0 代表单亲家庭。从表 2-2 可知，是否为单亲家庭，是中学生在道德同一性上存在显著差异（$P=0.000<0.05$）的要因。通过对平均值的进一步分析，可得知：成长于完整家庭的学生比成长于单亲家庭的学生分数要高，也即生活在完整家庭的学生比生活在单亲家庭的学生有更高的道德水平。

在留守、流动儿童家庭，儿童通常面临父母德育"双缺位"。流动儿童通常跟随父母奔波流离、居无定所，他们在城市里难以享受到与城市同龄儿童平等的学校教育机会，更遑论家庭德育——其父母夙兴夜寐、辛苦劳作，却还是薪水单薄、苦于生计，他们连为子女提供基本的生活、学习条件都力不能支，就更不必说"有水平、有时间、有精力"成为合格的家庭德育者。留守儿童失教、拒教、难教，替代德育者教之无力、教之无方、教之无责等是造成新时代农村留守儿童家庭德育困境的主要因素；"留守儿童普遍缺乏心灵关怀"①——替代德育者对儿童心理和精神关怀需求的满足往往显得力不从心，而"需求满足的程度与心理健康有确定的联系"②。贫困家庭或残疾人（父或母）家庭所面临的德育困境与此类似，毋庸赘述。至于残障儿童家庭，受德育者通常由于身体残

---

① 马多秀.心灵关怀：农村留守儿童德育的诉求[J].中国教育学刊，2011(1)：76-79.

② 马斯洛.动机与人格[M].许金声，等译.北京：华夏出版社，1987：77.

疾、智力障碍、语言障碍、听力障碍等身心疾病的原因，不具有与其同龄人相当的德育影响接受能力。这固然会对家庭德育提出更高的要求：更具个适性的德育方案，更多的人力物力财力(尤其是德育者时间和耐心)投入。然而，最重要的是，在家庭德育中，德育者应当巧妙地、妥善地将儿童的身心缺陷尽可能地转换成其道德发展的动力，如，对于四肢存在缺陷的儿童，德育者在引导、帮助及鼓励他如正常人一样生活的过程中，要能有效地锤炼其意志、砥砺其情操。

第二节　新时代家庭德育的主要现实问题及其归因

一、结构性难题

当前阶段社会发展中的一些结构性难题，导致家庭德育在实施过程中出现了诸多的被动和无奈。家庭由个人组成，但它又是社会的基本细胞。家庭德育的问题，归根结底是社会问题在家庭"场域"中的反映和呈现。德育者的一些不正确的德育观念、逻辑、方式、行为，在一定程度上是被社会风尚、制度、文化、形势"倒逼"而生的。如：并非广大父母执拗和钟爱"重智轻德""重分轻能"的教育方式，也并非他们"沉溺"于为孩子报补习班"不能自拔"——这在很多时候于父母们而言，是一种身不由己的被动与无奈。然而，社会整体改变并非一蹴而就，当下我国家庭德育的结构性困境具有必然性，且会持续相当长时间①。结构性问题是多方面、多层次的综合性问题。

本书采用万增奎、杨韶刚编制的《道德同一性问卷》为研究工具研究与家庭德育相关的结构性问题等。《道德同一性问卷》共包括 16 个题项，其中内隐维度 9 项，外显维度 7 项。问卷采用李克特 5 级评分，得分越高代表道德同一性越高。万增奎等以大学生和中学生为研究对象，发现该问卷的克隆巴赫 α 系数为 0.74~0.85，问卷的分半信度为 0.69~0.77。问卷适用于中国本土大学生和中学生。本次研究，对 300 名学生发放问卷，其中初中生、高中生各 150 份，问

---

① 丛晓波，刘鑫文.转型期我国家庭教育的困境与出路[J].东北师大学报(哲学社会科学版)，2019(5)：139-144.

卷的信效度较好，α 系数为 0.85，内隐维度为 0.734，外显维度为 0.850，具有较好的内部一致性，符合测量学标准，可以在中学生群体中使用。基于问卷数据，利用 SPSS 22.0 对数据进行分析。基于城乡、是否留守、是否单亲等多个自变量，对道德因变量进行 T 检验。本书主要探究与家庭德育相关、对家庭德育发展及变革影响最显著的结构性问题。

一是人口结构问题。新时代主要面临的人口结构问题有人口老龄化程度不断加剧、流动人口规模持续增长等。老龄化程度加剧、新生儿数量减少，意味着家庭德育之受德育者数量减少。就国家"全部家庭之整体"而言，它必定因为德育影响之"靶向目标"数量减少而影响其"综合德育效应"。流动人口规模持续增长，意味着流动儿童、留守儿童数量持续增加，这显然不利于家庭德育质量的保障。本研究对留守经历中学生道德差异进行独立样本 T 检验。

1 代表无留守经历的中学生，0 代表有留守经历的中学生。从表 2-3 可知，是否有留守经历让中学生的道德同一性情况存在显著差异（$P = 0.000 < 0.05$）。通过对平均值的进一步分析，可得知：没有留守经历的中学生比有留守经历的中学生分数要高，即没有留守经历的中学生比有留守经历的中学生有更高的道德水平。

表 2-3　留守经历中学生道德差异的 T 检验

组统计量				
	留守	N	均值	标准差	均值的标准误
道德	1	130	67.8462	0.80064	0.22206
	0	170	46.1765	7.42660	1.80122

独立样本检验					
	方差方程的 Levene 检验			均值方程的 t 检验		
	F	Sig.	t	df	Sig.（双侧）	Std
假设方差相等	12.489	0.001	10.43	28	0.000***	4.91

注：* $P<0.05$，** $P<0.01$，*** $P<0.001$

二是家庭结构问题。家庭规模小型化、家庭类型多样化、家庭关系复杂化是新时代家庭结构的变化趋势。家庭规模小型化使家庭德育者数量减少；丁克家庭、"单身家庭"、流动家庭、空巢家庭、隔代家庭等家庭类型的比例剧增不利于"家庭德育整体作用"(家庭德育总和对国家发展的助力作用)的发挥；家庭关系中的问题、矛盾、冲突增多，无益于受德育者的思想素养和道德品质建构。

三是城乡结构问题。尽管在部分沿海经济发达地区，城乡差距已经很小，但我国大部分农村地区的发展状况仍普遍落后于城市，同时，不同规模和不同地域的城市亦有较大差异。城乡结构问题与社会资源(如公共服务资源、社会保障资源等)的分布失衡问题息息相关，进而对家庭德育发展产生较大影响。

1代表城市学生，0代表农村学生。从表2-4可知，城乡生长地的不同，让中学生在道德同一性上存在显著差异($P=0.000<0.05$)。通过对平均值的进一步分析，可得知：城市中学生比农村中学生的分数要高，也即生长在城市的中学生比生长在农村的中学生有更高的道德水平。

表 2-4　城乡中学生道德差异的 T 检验

组统计量					
	城乡	N	均值	标准差	均值的标准误
道德	1	153	67.8667	0.74322	0.19190
	0	147	43.9333	3.69298	0.95352
独立样本检验					
	方差方程的 Levene 检验		均值方程的 t 检验		
	F	Sig.	t	df	Sig.(双侧)	Std
假设方差相等	9.966	0.004	24.607	28	0.000***	4.529

注：* $P<0.05$，** $P<0.01$，*** $P<0.001$

四是社区结构、就业(职业)结构问题。不同类型社区由于房屋产权性质、地理环境、基础设施、人口结构、社会需求、资源禀赋等不同而差异较大[1]，这些因素将以种种方式拉大不同家庭之间的德育质量差距；德育者的职业则与其家庭的收入水平和经济状况、家庭所处的社会阶层地位、家庭的消费水平、家庭生活(包括家庭德育)的参与时间密切关联，显然，这对家庭德育的制约作用是巨大的。

---

[1]　龚维斌.我国社会结构：变化、特点及风险[J].中国特色社会主义研究，2019(4)：69-77.

二、文化杂糅与冲突

在中外古今文化杂糅与冲突的背景下，家庭德育发展在一定程度上面临文化选择与坚守之困局。生产力发展，尤其是信息网络技术突飞猛进，以及改革开放全面深化，使中国的全球化进程一日千里。全球化，内蕴着外来文化的输入与本土文化的输出。新时代，是文化交融的时代，是兼容并蓄、百花齐放的时代。如何妥善处理传统文化与现代文化、民族文化与外来文化、主流文化与亚文化、后现代文化与现代文化之间的冲突、融合与调适问题，如何有效继承、活化传统文化，如何去粗取精、批判吸收"舶来"文化，是一门深奥的学问、一项复杂的"技术活"。法国哲学家阿尔贝特·施韦泽说："个人在精神和道德上的完善，即文化的最终目的。"①就家庭德育而言，文化，有的作为家庭德育的内容，有的则影响家庭德育的价值导向、思想理念、目的方法等。相较于学校德育统一以中国特色社会主义文化为基础和导引，家庭德育在面临文化选择时，具有更多个适性、自主性与自由度。如何破解家庭德育过程之文化坚守与取舍困局，使文化之于家庭德育的功用符合社会主义建设之需要，尚存疑难。

家庭德育过程本是文化的认知、继承、传播、弘扬、创造过程，亦是文化的批判与选择过程。文化，不仅从外影响家庭德育的思想、理念、方法、目标设立、评价范式、发展方向，而且内在地制约着家庭德育的内容与过程。家庭德育中面临的文化杂糅与冲突问题主要表现在以下方面：

一是在中外文化发生冲突时，家庭德育或无所适从，或取舍无方，进而导致中国家庭德育既未能取他人之长，又未能扬己身之优。汤因比曾说："在文明的一般接触中，只要被侵入的一方没有阻止住辐射进的对手文化中的哪怕是一个初步的因素在自己的社会体中获得据点，他的唯一的生存就是来一个心理革命。"②中外文化冲突显然有方方面面的表征（如人们的思维模式、生活方式、价值取向、审美情趣，国家的风土人情、历史地理、社会制度等），它既在家庭外围的社会生态、社区环境中表现出来，又在家庭文化构建、家庭关系维持、家庭教育开展过程中显现。但无论是文化之外围还是内在"存在"，不同的文化对家庭德育的影响必定是不同的。如在不同文化中，"善举""美德"的内涵可

---

① 施韦泽.文化哲学[M].陈泽环，译.上海：上海人民出版社，2013：61.

② 汤因比.历史研究[M].上海：上海人民出版社，1960：275.

能大相径庭。对多种文化(尤其是外来文化)的认知不够、取舍不当、消化不良，可能导致受德育者的道德建构过程发生紊乱。但是，为了加速全球化进程、构建人类命运共同体，同时也因为异域文化确存有诸多值得我们学习、借鉴之处，在家庭德育中引入外来文化是必然趋势。然而，无论是"先有效融合中外文化，再让其成为家庭德育的资源"还是"通过家庭德育充分融合中外文化"，皆存在"操作上"的困难。

二是中国古代文化在一定程度上对新时代家庭德育产生掣肘。中国传统文化中既有光辉灿烂的优秀文明成果，又有许多不利于人性建构的陈规陋习、末世流弊。首先，传统文化中许多曾经发挥过积极德育作用的德育思想、内容，已经不再适切于当代德育发展的需要，可某些家庭的德育者因循守旧、抱残守缺，依然秉持一些陈旧的、过时的德育观念，采用一些不合时宜的德育方法。其次，有些德育者对传统文化的精华思想、内容一知半解、食古不化，缺乏审慎的思考和辨析，运用起来难免弄巧成拙。再次，传统文化中的一些内容在历史中(甚至其原生时代)已被证明是"糟粕"、是"谬误"，一些德育者却误把它当作文化遗产而加以"利用"。最后，就传统文化中的有些深邃的、经典的德育义理而言，由于已经"时过境迁"，直接将其"搬而用之"，可能会与现代文化氛围、德育环境格格不入，它需要被改造性地运用、创造性地借鉴，充分实现与当代文化的融合，只有这样才能有效发挥其德育价值。但这个过程本身困难重重。值得一提的是，古今文化冲突在某些家庭中表现为"持传统德育观念的祖辈"与"持现代德育理念的父辈"之间的冲突。

三、科学建构与理性反思贫乏

科学建构与理性反思贫乏，经验式、随意性家庭德育缺少理论与方法自觉，是当代家庭德育的常见问题。相较于学校德育过程之系统性、计划性、统筹性，家庭德育过程在很大程度上是自流的、无意识的、生活性的、实践性的，它缺失基于科学建构与理性反思的指导思想、教学方略、知识载体、组织形式、评估范式等。这使得它在目的、内容、方法之科学性、适切性、全面性方面存在巨大隐患。"经验式"中国传统家庭德育的存续，让人们对家庭德育的认识滞留于对现象的描述和总结之维，而疏于对家庭德育规律、原理的深刻体认。零散的、片面的既有理论研究成果无法为家庭德育实践提供科学导引，更不能实现对未来的科学预测和对现实的深刻批判。完善、健全的"理论与方法引领"之缺位，以及上文提及的"新时代文化内容、生活方式、价值取向的日益多元化"及其选择的日趋多样化，使得家长们被卷席于日常生活"所见所闻所感"的社会"潮流或浪涌"中，或是无所适从，或是亦步亦趋，或是"左右逢源"，或是"颠三倒四"。家庭德育呈现随意性、迷失性之现象司空见惯，自觉性、自主性、科学理性却从来贫乏。这也即"受过良好教育的父母更有能力让下一代延续家庭的精英地位"①之原因所在：他们的教养方式是科学的、有序的、有指向性和伴随反馈调节（理性反思）的，这些因素尤其有益于受德育者自主学习能力和自控自律能力的建构。

以蒋奖、许燕等编制的《简式父母教养方式问卷》（中文修订版）作为研究工具，对"父母教养方式与中学生道德水平的相关性"②进行分析（表2-5）。该问卷包含父、母教养方式两部分分问卷，问卷采用4点评分制，1代表"从不"，2代表"偶尔"，3代表"经常"，4代表"总是"。两部分问卷各包含21个题项，"拒绝、情感温暖、过度保护"三个维度，各维度分别有6、7、8个题项。修订后的量表克隆巴赫 α 系数在0.74以上，分半信度在0.73以上，重测信度在0.71以上。因此，本问卷具有较好的信效度指标，符合测量标准。在此项研究中，父亲教养方式分问卷的 α 系数为0.67，各维度的克隆巴赫系数为拒绝0.827、情感温暖0.88、过度保护0.690；母亲教养方式分问卷的 α 系数为0.655，各维度的克隆巴赫系数为拒绝0.811、情感温暖0.857、过度保护0.701。

表2-5 父母教养方式与中学生道德水平的相关性分析

		M(SD)	1	2	3	4	5	6	7	8	9
1	道德同一性	4.12(0.46)	1								
2	父亲教养方式	2.28(0.32)	0.215***	1							
3	拒绝	1.55(0.52)	-0.091**	0.490***	1						
4	情感温暖	3.04(0.67)	0.335***	0.475***	-0.396**	1					
5	过度保护	2.17(0.47)	0.036	0.762***	0.527***	-0.080*	1				

---

① LIN MENG-JUNG. The social and genetic inheritance of educational attainment：Genes, parental education, and educational expansion[J]. Social science research, 2020(C)：1-47.

② 张亚玲.父母教养方式对中学生亲社会行为的影响：道德同一性的中介作用[D].南京：南京师范大学, 2019.

续表2-5

	M(SD)	1	2	3	4	5	6	7	8	9
6 母亲教养方式	2.43(0.29)	0.190 ***	0.632 ***	0.401 ***	0.191 ***	0.542 ***	1			
7 拒绝	1.54(0.48)	-0.129 **	0.345 ***	0.647 ***	-0.243 ***	0.373 ***	0.540 ***	1		
8 情感温暖	3.26(0.55)	0.386 ***	0.265 ***	-0.276 ***	0.653 ***	-0.118 ***	0.332 ***	-0.426 ***	1	
9 过度保护	2.36(0.51)	0.010	0.456 ***	0.406 ***	-0.162 ***	0.665 ***	0.808 ***	0.508 ***	-0.149 ***	1

在此研究中，将中学生道德水平设为因变量，将父母教养方式设为自变量。由表2-5可知：①中学生的道德水平与父亲的教养方式总分呈正相关，其中与父亲教养方式中的拒绝因子呈显著负相关，与情感温暖呈显著正相关，与过度保护呈正相关（但无统计学意义）；②中学生的道德水平与母亲的教养方式总分呈正相关，其中与母亲教养方式中的拒绝因子呈显著负相关，与情感温暖呈显著正相关，与过度保护呈正相关（但无统计学意义）。以上研究结果表明，父母的教养方式、德育方式与孩子的道德水平是密切关联的，若父母能给予孩子充分的积极性德育影响，孩子将会有较高的道德水平，若父母给予孩子较多的消极性德育影响（如拒绝），孩子则会表现为较低的道德水平。

"不同的教养类型和教养方式与青少年行为有密切的关系"①，然而，科学建构与理性反思贫乏的德育内容、方式等，是当代许多家庭的德育常态。对一些德育者而言，家庭德育并非"必修课"，当然也就无须"备课"。他们通常在心血来潮的"某些时刻"对子女进行"想教就教"的道德说教，德育方法是否正确、组织方式是否有序、德育效果是否良好，他们从不在意与计较，从不检视与反思。经验式、随意性的家庭德育，对于受德育者的负面作用是明显的：

一是该类型的家庭德育，其组织方式是无序的、随性的，其德育方法是任意的、欠考虑的（进而可能是不科学的、欠妥当的），因此，其德育过程很可能是违背德育规律和受德育者身心健康发展之客观规律的，其德育结果可能很不理想甚至与受德育者之应然的道德发展轨迹背道而驰。二是家庭德育之随意、无序，可导致家庭不同德育者的德育影响发生冲突，亦可导致同一德育者在不同时间里的德育影响冲突。既是毫无章法、毫无"厘头"、纯凭经验或感觉（甚

---

① 张璐斐，张琦光，施小菊.青春期父母教育方式的调整与亲子关系[J].教育理论与实践，2002(10)：61-64.

至看心情)的德育过程,就不可能是家庭成员经过有效沟通并严格遵循科学德育指导的共同育德过程,它不仅可能"催生"德育影响之冲突、家庭关系之矛盾,进而因为德育力量方向不一而让受德育者无所适从、陷入混乱(从而削弱德育效果),亦可能由于德育者本身的"朝令夕改"、反复无常而令德育质量"大打折扣"。三是家庭德育学科发展滞后,相关理论研究极度缺乏,与其重要性形成强烈反差,这导致家庭德育实践无章可循、无据可依。在一定程度上,家庭德育的随意性与其缺乏科学建构、缺乏理论指导有密切关联。一些时候,德育者进行"随意"德育,不是因为他们不愿去参考、遵循科学指导,而是因为相关的理论成果尚待开发。

四、家庭自我的疏离

家庭"自我"的疏离,致使家庭德育陷入"唯学校论"或"学校从属论"之迷思。家庭与学校,是个体身心发展的两个重要场域。这两个场域在内容、功能方面有诸多交互性、关联性、一致性,且在很多时候需要相互补充、融合、贯通。然而,我们必须洞悉:家庭德育与学校德育是"分门别类"的两个独立系统,它们有着十分清晰的边界、大相径庭的运行机理,它们的内容、职能、功能不可相互僭越、替代。有研究表明:"家庭和学校具有明显界限;学校环境影响有助于调节家庭环境影响与学生表现之间的关系;旨在提升青少年表现的干预措施可以考虑建立具有明确规则的学校环境。"[1]因此,学校德育能影响家庭德育的功能和效果,我们应充分利用这种"影响",并在利用的过程中依据客观规律制定科学规则——不能无视两个场域的边界,从而陷入"功能相互僭越、活动混乱无序"的状态。就家庭德育而言,它本应有其独一无二的,能证成其本质属性、确立其内容结构、展现其品相特征、标识其存在方式的"自我灵魂",也即专属的"姓与名"。但现在这个"自我"发生了疏离(抑或剥离),这个"灵魂"正在迷失。

家庭"自我"出现疏离,主要是因为以下几个误区的存在:家长认为德育纯粹是学校的职责,家庭与此无甚瓜葛,这导致家庭德育影响几近缺失;一切以

---

[1] BIN-BIN CHEN, NORA WIIUM, RADOSVETA DIMITROVA, et al. The relationships between family, school and community support and boundaries and student engagement among Chinese adolescents [J]. Current Psychology, 2019(3): 705-714.

学校为中心，家庭德育沦为学校德育的从属、附庸，失掉自身"主心骨"；学校为了响应上级部门的有关决策部署而给学生大幅减负释压，结果却成了：学校本职事宜由家庭完成、教师工作由父母负责，家校职能明显易位；更有甚者，家庭成了学校的"后勤保障中心"或者"下属单位"，家庭以为学校服务、听从和执行学校"命令"为本职，家校关系发生异化。

　　就德育的方式与逻辑而言，学校德育更多地通过知识原理之阐释来促成学生的认知，家庭德育则更主要地通过家长的身教来助力孩子品性的建构。就家庭和学校德育各自的"场域"优势来看，学校德育目的性、系统性、计划性更强，德育者通常更专业、水平更高，且能灵活利用学生集体之力量来促成学生的发展；家庭德育则可充分利用其天然的权威性（基于儿童对父母的依赖）、易感性（基于亲子血缘关系）、针对性（基于父母对子女"知子莫若父，知女莫如母"之足够了解）、潜隐性（基于亲子朝夕相处过程中的潜移默化、耳濡目染）、连续性（不似学校德育过程有阶段性和暂时性特点、施教者不断改变）、德育影响集中性（由于"生师比"小，家庭德育影响因而更能有的放矢）等优势。事实上，就德育的目的、方法、内容、组织方式、评价范式而言，学校德育与家庭德育有着显著差别。家庭德育一旦沦为学校德育的"从属"，就会丧失其天然优势、忘却其本原职能、失掉其应然作用。

五、智慧与安全感缺位

　　家庭之应然的智慧与安全感缺位，将导致其本真属性与本原精神的失落。家庭是生命创生、萌芽、成长的土壤，家庭德育则恍若阳光、雨露、肥料。有的"家庭之壤"是膏腴、是沃土，"德育气候"是"春风细雨，润物无声"，于是便造就了完整的、健康的生命，迎来、成全了生命中的"春华秋实"。这其实是家庭及家庭德育的应然、理想状态，是其存在意义之"本、基、源"。然而，现实中，有的"家庭之壤"是瘠田、是薄地，"德育气候"是"暗无天日"、是"天寒地冻"。显然，生长于斯，生命很有可能是病态的、残缺的、畸形的、被异化的。即使有的生命很"幸运"地并未出现严重"症候"，可他终会缺失"蓬生麻中，不扶而直"底蕴上的英华之气。质言之，生命之成长，不仅需要精心之呵护、备至之关怀——安全感的给予，还应讲求培育之道、引导之方——智慧的倾注。但在许多家庭中，这一本真本原之精神是失落的、缺位的。

　　家庭是人智慧的开发地、创生地，是尽可能隔离或规避外界伤害的安全地带，因此，包括家庭德育在内的一切家庭活动都应该是充满智慧的以及能给予安全感的。换言之，智慧和安全感是"家庭"这一事物之本真与本原属性。家庭之应然的智慧与安全感，除了科学的、理性的"爱与关心"（并非无条件的溺爱），还有其他许多方面。目前，这些因素在许多家庭中是缺位的、失落的：

一是缺少对受德育者禀赋、习性、兴趣、理想、人格的尊重与培育。家庭德育，其根本目标是把人培养成具备完满人性的人，其最终目的是使人成为人。人，既是他自己正在成为的那个人，又是他理想向往的那种人。智慧和安全感的给予，就是为了更好地立人、更好地让受德育者成为其本身。智慧德育关注人性与人格，使其臻于完善，从而能够实现自我。它既要使人是其所是，又要使人是其所应是。一些德育者全凭自身主张与逻辑开展德育，全然不顾孩子发展的现实特点与客观需要。

二是无视家庭德育的规律与受德育者身心发展的客观规律。规律是"本质的关系或本质之间的关系"①，德育的"最大智慧"就是遵循德育本身及受德育者道德建构的内在规律。然而，有的德育者在具体的家庭德育实践中，因全凭主观喜好行事或受外界因素驱使，罔顾规律，随性而为，目标设置不合理、德育内容不恰当、评价方式不规范，如此种种，导致受德育者畸形发展。康德说："实践的规则始终是理性的产物，因为它指定作为手段的行为，以达到作为目标的结果。"②家庭德育实践若非合规律性的活动，若不符合该"目的—手段"之行动逻辑，当然也就无法获得"合目的性与合规律性统一"的育人结果。

三是德育方法不具科学性、适切性。家庭德育是一门科学，亦是一门艺术，德育过程中的许多特殊的、复杂的情况，需要有细致入微的观察方式，恰如其分的计划性、组织力、引导力（当代受德育者视野开阔、思维敏捷、反应迅速，德育者容易被其"带偏"），巧妙灵活的应变技巧，客观公正的处事逻辑（不让受德育者在生活中受到委屈或不被信任）。但有的德育者思维固执、行为拘泥、不知变通，却又极其强势，总是要求受德育者"服从旨意"。

六、德育"过度"

本书所探讨的德育"过度"主要包括以下两个方面内容：一是无视德育影响

---

① 列宁. 列宁全集：第 55 卷[M]. 北京：人民出版社，1990：128.

② 康德. 实践理性批判[M]. 韩水法，译. 北京：商务印书馆，1999：18.

之适龄性、阶段性、连续性规律的"超前德育",也即"过度的德育";二是将同一德育内容进行反复、冗长、"无休无止"的"灌输"的"重复德育"。古人说"虚而不屈,动而愈出;多言数穷,不如守中","守中、适中"是中华优秀传统文化,是中国人素来的为人之本、处世之道。"过犹不及、矫枉过正"之哲学义理亦适用于家庭德育。理想的家庭德育要让个体在各个发展阶段都能依照自身的内在基础与发展特点充分地显现自身,使得个体在不同发展阶段都能达到自身功能的最大化,个体生命在此过程中逐步趋于完整而健全①。"揠苗助长"之因不胜枚举(如国家制度引致、社会风气"倒逼"、父母观念使然),其危害主要有:掣肘受德育者认知能力的发展、剥夺受德育者的快乐天性、阻碍受德育者积极品质的养成。

值得注意的是,德育"过度"还涉及一些极端情况:

一是德育者因为个人习性或出于对受德育者的"过度关心",而想了解受德育者的全部生活,包括受德育者学习、生活的几乎所有琐碎小事。在与受德育者交往互动或同行共事时,他自对受德育者的言行屏息而听、凝神而视、"察得真切";若当时不在受德育者身边,他就正面或侧面反复打听。总之,受德育者生活之"事无巨细",他都想了如指掌。他竭尽全力地去深入了解受德育者的情况、洞察受德育者的动态,甚至全然挤占、倾轧受德育者的隐私空间,视"德育之民主原则"如无物,且声称这般方式是为了及时发现受德育者的"错误作为"并"及时纠偏"。所谓纠偏,就是对受德育者"发表"长篇大论——滔滔不绝,以视对受德育者之"罪责"的深恶痛绝。甚至,受德育者在身心发展过程中的一些正常的、应然的"不完美",都成了"罪"。质言之,他不仅损害了受德育者的个性、自由和隐私,还剥夺了受德育者"犯错的机会和权利"。他试图把受德育者塑造成"完美的"、听话的"提线木偶",以成全其自身堂而皇之的"畸形"目的(如炫耀)。殊不知,受德育者在这种难以承受的生命之重下呼吸困难。

二是德育者由于种种原因(如失业、年老退休等)拥有大把自由支配的时间,于是,他将所有时间、所有精力都投入家庭德育过程,以为这是对受德育者的"最大负责",却不知此举过犹不及——受德育者在这种夜以继日的时时"聚焦"中无所适从。"处无为之事,行不言之教""为无为,事无事,味无味"是中国传统文化中的著名理念,太多的关注、作为甚至干涉,完全可能对受德育

---

① 刘铁芳.走向整全的人:个体成长与教育的内在秩序[J].教育研究,2017(5):33-42.

者之思想素养和道德品质发展产生负面影响。事实上，德育者德育投入的时间过多，随之而生的往往是一些"控制因素"或"强加意志"行为，以及：对鸡零狗碎之事计较不休、对受德育者自主行为之效力缺乏信任、对受德育者的能力发展现状不能准确评估（因而对受德育者提出与其能力不相符的要求）。

七、育德能力和化人水平制约

家庭德育者的思想道德修养与知识结构问题制约其育德能力和化人水平。育德，是深化人的道德认知、陶冶人的道德情感、锤炼人的道德意志、规范人的道德行为的过程。在古代，"君子以振民育德"；在当代家庭中，父母是儿童道德发展的引路人，亦是"育德者"。化人，即"渐染人、熏陶人、感化人"。中国传统文化中"教以效化，民以风化"为此理，亦为"成风化人"思想之源。及至现代，学者们提出以"人、文、乐、情"化人等理念，极大地拓展和丰富了"化人"之意涵与方略。然而，"唯正己可以化人，唯尽己可以服人"，无论是育德还是化人，无论是以"道"育德（化人），还是以"器"育德（化人），皆对家庭德育者之"思想道德修养与知识结构"提出了高标准、严要求。当前，许多德育者的育德能力和化人水平尚存问题：思想觉悟与道德品质问题；知识文化水平与思维意识结构问题；日常生活实践与言行举止中体现出的道德风范问题；父母对德育内涵和重要性的认知，以及父母对这种认知的一致性①问题等。

本研究对 300 名家长的育德能力相关因素做了调查，调查结果不太理想，表 2-6 截取调查中的部分数据进行分析。

表 2-6　家长育德能力调查数据分析

家长育德能力	选择"比较是、完全是"的百分比
觉得自己知道什么是家庭德育	71%
觉得自己能够给孩子做好道德榜样	65%
觉得自己能为孩子提供较好的家庭德育	62%
觉得自己非常重视对孩子的家庭德育	83%

从表中数据可以发现，较多家长认为自己非常重视对子女的家庭德育，只

---

① 欧阳鹏，胡弼成.家庭德育：为人一生的发展奠基[J].大学教育科学，2018(4)：10-17.

有17%的家长认为自己不够重视。同时，却有29%的家长觉得自己"不知道什么是家庭德育"，这两组数据的比较可以说明，83%的"重视"为"表面重视"或"自以为重视"。因为，如果家长连"家庭德育是什么"都不甚了解，他可能也就无法找到正确的方式去表达"重视"。况且，对家庭德育的重视只是态度层面的问题，对其内涵与结构的深刻认知才是最根本和最重要的。此外，有35%的家长认为自己"未能为孩子做好道德榜样"、38%的家长认为自己"未能为孩子提供较好的家庭德育"，这两组数据可能有家长"过谦"的因素在里面，但无论如何，这两组数据都足以表明：当代德育者的育德能力较为欠缺。

德育者的道德素养与知识结构是制约其育德能力和化人水平的最重要因素。诚然，德育者的德育方式（如家庭德育方法是否科学、高效，具有个适性）在一定程度上是其育德能力或化人水平的表征，但因家庭德育对于"身教"，对于环境濡染、生活熏陶等潜移默化的"长时过程"的依赖，也便淡化了"具体方法"的效用。其实，无论是"身教"还是"环境濡染、生活熏陶"，也都是家庭德育的方法，只是它们对"技术含量"的要求不那么高（不如智育方法等需要较专业的技术素养），进而也就不那么制约"能力、水平"。这也即善良农妇母亲培养出高尚道德楷模的原因所在。农妇母亲在教育语言上不会妙语连珠，教育技巧上谈不上循循善诱，她甚至做不到言必有中，但是她用拙朴的、"肤浅的"方言，用她自己真真切切的、春风化雨的言传身教，用她自身的高尚情操、伟大人格，为孩子做出榜样和示范，让孩子分清善恶、辨明是非。她以自身良好的思想道德修养为孩子"作则"，为孩子的心灵涤尘，唤醒孩子内心的良知。

然而，正因为德育者本身的思想道德修养重要如斯，现实中有些德育者本身道德水平不高（甚至思想龌龊、言语肮脏、行为不端），就会对受德育者的道德发展产生恶劣影响。知识结构困境与此类似。家庭德育是关于"道德、思想、政治、理想、爱国精神、民族情怀、集体意识、民主理念、法治观念、心理素质"的教育，它不仅仅是纯粹的"道德教育"。有些德育者文化水平较低、知识结构简单，他们无法为受德育者提供适切于其身心发展的全面的德育影响。

八、犯罪预防与德育爱背反

未成年人犯罪预防与家庭德育爱"背反"，是新时代许多中国家庭的常态。绝大多数未成年犯罪问题与家庭德育相关。研究表明，影响未成年人犯罪的家庭因素主要有三个：家庭环境、家庭结构和家庭功能①；提高家长的基本素质、提升家庭成员沟通能力、改进家庭教育方式、建立良好家庭关系有助于预防未成年人犯罪行为的发生②。但无论方式、内容如何，未成年人犯罪预防体现在家庭德育之中，总会表征为恪守、磨砺、服从等情感"桎梏"与行为"律控"。它通过德育来引导、借助伦理来规范、依靠秩序来约束、依托德之"规训"来规避法之"惩罚"，故而总免不了有"压抑"或"阵痛"之体验。但基于主体人的教育思想（如"儿童中心论""经验中心论""道德教育论"）的家庭德育爱之方式则与此不同，它更多地偏向于尊重、自由、自主、独立的涵养之道，它意味着天性的释放与个性的"放飞"，表现出更多的弹性、柔性、宽容性与个适性。然而，不能辩证、妥善地处理未成年人犯罪预防与家庭德育爱之间的关系，以至于它们出现"二律背反"之困境，在当代许多家庭中甚为习见。

当然，未成年人犯罪预防，不能仅通过规训、"律控"之德育手段来规避。除了德育者自身品行不端对受德育者产生消极反面的"带头作用"、进而直接或间接地"诱导"孩子走上犯罪之路外，家庭成员之间的冲突、矛盾、紧张关系，亦有可能与未成年犯罪存在密切关联。在一些家庭中，家庭成员之间关系紧张是家庭常态，其中以夫妻关系、婆媳关系紧张最为典型。在该类家庭中，家庭成员因为种种原因（有的是毫无必要发生纠纷的琐碎小事）而争执不断、剑拔弩张，有的甚至恶语相向、大打出手。同时，这种家庭"大战"并非偶然发生，而是频繁再现、旷日持久。亦有些家庭整日上演"冷暴力戏码"，家庭成员之间接连多日不理不睬，或怒目而视、"抨凳摔门"。受德育者深处家庭冲突的中心或边缘，整日不闻家庭温馨之香，只闻"战火"味道之浓。

这样的家庭环境对于受德育者之消极影响是不一而足的：安全感终日匮乏，自我认同感极度欠缺，心理发展日趋畸形化，负面情绪日益累积"爆棚"却无处倾诉、发泄（同时，在这些家庭中，受德育者经常成为德育者怒火的宣泄对象，被德育者殴打甚至成为"家常便饭"）。因此，久而久之，成长于这种家庭的受德育者通常由于心理畸形、情绪阴暗、暴力倾向严重，而精神失常或走上犯罪之路，"家庭惩罚"终至"法律惩罚"。可见，未成年人犯罪预防亦需要家庭的德育爱。

---

① 李旭东.未成年人犯罪的家庭不良因素影响及预防对策[J].中国青年政治学院学报，2005(2)：5-20.
② 哈丽娜，刘娜，何佳洁.未成年人犯罪与家庭功能相关性研究[J].法制与社会，2019(22)：132-133.

综上，我们看到，一些家庭出现未成年人犯罪预防与家庭德育爱二律背反，是因为这些家庭没有充分认知这两者的内涵、有效厘清这两者的关系。辩证分析、妥善处理这两者的对立统一关系，就能让其相辅相成、相得益彰。事实上，太多的规训、"律控"手段的使用，并不利于孩子身心的全面健康发展。如，德育者肆意剥夺孩子正常的"犯错权利"；德育者为了避免受德育者受到可能的伤害，禁止受德育者参加任何剧烈活动（甚至体育运动）；德育者为了不让受德育者被他人"带坏"而禁止其与任何玩伴嬉耍等。这些"规训行为"之负面后果不言而喻。此时，便需要德育爱，需要"爱"与"训"的调和，需要宽严相济。同理，德育爱过度，带来的也会是另一种形式的规训与惩罚。

九、父亲沦为家庭德育中的他者

父亲德育投入在子女的道德发展中起着不可替代的作用，然而，在现实中，父亲德育投入与角色参与的心余力绌使其成为家庭德育中的"他者"。研究表明："父亲的角色参与（作为父亲的'敬业度、可及性和责任感'）有助于孩子身心健康发展，有益于孩子之幸福感的获得，有利于夫妻关系质量的提高（进而影响母亲的角色参与）。"[①]儿童的情绪表达与处理能力、社会适应能力、思想品德、心理结构、智力水平、认知能力、性格特征、性别意识、决断力、冒险力、创造力、安全感、自立、自信等的发展都与父亲德育投入、角色参与有着必然的关联。父亲角色缺位对受德育者成长之影响是深刻的、广泛的、持续的、不可逆的。"妈宝男""娘娘腔""空心病""巨婴病"等大多与父亲角色缺失相关。父亲角色，无论是它对于孩子的法理义务、道德责任，还是它与孩子的血缘系连，或是它在家庭结构中的本职功能，都有着独一无二的内容与价值。它也不可能被其他家庭成员之角色扩张而代替。单亲家庭（此处单亲家庭指因丧偶、分居、未婚或离婚而只剩下夫妻中的母亲一方与未成年子女组成的家庭）中父亲角色缺位自不用说，但"整全"家庭中父亲角色投入不足的现象也日益常见。在很多情况下，并非父亲们不愿意投入，也并非他们缺乏角色投入的意识，而是由于养家糊口的重任，高强度、长时间的工作，激烈的就业竞争压力，使得他们即使想多陪伴孩子，也分身乏术。于是，他们便沦为"影子爸爸"，沦为家庭德育中的"他者"。

---

① LAUREN MCCLAIN, SUSAN L. BROWN. The roles of fathers' involvement and coparenting in relationship quality among cohabiting and married parents[J]. Sex Roles, 2017(5-6)：334-345.

当然，父亲沦为家庭德育中的"他者"，父亲角色参与"心余力绌"，并非全是因其德育参与的时间或精力不够（由于工作原因），亦可能是因其实效性参与不足、思想道德修养与知识结构缺陷、德育方法与评价方式欠妥当等，导致德育投入（角色参与）的效果与其"初心"背道而驰、与其本原目的南辕北辙。换言之，该类型的父亲确有"徒有其表"的"足够德育投入与充分角色参与"，但其产生的有效力量却微乎其微或与应然方向背反。因此，他形同旁观的"他者"甚至"敌对"的"他者"。

实质性参与不足主要有以下表现：一是家庭中母亲的角色过于强势，父亲非常怯懦，是对妻子无条件、无原则地言听计从的"妻管严"，虽然他也在对孩子施加德育影响，但孩子认为父亲的话没有"分量"、不是"真理"，所以置若罔闻。二是母亲对父亲角色参与缺乏支持。有研究发现："配偶的支持是影响父母职能发挥的关键因素之一"①；"有良好角色参与数量和质量的父亲，通常拥有和谐的夫妻关系，且妻子对丈夫的育儿活动参与持积极态度"②。三是孩子过于叛逆、任性妄为、不愿尊重父母的意见。此类情形通常发生在孩子的心理叛逆期，与其早期所受家庭德育有一定关联。此种情况下，孩子认为自己"完全正确"，无须父母引导。父亲"思想道德修养与知识结构缺陷"，也即：父亲因其道德败坏、品行不端而直接或间接地掣肘孩子的道德发展（虽然这通常并非其本意）；父亲因自身文化水平或知识结构原因而无法为孩子提供全面的德育影响。相关内容已在上文做具体分析。父亲德育方法与评价方式欠妥当的表现形式不一而足。如，在德育过程中因"怒其不争"而对孩子暴力相向、拳打脚踢；错把孩子的小聪明当作大智慧并给予积极评价。

值得一提的是，父亲之德育投入与角色参与，并非狭义地局限于"父亲对孩子的身教作用或德育影响、与孩子直接的德育交往互动"，它包括父亲的与家庭德育相关的、具有德育价值的一切活动形式和参与行为，如夫妻（母子）关系中的角色参与、社交活动中的角色参与等。

① BELSKY J. The determinants of parenting: A process model[J]. Child Development, 1984(1): 83-96.
② BONNEY, J. F., KELLEY, M. L., LEVANT, R. F.. A model of father's involvement in child care in dual-earner families[J]. Journal of Family Psychology, 2008(13): 401-415.

第三节　新时代家庭德育现实问题的典型表现形式

本研究基于不断比较的方法和目的性抽样的原则，对 35 名家长进行访谈，而后运用扎根理论的研究策略，对访谈数据进行三级编码（表 2-7、表 2-8）并通过最终编码形成"对新时代家庭德育典型现实问题的归纳"。"威权型""控制型""反面型""暴力型""缺失型"为家庭德育现实问题的典型表现形式。

表 2-7　家庭德育的开放式编码及范畴化

范畴	原始资料	初始概念	参点数
德育风格	我觉得还是要按照老规矩，不听话就教训一顿，孩子就老实了	教训	22
	那这个，我小的时候，我爸妈从来都只是跟我好好说	沟通为上	30
	我觉得言传不如身教吧，自己做到了，就不怕孩子做不到	言传不如身教	28
	我觉得还是要对孩子严肃点，你老跟他嘻嘻哈哈，他慢慢就不听你的了	严肃	23
	我们家是配合好的，一个唱红脸，一个唱白脸	类型配合	26
	我感觉有点吃力，作为妈妈，有些话我不知道如何对儿子说	无力教育	27
	孩子还是听我的，但也老是来挑刺，我有时候都不知怎么回话	能力欠缺	29

表 2-8　家庭德育的主轴（二级）编码节点分布举例

序号	开放式编码节点	参考点数	主轴编码（范畴）
1	父权观念	22	
2	儿"稚"思维	21	威权型
3	生活风格	25	
4	强加意志	20	
5	控制即安全	30	控制型

续表2-8

序号	开放式编码节点	参考点数	主轴编码(范畴)
6	"听话"评价	29	
7	自我释放	20	
8	言行不端	22	反面型
9	利益至上	21	
10	肢体教育	22	
11	语言暴力	24	暴力型
12	冷暴力	25	
13	无力抚养	22	缺失型
14	德育迷失	21	

一、威权型家庭德育

采用威权型德育模式的家庭，或多或少受中国传统文化的影响。在威权型德育中，父母习惯在孩子面前摆"架子"，仿佛他们的言行一贯正确，他们的威严不容挑衅或置疑，孩子只能无条件服从其命令。父母即使有爱要表达，也通常采用不易被孩子感知的方式。他们将对孩子的爱包裹于"威严"的外衣下面，孩子很难穿透这一层外衣去体验本质的父爱(母爱)的温暖。在此种模式下，父母一般较多伪装自己，在孩子面前摆出"高姿态"。长期以来，孩子会产生对父母的畏惧和隔阂，亲子之间本应有的亲切感黯然消沉。这种教育方式无疑会对孩子的身心造成伤害，也在其内心深处种下等级观念的种子。孩子长大以后，一是无法与父母较为亲近：在他们想亲近父母时会觉得不适——往日父母"威权"姿态仍历历在目；二是他们对自己的子女也会不由自主地摆出一点"架子"，即便他们已经意识到这样不妥，但他们除了这个模式未曾接触过其他模式，而且这个模式在他们的心理结构中已根深蒂固，他们有些无法抗拒；三是他们在领导面前易表现出"奴性"。由于长期以来适应和妥协于父母威权，他们在面对领导类似的威权时很难有反抗、批判和创造性的思考。

二、控制型家庭德育

控制型家庭德育和威权型家庭德育有相通相异之处。在控制型的家庭环境中，父母倾向于让孩子遵守既定的规律和准则，约束孩子的思维和行为，阻碍孩子道德判断能力的发展①。许多父母习惯将自己的意志强加于孩子的身心，一旦孩子违拗其想法，就对孩子采取相应的规训措施。父母以是否"听话"作为孩子优秀与否的评价标准。譬如，许多孩子由于长期受家里长辈的"管教"或"控制"，非常"听话"，对任何"命令"都执行得很到位，因此得到长辈们的"好评"。这类孩子共同的、明显的特征是：谈吐姿态"老气横秋"，说话的语气、神态、习惯、内容等与中年人甚至老年人如出一辙；遇事唯唯诺诺，犹豫不决，因为他一如既往地只想做符合长辈心意的事，竭尽全力地去成全长辈的意愿。这个意愿是否正确，他不明白、也不计较。长此以往，他的自由意志、果敢、创新等品性因得不到应有锻炼、培养而逐渐泯灭。一言以蔽之，他已成为其父母或祖辈的复制品，不再是他自己。陈忠实先生在其经典作品《白鹿原》里塑造出的一个叫白孝文的人物，就是如上所述的活脱脱的形象。作者刻画的这一人物性格，在当下许多家庭中较为常见。控制型家庭德育带来的社会危害，是层见叠出的。研究也表明：在控制型(专制型)家庭德育环境中，青少年有着较高的道德推脱水平②。

三、反面型家庭德育

若父母自身言行不端、作风不良，则会对孩子的道德品质塑形和发展产生严重的负面影响。父母是孩子最亲近的人，尤其对于学前儿童而言，若父母道德低劣、行为龌龊，孩子将会模仿(且低龄儿童的模仿能力极强)，即所谓"上行下效"。有研究发现，父母一般会被视为道德行为的榜样，儿童与父母间的安全依恋体验有可能是道德同一性(道德认同)的重要来源。③ 我们常谓言传身教，很多时候，身教比言传更重要。孩子若经常看到父母酗酒、抽烟、赌博、打

---

① 王挺，肖三蓉，徐光兴.人格特质、家庭环境对中学生道德判断能力的影响[J].心理科学,2011(3)：664-669.

② 刘国雄，陆婷.青少年的道德推脱及其与家庭教养方式的关系[J].中国特殊教育,2013(4)：40-42.

③ 曾晓强.国外道德认同研究进展[J].心理研究,2011(4)：20-25.

骂、吸毒等，他们会熟视无睹、习以为常，把这类负面行为视为好的、善的。这对孩子世界观、人生观、价值观的培养是遗祸无穷的。另外，在面对道德和经济利益的考量时，很多父母选择了后者，给孩子提供了"反面教材"。"隧道效应"形象地说明了家庭教育问题的代际传递，即孩子的问题总是折射出父母身上的问题①。

四、暴力型家庭德育

父母对孩子的暴力可分为热暴力和冷暴力，热暴力又分为肢体暴力和语言暴力。任一暴力方式对家庭德育都是有害的，都将对孩子的思想观念、政治素质、道德情操的形成和发展造成不利影响。肢体暴力也即"棍棒教育"。有些父母揣着"不打不成才"的观念，他们一旦认为孩子"做错了"就打孩子。这类情况下有两种常见的错误典型：一是孩子其实没错。孩子只是出于其纯洁的天性和本能，做出了实质上很美好、泛着真诚和善意的事情，父母却要打他。因为在父母看来，孩子让自己吃亏了、"把好处让给了别人"，"没有占到便宜"等，于是，没有多加思索，父母就把孩子揍一顿。二是孩子确实做错了。父母在多次口头教育引导失效后，选择使用肢体暴力，但父母在打孩子的时候，非但不挑合适的部位下手，也不顾虑下手力度，更遑论选择合适的时机。如，有父母一发脾气就对着孩子的脑袋拳打脚踢；有父母在孩子用餐时、睡觉时打孩子；有父母喜欢当着众人、当着孩子小伙伴的面打孩子。语言暴力又细分为两种，一是父母对孩子说一些肮脏的骂辞，用一些污秽的词句来形容孩子或孩子所行之事，二是父母虽然不用粗鄙词句，但语意尖酸刻薄、不堪入耳。父母言谈时肆无忌惮，从不考虑孩子的心态和感受。冷暴力指的是父母长时间对孩子不予理睬，孩子主动和父母沟通，父母仍拒绝与之互动。以上暴力型家庭德育，于某些父母看来，是他们教育孩子的手段和方式。殊不知，这实则是家庭德育的重大忌讳，是对孩子身心的残害。

五、缺失型家庭德育

与上述几种家庭德育困境(主要表现为德育方式错误)迥然不同，缺失型家

---

① 李积鹏，韩仁生.家庭教养方式对儿童道德发展的影响及家庭德育策略[J].现代教育科学，2017(8)：103-109.

庭德育指的是家庭教育中缺失德育的重要内容和环节。这将给儿童道德发展带来严重的后患：道德认知易欠缺，道德品质易弱化，道德行为易失范①。缺失型家庭德育主要分为以下几类情形：

第一，重智育轻德育。这与我们在前文提到的国家教育制度相关联，父母出于对孩子升学的重要性、紧迫性考虑，在家庭教育中变得"功利"：一心一意只为孩子的考试成绩考虑，与此无关的教育内容全不涉及。事实上，由这种失衡的家庭教育模式导致的对孩子天赋特长的忽视，对孩子兴趣爱好的发掘、培养和引导的缺失，皆会影响到孩子的思想道德发展。德智体美等方面当协同配合、携手共进，任何顾此失彼的教育行为都是荒谬的。

第二，上文提及，长辈因陷入"溺爱误区"而将德育束之高阁、不闻不问，同为德育缺失的主要表现。

第三，父母之间德育方向不一致或父母与祖辈德育观念有分歧，也会造成德育缺失。譬如，当儿童做出某些失德举动，父母对其批评教育时，爷爷奶奶却在一旁护着他，甚至一家人常就孩子的德育问题唇枪舌剑、针锋相对，刚刚形成的正面德育影响就会立即被负向德育影响所抵消。

第四，离异、再婚家庭、单亲家庭也是常见的德育缺失型家庭。离异、再婚家庭，或因亲子之间存在隔膜与芥蒂，或因血缘亲疏的观念作祟，常使得继父、后母无法或不愿对继子女提供亲子德育。论及单亲家庭，我们先得明白一点，父母由于性别差异，他们所能提供的德育内容是截然不同的。无论父母哪一方的德育缺失都会造成整体的德育缺失，即便单亲一方不遗余力想将它补全也无济于事。

第五，留守、流动儿童或"影子爸爸"家庭的德育空缺。在留守、流动儿童家庭，儿童通常面临父母德育"双缺位"。留守儿童失教、拒教、难教，替代养育者教之无力、教之无方、教之无责等是造成新生代农村留守儿童家庭教育困境的主要因素②。在"影子爸爸"家庭，父亲肩负养家糊口的重任，高强度、长时间的工作，激烈的就业竞争压力，使得他们即使想多陪伴孩子，也分身乏术。

第六，家庭存在的一些客观困难也会造成德育缺失。这些因素通常属于不可抗力，也即无法根据父母的主观意愿而改变。譬如，家庭的经济状况直接影

① 王露璐，李明建.农村留守儿童道德教育的现状与思考[J].教育研究与实验，2014（6）：41-44.
② 段乔雨.新生代农村留守儿童家庭教育的困境及其突围[J].现代教育科学，2017（12）：24-29.

响到家庭德育的实施效果；父母的知识结构、文化水平也制约着德育的输出效果。很多父母尽管渴望带给孩子优质的家庭德育，也致力于把孩子培育成道德情操高尚之人，但碍于文化修养的限制，他们无力供给精彩的德育内容，也无从驾驭高超的德育技巧。

第三章

新时代家庭德育变革的制约因素与基本原则

在变革开始前，先要深刻体认家庭德育变革的制约因素与基本原则。剖析制约因素，是因为变革会牵涉这些因素、变革活动将受到这些因素制约。唯有洞悉它们的本质与内涵，才能顺利开展变革工作。制约因素主要包括以下方面：包含国家、社会、学校、社区在内的主体因素；结构因素；包含自然环境、人文环境、家庭环境在内的环境因素；时间因素；包含个体功能与社会功能在内的功能因素。明确基本原则，是为了充分保障变革的合理性、有序性、科学性和高效性，是为了让变革活动的具体行为在秩序与"章法"的规范下更加有的放矢。

第一节　新时代家庭德育变革的制约因素

一、主体因素

家庭德育系统的结构明显是"多元主体结构"，只有研究各主体在家庭德育过程中所充当的角色、所发挥的功能与作用，才可能深入地了解家庭德育系统，并探赜其中的问题。"道德是第一人称的前提，因为责任需要一定的执行者。但是基于第一人称的伦理学并不能阐明集体政治，多主体结构是共同的道德生活所必需的。"①主体，顾名思义，就是主要的"体量"，也即事物的主要内

---

① 김효영. Could it be possible to establish an ethical subject beyond the first person? The ethics of multiple subjects concerning the concept of "responsibility"[J]. Korean Feminist Philosophy, 2019(11)：117-145.

容、部分。它在哲学层面的释义为"有认知和实践能力的人"，在法学视域的释义为"依法承担义务、享有权利的自然人（或法人、公民、组织、国家等）"。虽然主体指的是"主要的部分"（不可能有两个或两个以上因素同时成为"主要的部分"），但因为家庭德育结构多元、影响多元，其发展状况是由多元变量相互耦合、共同作用的结果，所以，就不同角度、视域论之，其主体是各不相同的。如，就家庭德育相关制度的确立而言，国家是新时代家庭德育变革的主体。

显然，作为德育者的家长（父、母、祖父、祖母等）与作为受德育者的孩子是家庭德育的主体。近年来，德育"双主体"理论被广泛接受，因为"传统德育主客二分的固化模式之弊端使德育陷入尴尬，遭遇困境"①，这种模式"让德育与时代、与人的关系变得紧张，从而弱化了德育的功能与力量，让德育的文化内涵变得贫乏"②。当然，研究家庭德育"主体因素"不能狭隘地拘囿于教育学意义上的"双主体"，而应系统地、全面地探究与家庭德育变革相关的所有主体。因为研究作为主体的德育者与受德育者的文献资源非常丰富，本书不做重复研究。本书对主体因素的研究将聚焦于国家、社会、学校、社区等。

1. 家庭德育变革的国家主体

事实上，很少有研究者探讨国家在家庭德育及其变革中扮演的"主体"角色。然而，有一个我们无法回避的客观事实，即：在新时代的家庭德育中，国家所充当的主体角色已经日趋显明、发挥的主体作用也日益重要——现代社会远非历史上那些"皇权不下县"的封建朝代，国家正从方方面面影响、引导、约束、规范家庭德育"系统"之运行和发展。同时，联系上文论之，家庭德育者是家庭德育的主体，国家又因其对于家庭德育者之德育态度、德育方式的"引领"作用（比家庭德育者"扮演"的角色更具"基础性"），而在家庭德育中处于更加重要的主体地位。

其一，国家的历史底蕴、文化传统，成为家庭德育的先天基因。中国作为文明古国，是从历史的深处走来的，比当今世界上的任何一个其他国家都有着更古老的文化传统。中国历史的轨迹与发展趋势、中国历代王朝的构建方式及施政纲领、中国传统家庭的德育思想与内容，甚至由普通百姓在乡间田野表现

---

① 于光，张澍军. 传统德育主体理论的弊端与现代困境[J]. 东北师大学报（哲学社会科学版），2009（1）：56-59.

② 郭凤志. 德育文化论[M]. 北京：中国社会科学出版社，2008：188.

的道德风致衍化而来的农业文明，都通过各种方式，作为多元因素或成分，参与到新时代家庭德育的存续之中。将"国家的历史底蕴、文化传统"比喻成家庭德育的先天基因，是因为它对新时代家庭德育的影响是巨大的、是奠基性的。影响的"巨大"性也就蕴含着"主体"性。这种巨大影响，既包括正面的积极因素，亦包括负面的、掣肘人之发展的消极因素。值得一提的是，"国家主体对人才需求的基本价值取向具有社会性、总体性、历史性、趋向性和现实性的特点"①，其中的"历史性""趋向性"特点亦能佐证国家历史对于新时代家庭德育的主体性作用。

其二，国家的制度体系如政策实施、法律确立、组织构建等，时刻制约着家庭德育的发展。首先，国家主体功能可以通过教育权来体现，如：以"教育立法权、教育司法权、教育行政权为存在形式的国家教育权"②，可以对包含家庭德育在内的教育活动产生直接影响。其次，国家政策以及与之相关的行政工作、立法工作，都影响家庭德育的存在与运行方式。例如，国家主导"精准扶贫"政策以及在此背景下的"教育精准扶贫""高考农村专项计划""全面二孩政策""大学生村官政策"等，对家庭德育的存续产生了显著影响。再次，国家政策或制度下的资源配置方式（尤其是教育资源配置方式）、公共产品供给方式、基础设施规划构建方式，无一不会对家庭德育系统运行产生作用。

其三，国家的生产力发展水平、经济发展水平与新时代家庭德育变革紧密关联。生产力的发展，改变着人们的生活方式，亦改变着家庭德育的内涵与外延。它能为家庭德育带来便利，成为家庭德育的动力、推力，但也可能作为家庭德育的阻力或负面因素，掣肘家庭德育质量的提升。以作为"第一生产力"的科学技术为例，在新时代，"网络化""信息化""大数据化""人工智能化"是新趋势、新潮流。网络信息技术拉近了人与人之间的距离，为人们的生活与工作带来诸多便捷，这些方面能对家庭德育产生直接或间接影响，或本身作为德育因素、德育技术，而成为家庭德育的组成部分；人工智能则"将使教育更加个性化、精准化、人性化，且为人们创设一种体验幸福、感知幸福的良好氛围"③。

---

① 杨志坚.中国本科教育培养目标研究[M].北京：高等教育出版社，2005：62-63.

② 马凤歧.教育政治学[M].北京：人民教育出版社，2002：77.

③ 马玉慧，柏茂林，周政.智慧教育时代我国人工智能教育应用的发展路径探究——美国《规划未来，迎接人工智能时代》报告解读及启示[J].电化教育研究，2017(3)：123-128.

然而，先进科技的弊端亦不一而足，如让受德育者产生"技术依赖"、滋生懒惰行为、缺乏意志磨炼等。国家经济发展水平之于家庭德育的影响亦是瑕瑜互见，具体内容本书第二章第一节已有阐述，此处不再赘述。

2. 家庭德育变革的社会主体

"人的本质不是单个人所固有的抽象物，在其现实性上，它是一切社会关系的总和。"①同时，社会是人与人所形成的关系的总和，是以一定物质生产活动、生产关系为基础而相互联系的人的生活共同体。"作为主体的社会既与通常的个体形态的主体相似，又比个人主体更有能力。"②此处，笔者所研究的家庭德育社会主体，主要是指存在于家庭德育外部且与之密切相关的、承载人们生产生活关系的人类社会共同体。也正因为"人的本质是一切社会关系的总和"，社会与家庭德育中的"人"，与家庭德育的目标、内容、方法、评价等几乎所有方面都密切关联，因而它在家庭德育中处于主体地位。姑且列举几点：

其一，社会风尚、社会秩序、社会整体道德水平影响和制约家庭德育的发展，并对家庭德育的育人成效提出要求。当一个社会"世风日下"，它的不良风尚势必"渗透"到家庭德育之中。"渗透"的方式有两种：第一种是通过携带社会"负能"的德育者长年累月的言传身教与熏陶渐染；第二种是家庭德育者本身"出淤泥而不染"、坚持正直品性，以种种"现身说法"，告诫受德育者关于社会的"黑暗面"和"诸多陷阱"。但这将导致受德育者在尚未亲历社会就已失去对社会的信任、变得"多疑与不安"。这不仅将掣肘社会的运行效率，且是在培养为"谋生存"而不得不虚与委蛇的"幸福感缺位"的"小人"。众所周知，社会治理体系和治理能力现代化水平的提升、社会秩序的有效维持、社会整体道德水平的提高，都离不开高风亮节之国民的"造就"。如果社会成员都是"小人"，那么社会秩序之维持、社会治安之保障就将寸步难行。这亦即"法治"与"德治"缺一不可的原因。因此，家庭德育不仅受到来自社会的影响和制约，还肩负对社会的责任和担当，肩负来自社会的要求与冀望。这些责任和担当或要求与冀望，既是动力，又是压力。

其二，社会参与了对家庭德育的监督与评价。社会能在家庭德育中发挥重

---

① 马克思,恩格斯.马克思恩格斯选集：第1卷[M].北京：人民出版社,1995：56.
② 李凯.论社会主体如何可能——面对人类解放的困惑[J].现代哲学,2011(3)：20-24.

要的监督作用，它通过种种方式"检查"并"督促"家庭德育的实践过程。研究表明："在教育领域实现社会监督可让儿童免受许多不利于其身心健康发展之因素的负面影响。"①此外，家庭德育中培养的人，最终要进入社会，参与到社会建设中去，社会对"人才任用"具有终极选择权。社会在行使选择权时就发挥了其对"家庭德育人才培养"的监督和评价功能。如果社会环境更适合品德高尚之人生存与发展（相反，道德品质低劣之人则被万夫所指、被社会用人机制淘汰），就意味着社会对"家庭德育的效果"给予了肯定评价。这一"肯定评价"再反馈到家庭德育中去，就形成了良性循环。

其三，社会实践本身就是家庭德育的内容。家庭德育不仅是理论的教育，也是实践的教育。所谓"纸上得来终觉浅，绝知此事要躬行"，家庭德育只有深入实践，在实践中检验理论，并充分实现知行合一，才能确保德育实效。因此，社会本身就应充当家庭德育的课堂，"社会实践""社会活动""生产劳动""户外素质拓展""实习""兼职"等社会实践活动，都是受德育者直接接触、认知社会并发展思想素养与道德品质的渠道，也是其进一步检验与内化家庭德育影响、将家庭德育理论知识与实际行动充分融合并将家庭德育影响固化为稳定的心理结构和行为"本能"（家庭德育之最终目的）的有效途径。另外，社会实践能增强家庭与社会的关联，避免某些"脱轨"家庭孤立于社会之外"闭门造德"；亦能增强受德育者对德育者之德育影响的审视与反思能力，而非不假思索地全盘接受。

3. 家庭德育变革的学校主体

学校是孩子接受教育、获得成长的另一"场域"，它通过各种形式作用于家庭德育，与家庭德育紧密关联。为了验证学校主体对学生家庭德育的影响，本研究对不同学校主体学生的家庭德育差异进行独立样本 T 检验，检验数据如表 3-1 所示。

---

① TAT'YANA B, KULIKOVA. Some issues of realization of public supervision in the sphere of education in order to protect children from information harmful to their health and (or) development[J]. Vestnik Omskoj Ûridičeskoj Akademii, 2017(2)：104-109.

表 3-1 不同学校主体学生的家庭德育差异 T 检验

<table>
<tr><td colspan="6" align="center">组统计量</td></tr>
<tr><td></td><td>学校</td><td>N</td><td>均值</td><td>标准差</td><td>均值的标准误</td></tr>
<tr><td rowspan="2">道德</td><td>1</td><td>137</td><td>63.000</td><td>9.1807</td><td>2.3705</td></tr>
<tr><td>0</td><td>163</td><td>52.133</td><td>10.3914</td><td>2.6830</td></tr>
</table>

<table>
<tr><td colspan="7" align="center">独立样本检验</td></tr>
<tr><td></td><td colspan="3" align="center">方差方程的 Levene 检验</td><td colspan="3" align="center">均值方程的 t 检验</td></tr>
<tr><td></td><td>F</td><td>Sig.</td><td>t</td><td>df</td><td>Sig.（双侧）</td><td>Std</td></tr>
<tr><td>假设方差不相等</td><td>0.115</td><td>0.737</td><td>4.152</td><td>28</td><td>0.000***</td><td>3.58</td></tr>
</table>

注：$^*P<0.05$，$^{**}P<0.01$，$^{***}P<0.001$

1 代表重点中学，0 代表非重点中学。从表 3-1 可知，就读学校是否为重点中学，是学生在道德得分上存在显著差异（$P=0.000<0.05$）的要因。通过对平均值的进一步分析，可得知：重点中学的学生比非重点中学的学生得分要高，也即重点中学的学生比非重点中学的学生有更高的道德水平。这充分表明，学校主体的存续状态与家庭德育的质量密切关联。

学校在新时代家庭德育变革中发挥的主体性作用，主要表现在以下几个方面：

其一，学校德育与家庭德育之德育影响可相互补充、相得益彰。学校德育可以夯实家庭德育，学校德育为受德育者素质发展奠定的基础，可优化受德育者在家庭德育中形成的素质结构。学校德育亦能弥补家庭德育缺失的德育内容，清除家庭德育中消极负面的德育因素（家庭德育可能由于家庭德育者自身能力和水平限制，以及德育形式的非专业化、非系统化、非有序化，导致德育内容缺失甚至出现谬误），并在教育教学环节为受德育者提供实践机会、让其更好地将家庭德育的理论知识融会贯通。值得一提的是，"在家庭教育的感性亲情与学校教育的理性规范之动态对接中，势必呈现参差与抵牾"①，但这种矛盾性的"张力"，本身就是一种互补相融。因为，周旋于"矛盾、张力"之中，孩子会得到教育的多元化锻炼，而"教育的最终目的是塑造具有创造性、高度独

---

① 刘谦，冯跃，生龙曲珍. 家庭教育与学校教育互动的文化机理初探——基于对北京市农民工随迁子女教育活动的田野观察[J]. 教育研究，2012(7)：22-28.

立性和掌握自己命运能力的人"①。

其二，德育以外的学校的其他学科教育为家庭德育体系重构与完善创造条件。家庭德育是充分利用"家庭场域"的特殊性，以满足青少年素质发展需要而进行的教育，而青少年之道德、思想、政治、理想、爱国精神、民族情怀、集体意识、民主理念、法治观念、心理素质的"塑形"与发展，仅靠家庭德育者德育方面的"理论说教""实践指导""以身作则""熏陶濡染"还远远不够。家庭德育之"德育知识"需要借力于其他学科知识来丰富其内涵、演绎其逻辑、解释其原理、评价其是非，换言之，家庭德育的德育影响，只有结合其他学科的知识（理论知识和实践知识），方能更有效地被理解、被接受、被内化。如，自然科学的理论知识传授与实践活动，可以有效锻炼青少年的道德思维、心理结构和认知能力；人文科学与社会科学的学习，可以帮助青少年更高效、准确、客观地了解社会现象、人与世界的本质等，从而充分发展其学习和掌握德育知识的能力，进而使家庭德育质量得到有效提升。

其三，学校教育的过程和结果时刻牵制家庭德育系统之运行。"家庭是私人领域，学校是公共机构，这决定了它们是青少年成长的两种不同的环境。"②青少年生活的主要内容是接受教育、获得身心发展，而学校教育则是青少年入学后所受教育的主要部分。因为孩子的身心发展状况、孩子接受教育的状况与孩子的未来息息相关，所以学校教育本身就成为家庭德育者重点关注的对象，而这一"重点关注"造就了学校教育系统对家庭德育系统的时刻牵制。如，对于"学业成绩"这一指标，家庭德育中必然存在许多与之"高度匹配"的内容：对孩子之成绩、分数的肯定或批评；对孩子学习品格的锻炼、学习意志的磨砺、学习心态的培育；对孩子未来学习目标的设定与学习结果的展望等。同时，家长对学校教育的过于关注、对孩子学习成绩的过分重视，又可能导致其对家庭德育的忽视。这也即当代社会常见"高分低能者""精致的利己主义者""空心人"的要因。"很明显，学校教育将家庭教育控制到了'被征服'的地步。"③

---

① 庄孔韶.教育人类学[M].哈尔滨：黑龙江教育出版社，1989：154.

② 黄河清.家庭教育与学校教育的比较研究[J].华东师范大学学报（教育科学版），2002（2）：28-34，58.

③ OKUMURA NORIKO. Issues regarding the "Trend toward entrusting school education" in home education promotion policy：The correlation between school education and home education[J]. 日本の教育史学，2009（3）：30-42.

4.家庭德育变革的社区主体

"社区"一词的定义很多，不同研究者对该词的定义不尽相同。本书所指的"社区"是由若干聚集在一定领域里、生活上相互联系的社会成员或组织组成的集体。如，就农村而论，"社区"可以是一个村、一个组等；就城市而言，"社区"可以是街道办事处下辖的自治单位，或一个小区、一个居民生活片区、一个企事业单位的家属院等。社区一般意义上是从事相同（或相近）行业或经济水平（能力）相当或社会阶层（地位）类似的一群人组成的集体。

尽管人是"国家的人"、是"社会的人"，但社区是人与社会接触最直接、最邻近的场所。社区是一个特殊的社会、一个缩小化的社会，但它又不全是社会：特殊的地缘关系及其衍生出的人际关系，使得人在社区中的人格特征可能与其在"大社会"所表现出的人格特征不尽相同，"兔子不吃窝边草"可喻此理。社区充当着人与社会全面接触前的一个桥梁、一种媒介、一个演练场。同一社区中的不同家庭会有诸多相似之处（如政治、经济、社会资源等的拥有或享有情况），而相似之处越多、"地位"越是相仿，人就越容易相互攀比、影响、模仿，再加上家庭德育过程本就发生在社区环境之中，社区对家庭德育的影响就会非常显著，进而社区在家庭德育中发挥的主体功能不可小觑。相关研究结论亦能佐证这一论点，如：反制文化理论（oppositional culture theory）认为，消极的社区文化会侵蚀青少年获得更多学术成就的行为习惯[1]；社会隔离理论（social isolation theory）则指出，如果生活于从社会网和正式制度中被隔离出来的社区，那么居住者就难以同主流文化发生联系。这种隔离也让身处其中的青少年滋生出反社会文化和越轨文化。[2]

为了验证社区主体对学生家庭德育的影响，本书对不同社区主体学生的家庭德育差异进行独立样本 T 检验，检验数据如表 3-2 所示。

---

[1] OGBU JOHN U.. Collective identity and the burden of "acting white" in black history, community, and education[J]. Urban Review, 2004(1): 1-35.

[2] MASSEY, D. S., et al. Segregation, the concentration of poverty, and the life chances of individuals[J]. Social Science Research, 1991(4): 397-420.

表 3-2　不同社区主体学生的家庭德育差异 T 检验

组统计量

	社区关系满意度	N	均值	标准差	均值的标准误
道德	1	140	60.786	11.7092	3.1294
	0	160	51.000	11.1116	2.7779

独立样本检验

	方差方程的 Levene 检验		均值方程的 t 检验			
	F	Sig.	t	df	Sig.（双侧）	Std
假设方差不相等	0.086	0.772	2.347	28	0.026**	4.16

注：$^{*}P<0.05$，$^{**}P<0.01$，$^{***}P<0.001$

　　1 代表对社区关系满意，0 代表对社区关系不满意。从表 3-2 可知，学生的"社区关系满意度"因素，会让其在道德得分上存在显著差异（$P = 0.026 < 0.05$）。通过对平均值的进一步分析，可得知：对社区关系满意的学生比对社区关系不满意的学生道德分数要高，也即对社区关系满意的学生比对社区关系不满意的学生有更高的道德水平。这一结果的形成是符合常理的：中小学生正处在人格与心理发展的重要阶段，其"知、情、意、信、行"结构的形成，受旁人的影响非常大。学生所居住的社区，便是学生的家庭以及学生自身面对社会的第一面镜子，若社区人文环境和善、友好、包容，家庭与邻里交往的方式洋溢"爱与温暖"，学生们就将在这样的环境中习得较好的道德品质，并践行于自身生活方式与社交关系之中，同时，他们也会对这样的社区关系感到满意；相反，若是学生们每天在社区的所见所闻都是争吵、暴力、冷漠，那么学生们首先会对这样的社区环境感到不满意，其次，也会在无形中习得与之"匹配"的素质发展方式。这也在一定程度上解释了为什么"贫民窟"有着较高的犯罪率和较低的道德水平。因为社会环境影响与道德心理发展始终有着不可分离的关系。而本次独立样本检验，便是从个体对社区满意度的角度来检测个体本身的道德水平。

　　具体说来，社区在家庭德育中的主体作用主要表现在以下方面：

　　其一，由于地缘关系，社区邻里之间的交往通常是非常密切和深入的，而在这种频繁的交往互动中，邻里之间的影响也会十分深刻。研究表明，青少年成长的邻里效应确实存在①，社区环境、邻里交往，对青少年成长的影响相当显著。人们一般不太在乎居住空间距离相隔很远之人（或与自己不是同一阶层、同一文化圈子的人）的物质生活和精神生活为何种状况、在培养后代时采用了何种德育方式，即使偶然得知"远处的人"取得了可喜的成就或面临着生存的危机，人们也总是"本能"地置若罔闻，毕竟地理位置相隔太远，优秀的经验无从学起，沉痛的教训也难以总结。诚然，偶尔会出现一两起让社会舆论沸腾的新闻，但这类新闻一般都关涉引起汹涌民愤的"大事件"或肆意践踏法律和道德底线的"罪大恶极之人"。家庭德育虽也是人生的"大事"，却与上述"大事件"有着本质的区别。因此，"远处的人"与"社区的人"所能对家庭德育产生的影响的效力，是不可同日而语的。事实上，父母口中那个优秀、卓越的几乎"十全十美"的"别人家的孩子"，常是"近在眼前"的邻居家的孩子，而少是"远在天边"的"天之骄子"。

其二，家庭德育者与他人的交往活动，最可能被孩子耳闻目睹的，最容易对孩子产生潜移默化之影响的，往往发生在社区之中。通常而言，受德育者是学习者，德育者是工作者，德育者与受德育者生活的主要交集存在于家庭生活之中，以及家庭外围的社区之中（费孝通"差序格局"序列中与家庭相隔最近的"一围"）。如果说"言传"之德育过程大多发生在家庭里面，"身教"的德育影响则有很大一部分产生于家庭之外的社区——德育者与邻里交往的方式，德育者在待人接物时是否怀揣善意与真诚，德育者是否如其在家中所"言"那般高风亮节、古道热肠，都是受德育者感受最为直观深刻的、关于"身教"的德育课堂。所谓"教育无小事，事事皆教育"，在此处是表现得非常真切的。"和谐融洽的社区环境，相敬如宾的邻里关系，积极向上的精神气氛，必然培养出一代有教养、讲文明、懂礼貌的孩子。"②

其三，社区为家庭德育实践提供平台。对于受德育者而言，家庭德育过程是"知、情、意、信、行"的发展过程，也即"铭于心，立于言，践于行，成于效"的成长过程。家庭德育不仅是关于知识传授与理论学习的教育，更是关于实践

---

① 孙伦轩.中国城镇青少年成长的邻里效应——基于"中国教育追踪调查"的实证研究[J].青年研究，2018(6)：31-38，92.

② 关颖.论社区诸要素对家庭教育的影响与制约[J].浙江学刊，2000(4)：71-75.

和行动的教育。人与人、人与物的交往实践,人与社会、人与国家的交往实践,都是受德育者将其在家庭德育中所学所悟内化、固化到其心理结构之中并转化、生成行为理性或行为本能的重要途径。换言之,这是受德育者更为深入地理解德育理论的实质和精髓,形成与之相关的思维理性和行为逻辑,并最终实现知行合一的过程。显然,社区作为"差序格局"序列中与家庭相隔最近的"一围"空间,它为上述"过程"的发生提供良好平台。社区能体现人与人之间"享受和劳动的相互性"①,表现出"真正的帮助、相互支持和相互提携",进而其精神或意志的最终表现就是建构在实践基础上的"默认一致"(consensus)②。总之,社区凭借其天然的"地缘"优势,"顺理成章"地(不需要有目的地去搭建)为家庭德育提供着行动便捷、功能多元、效果直观的实践平台。

二、结构因素

家庭德育的存在形式是一个系统,它具有较为稳定、复杂的结构。所谓结构,指的是系统内部要素的构成与关系,它包含了构成整体的各个部分及其结合的方式。家庭德育是由多重要素通过特定的、有序的、有规则的方式组成的整体。同时,家庭德育系统是一个多元系统,从不同维度、视角观之,它表现为不同的"系统类型"。如,从资源维度论之,家庭德育系统的运行受到诸多资源因素的制约,如制度资源、经济资源、文化资源、社会资源,而每一个资源大类,又由各种资源小类组成,如制度资源包括政策资源、法律资源、组织资源等。这些资源通过特殊的协调、联动方式,共同对家庭德育的存续产生影响。不同的资源,以及这些资源的协调作用方式,就构成了家庭德育的"资源系统"。换言之,资源系统中的不同资源要素对家庭德育存续发挥的功用各不相同,但他们彼此之间相互关联、耦合。这种关联与耦合的机制,都属于家庭德育"资源系统"之内容。同理,从其他维度论之,家庭德育系统又表现为不同的系统类型,如目标系统、内容系统、主体系统等。

由此可见,家庭德育系统是一个复杂的、庞大的系统,它是由"多重系统"叠加、耦合而成,这个复杂系统中的每一个要素都可能在不同系统中充当不同"角色"。为了让研究思路更为清晰,笔者姑且引出"子系统"概念(严格说来,

---

① 涂尔干.社会分工论[M].渠东,译.北京:生活·读书·新知三联书店,2000:246.

② 科尔曼.社会理论的基础:上卷[M].邓方,译.北京:社会科学文献出版社,1999:372-376.

并不能称之为"子系统",因为此处"子系统"是"母系统"的组成部分,"子系统"并不是从"母体"分离出来的独立结构)。由于每个子系统都有其自身的一定结构,这些结构的组合与叠加,就使得家庭德育系统的整体结构繁复而多元。"家庭德育结构是特殊的结构类型、不属于一般的事物结构。"①上述"资源系统(结构)"即家庭德育系统的一个子系统(子结构)。变革新时代家庭德育,先应当对家庭德育系统的整体结构、子系统的结构、子系统结构中的每一个要素,以及这些要素的相互作用与耦合方式的规律有充分、清晰的认知。

且做关于结构因素分类的简单举隅。以时间为维度,家庭德育整体结构是由"各阶段德育子结构"组成,如学龄前家庭德育、小学阶段家庭德育、中学阶段家庭德育、大学阶段家庭德育等。各个阶段的家庭德育目标、内容、方法及评价方式是全然不同的,但它们彼此紧密联系,后一阶段的家庭德育以前一阶段的家庭德育为基础和前提。以过程为维度,家庭德育是由德育者、受德育者、德育影响等要素构成的整体。这些要素通过一定的家庭德育活动有机结合在一起,它们之间的互动、联系及作用,共同促成受德育者各方面素质发生符合预期的变化。以内容为维度,家庭德育内容结构又可分为理论子结构与实践子结构。因为家庭德育是以受德育者之"道德、思想、政治、理想、爱国精神、民族情怀、集体意识、民主理念、法治观念、心理素质"发展为目标的教育,所以无论是理论内容还是实践内容,都应当具备与受德育者这些方面的素质结构相"对应、匹配"的内容结构。

总之,家庭德育是一个时刻运行的动态系统,研究这个系统的结构,要从不同时间节点、不同角度、不同截面、不同功能、不同子系统切入。考察分析时,先要控制好变量(如控制时间变量,就是从某一时间节点、时间阶段切入,把家庭德育看成静止事物),再化整为零、由表至里、从母系统到子系统,对家庭德育系统的具体问题进行具体分析。

且以考察"学龄前儿童家庭德育目标结构"为例,做具体分析。研究学龄前儿童的家庭德育目标结构,也即研究0~7岁儿童家庭德育目标的确立问题。当前,很多家庭对学龄前儿童家庭德育目标设立过程的科学性不够重视甚至不设目标,但学龄前的几年其实是人之素质发展的黄金时间。教育家马卡连柯就曾

① BRENT STRICKLAND, MATTHEW FISHER, JOSHUA KNOBE. Moral structure falls out of general event structure[J]. Psychological Inquiry, 2012(2):198-205.

指出"儿童教育的最重要的阶段，就是儿童初生几年的最初阶段"①。如果充分考虑人的身心发展规律、受德育者心智发展的阶段性特征的话，在这段时间里，德育者应花大量时间，科学设置家庭德育的目标、时刻关注目标的实现状况、及时进行目标反馈调节。学龄前的家庭德育应是有的放矢的，而非毫无规划、全凭感觉施教、放任儿童"任意成长"。

探讨"目标结构"就势必涉及"目标管理"。"目标管理减少了角色的混淆，它使得人们对目标所设定行为计划的更多参与成为可能。"②目标结构，顾名思义，也即一系列目标之结合、之构成，以及这些目标彼此作用、关联的方式。此处所言"一系列目标"包含的对象很多，譬如：远景目标与近期目标、战略目标与战术目标、整体目标与阶段性目标等。而目标管理，就是目标制定、目标执行、执行情况评价、奖惩实施、结果反馈、制定新目标等的具体过程。目标管理既是为了将具体目标落到实处并及时调适目标的内容，亦是为了规整目标结构，让目标设置变得科学、适当，让目标体系变得有序、全面。家庭德育的目标结构，既可能是扁平的横向结构，也可能是锥形的纵向结构，但更多的是这两者形态兼具的复合型结构。另外，研究家庭德育的目标结构，还要分析家庭德育目标的性质，如：层次性、网络性、多样性、可考核性、可实现性、富有挑战性、伴随信息反馈性等。

笔者所列举的目标结构之例，仅是任意选取一个角度、方面来展开论述分析，其"体量"仅为家庭德育系统结构的"九牛一毛"。家庭德育作为复杂的、综合的、动态的"结构系统"和"系统结构"，其结构确立，既应蕴含普适性的、"公约"的、多元的教育客观规律，又应具有个性化的、特殊的、为具体家庭现实状况"量身打造"的家庭文化特征。研究这个系统的结构，就是要研究它的构成要素及各要素间相互联系与作用的方式，就是要研究各要素互动与耦合下的动态平衡状态。家庭德育结构要素的相互关联、影响、依赖，是其"生成"家庭德育系统的"媒介"，而这种关联或影响的形式与强度、连接链的数量与组合方式、"关联"随"时空"变换而不停转变的方式和规律，就成为家庭德育系统稳定运行的内容和动力。

---

① 马卡连柯.马卡连柯全集：第3卷[M].文颖，等译.北京：人民教育出版社，1957：40.

② DOUGLAS M GREGOR. An uneasy look at performance appraisal[J]. Harvard Business Review, 1957(5/6)：89-94.

三、环境因素

环境因素或直接参与家庭德育过程，或存在于家庭外围而影响、制约家庭德育系统运行。环境因素的分类方式有很多，如按其本质，可分为自然环境和人文环境等；按其存在属性，可分为客观环境与心理环境。

1. 自然环境

存在于自然界中，并直接或间接影响人类生存和发展的自然因素即为自然环境。所谓"一方水养一方人"，自然环境对于家庭德育的影响是多方位、多层次的。自然环境主要包括以下三部分内容：自然介质（如地质、地形、气候、水文、生物、太阳辐射等）、自然资源（如矿产资源、土地资源、水资源、生物资源等）和自然营养（如存在于自然资源中的蛋白质、脂肪、糖类、维生素等）①。自然环境影响人们的衣食住行，影响人们的生活作息，影响人们的生产劳动，也就势必影响家庭德育。不同的自然环境，可"生成"人之身心发展的不同结果。

新中国成立以后，尤其是改革开放以来，随着生产力的快速发展，特别是科学技术的突飞，人类利用科技手段，或多或少能克服自然环境对其生活的制约。但科学技术的运用，只能是人类对自然规律的适应，而不是从根源上消除自然规律的影响。当人类顺应自然规律，保护生态环境，人类的生存空间就会更宜居；若人类无视自然规律，破坏生态平衡，就可能引致灭顶之灾。既然自然环境影响人衣食住行的各个方面，也就势必影响家庭德育及其变革。如：炎热的气候条件，制约人的劳动实践，却也能让受德育者磨炼意志、强化毅力、提高德性，进而珍惜劳动成果、尊重劳动者；从另外的角度视之，炎热的气候条件，容易让人变得焦虑、紧张、愤怒甚至暴躁，增加人与人之间发生冲突的可能性，进而威胁到社会和谐和国家稳定。再如，A 地之人普遍憨厚耿直、大气豪放，而 B 地之人却通常细致婉约、拘谨含蓄，C 地之人"铮铮若铁"，D 地之人"温润如玉"。这固然离不开当地经济社会基础与历史文化传统的影响，但更与当地的包含地缘条件在内的自然环境息息相关。上述"人的素质"显然又与家庭德育密切关联。

---

① 罗洪铁.思想政治教育自然环境研究的再思考[J].思想教育研究，2010(8)：28-32.

自然环境的保护和利用，如家庭周围绿化带的面积划定、植被种类和分布结构的设计，都可对家庭德育的实施效率、对德育者和受德育者的心理活动产生显著影响。所谓钟灵毓秀，人若常年居住在山清水秀、惠风和畅之地，受自然环境的滋养与陶冶，就更可能修身养性，更可能心地善良。显然，对于人的素质发展，良好的自然环境具有正面功能，恶劣的自然环境则可能产生负面作用。所谓"穷山恶水，泼妇刁民"即为此理。如，自然环境对人的犯罪行为有一定影响：自然灾害促成犯罪行为（"迫不得已"的"道德沦丧"）；地域条件影响犯罪行为（如某些地区偷窃行为较为突出；另一些地区则抢劫罪、性犯罪较频发）；气候、昼夜、季节影响犯罪行为（夏季强奸犯罪案件较多、冬季偷窃犯罪案件较多）。再如，有研究发现："大平原、黑土地，以及由此而生成的村社组织，培育了俄罗斯民族的朴素、直率、真诚性格"①，同时，"恶劣的气候条件和丰富的自然资源也滋长了俄罗斯人的惰性和依赖性"②。由此，自然环境所蕴含的"德育影响"可见一斑。综上，由于不同自然环境对人的影响不尽相同，处在不同自然环境中的家庭德育就应当对它有针对性地"匹配与回应"。如，在受自然环境影响而青少年犯罪率较高的地域，家庭德育就应增加犯罪预防之内容。

2. 人文环境

既然"环境"是指人类主体的活动赖以进行的自然条件、社会条件和文化条件的总和③，人文环境则是指人们为了满足某种需要，利用自然物质加以创造，并通常附加在自然景观之上的人类活动形态，是打上文化烙印、渗透人文精神的生活环境。简单地说，就是由人类创造的生活环境或融入了人的因素的自然环境。如，由人类创造的物质文化环境（也即建筑群落、名胜古迹、基础设施等构成的环境）和由人类创造的非物质文化环境（也即社会风尚、国家制度、道德观念等构成的环境）都属于人文环境。人文环境的"创生"，渗透着人的辛勤劳动，蕴含着人类智慧的结晶，蕴藏着一个民族的历史文化积淀，它对人的素质发展、身心成长都具有非常特殊的意义。因此，家庭所处的人文环境如何，将

---

① 蔡文骥.俄语成语与俄罗斯民族性格[D].长春：吉林大学,2008.

② 宋瑞芝，宋佳红.论地理环境对俄罗斯民族性格的影响[J].湖北大学学报(哲学社会科学版),2001(1)：82-85.

③ 张耀灿，陈万柏.思想政治教育学原理[M].北京：高等教育出版社,2001：209.

对家庭德育的质量和效果产生十分显著的影响。

其一,人文环境本身作为不可缺的德育影响,是家庭德育的内在组成部分,具有深刻的德育意义。人口环境、人文景观环境、政治经济文化社会环境等,它们本就是最直接的德育教材,具有非常巨大的德育影响力。中国历史上曾有"孟母三迁"的典故,孟母之所以三迁,就是一次次地为孩子寻找更有益于其成长成才的人文环境。且以人口环境为例来谈,当今人口的数量、结构、道德修养、文化程度、迁徙流动,都将显著制约未来人口的素质发展。影响家庭德育的结构、内容、方法等,是这种"制约"的主要表现方式。再以文化环境为例,文化环境如传统节日、风土人情、民间艺术等,作为"活生生"的家庭德育教材,在人们浸润于节日、风俗、艺术的文化氛围、"人情"氛围的时候,能潜移默化地培养和发展他们的素养和情操(如爱国主义情怀、民族主义思想、集体主义精神等)。

其二,人文环境从外部对家庭德育活动提供助力或产生掣肘。上文谈及,人文环境,简单说来,就是融入了"人的因素"的环境,它是人类在数千年的生产生活中、在不断认识自然规律并一步步学会与自然和谐相处的过程中创造出来的"人的文化"。"观乎天文以察时变,观乎人文以化成天下"[1],这种"人的因素"和"人的文化",如果是纯良的、正面的、积极的,就将与家庭德育之目的、内容、方向高度"匹配",并对家庭德育产生助推作用;如果是逆势而为、消极负面、不符合家庭德育内在规律和人身心发展客观规律的,就将对家庭德育产生极为不利的掣肘和阻力。若是"逼良为娼""苛政猛于虎"的人文环境,势必会阻碍家庭德育发展、损害受德育者的身心健康。值得一提的是,从某种程度上而言,相比于自然环境,人文环境的助力作用或掣肘作用都可能更为强烈,因为自然"不语",而人文"能言",由于"掺入"了"人的因素",人文环境的家庭德育意蕴可能更容易被发觉、被感应、引起"共鸣"。

3.家庭环境

家庭环境与自然环境、人文环境皆有诸多重叠之处,但因其对于家庭德育而言具有特殊性、重要性,本书特对其进行单独探讨。家庭环境主要包括以下

---

[1] 周振甫.周易译注[M].北京:中华书局,1991:81.

几方面内容：一是关于家庭的空间布设。家庭应该给受德育者留有充足的独立活动空间，家庭的装潢、生活用品的陈设、整洁程度的维持，都应充分考虑到受德育者身心发展的需要。二是关于受德育者吃穿用度的安排。妥善安排和供应受德育者的营养膳食，为受德育者提供舒适得体的衣物(并非昂贵奢侈的服饰)等，成为营造适宜家庭环境的重要内容。三是关于受德育者生活学习用品的供应。为受德育者提供适量的、有益于其素质发展需要(如道德提升、智商开发)的读物、玩具、文具等，是构建"益智健身"之家庭环境的重要途径。四是关于家庭装饰环境的美化。家具的购置和摆设、房间采光效果的保障、室内色调的布置和搭配，皆应讲求科学的设计，讲求优良的审美。这些方面与人的素质发展密不可分。

家庭德育者与受德育者的心理环境，亦是家庭德育的关键因素。家庭心理环境是指家庭日常活动、家庭生活方式、家庭成员关系影响下的心理因素、心理活动的总和。家庭心理环境与孩子的素质发展、与孩子"知、情、意、信、行"的构建息息相关。研究发现，"家庭心理环境与学生的'学校适应不良'之间存在必然联系，如果学生对家庭心理环境持消极态度，就会加剧其'学校适应失调'。师生关系、同学关系、学习活动关系、学校规章制度的遵守，都与学生的家庭心理环境相关性很高"①。同时，"学生的家庭心理环境与其幸福感获得、自信心与自尊心构建、'冷漠的行为表现'密切关联"②。于是，创设和谐的心理环境，对于家庭德育质量的保障具有十分重要的意义。父母角色的充分投入和参与、健康的家庭生活方式、和谐的家庭成员关系、亲密的亲子沟通交流、父母对孩子成长的合理期望，都是家庭德育者在着手、主导构建美好的家庭心理环境时应当妥善把握的方面。

为了验证家庭环境对家庭德育的影响，本书且对不同家庭环境学生的家庭德育差异进行独立样本 T 检验，检验数据如表 3-3 所示。

---

① 조현경, 김재철. A study on family psychological environment perceived by middle school students and how it affects their school maladjustment[J]. 교육연구, 2014(12)：81-102.

② 김흥규, 오세춘. A study on the relationship between psychological environment of family and apathy of highschool students[J]. 교육문화연구, 2003(9)：153-176.

表 3-3　不同家庭环境学生的家庭德育差异 T 检验

组统计量					
	家庭环境	N	均值	标准差	均值的标准误
道德	1	139	62.154	10.0486	2.7870
	0	154	52.286	12.0667	3.2250
独立样本检验					
	方差方程的 Levene 检验		均值方程的 t 检验		
	F	Sig.	t	df	Sig.（双侧）	Std
假设方差相等	2.36	0.13	2.29	25	0.030**	4.29

注：* $P<0.05$，** $P<0.01$，*** $P<0.001$

1 代表对家庭环境满意，0 代表对家庭环境不满意。从表 3-3 可知，学生是否对家庭环境满意，会让其在道德得分上存在显著差异（$P=0.030<0.05$），通过对平均值的进一步分析，可得知：对家庭环境满意的学生比对家庭环境不满意的学生道德分数要高，也即对家庭环境满意的学生比对家庭环境不满意的学生有更高的道德水平。众所周知，家庭是孩子成长的第一环境，孩子对家庭环境的感受、父母相处的融洽程度、孩子与父母及其他家人关系处理的体验等，都会影响其最初的道德习得，而学生的道德行为又会是家庭环境所衍生的德育环境的映射。

四、时间因素

古人云："不违农时，谷不可胜食也""斧斤以时入山林，材木不可胜用也"，万事万物皆有时、有势，家庭德育及其变革亦应讲求"恰逢其时"、讲求"得其时则驾"、讲求"世易时移，变法宜矣"。研究家庭德育，只有充分立足于人的发展，立足于受德育者的素质建构规律，才能准确认知、透彻理解与之相关的理论，才能及时发现与之相关的问题，才能切实提出卓有成效的实践办法或解决策略。家庭德育的时间规律与受德育者身心发展的时间规律，就是家庭德育实践必须严格遵循的规律。家庭德育的时间因素主要涉及以下几个方面：

第一，家庭德育时间的阶段性和顺序性。时间的阶段性指的是受德育者的身心发展过程在不同的年龄阶段具有不同的发展内容、发展重点、发展任务和发展特征，而这些方面的不同，本质上是因为受德育者身心发展的主要矛盾不同。受德育者素质发展的前一阶段与后一阶段是有规律地发生更替的。在一个阶段中、一段时间内，各方面素质的发展表现为数量的变化，也即量的积累，经过这段时间的积累后，达到一个质变的拐点，从而发生质的跃升，进入新的发展阶段，表现出新的身心状态和特征。如，个体发展的年龄特征，指的就是个体在每个年龄阶段中所表现出的一般的、典型的却又带有个性化特点的征象。值得一提的是，家庭德育的每个阶段都是"一环套一环"密切关联的，上一阶段的发展质量直接关涉下一阶段的发展状况，换言之，家庭德育的各个阶段，不仅具有本阶段的特殊属性，而且具有深刻的整体性意义。

家庭德育时间的顺序性，是由受德育者身心发展的顺序性规律决定的。顺序性，指的是个体发展之连续不断地从量变到质变、从低级到高级的按次序变化的特性。如，受德育者心理结构的发展的顺序性表现为：从具体思维到抽象思维、从机械记忆到意义记忆、从喜怒哀乐之简单情感到"思想品德、审美情操、推理与分析的理性思维"之复杂心理能力；而身体各个方面之发展顺序性表现为：从大脑至四肢、从骨骼至肌肉、自中心而边缘等。家庭德育活动必须充分体现顺序性原则，正如康德提出"在技能和明智方面，教育必须合乎年龄的顺序。应当让孩子有孩童式的技能、孩童式的明智和顺服，而不是成年人的那种狡猾"①。顺序，既是次序，又是秩序，家庭德育活动必须井然有序，而非颠三倒四。

虽然不同个体的发展速度各有差异，发展状况不尽相同，但发展的阶段不会逾越，发展的顺序不会颠倒（图3-1）②。家庭德育在时间安排方面，要充分遵循"阶段性"和"顺序性"规律，要"在正确的时间做应该做的事情"：在特定阶段开展符合受德育者身心发展特定需求的家庭德育活动，秉承"由浅入深、由简至繁、从具体到抽象、从低级到高级"的德育原则，并施加与之匹配、统一的家庭德育影响，有区别、有重点地确立各个阶段的发展任务和德育内容。质言之，要循序渐进，而非"凌节而施"。

第二，家庭德育影响在时间上的连续性、持久性。家庭德育影响的连续性

---

① 康德. 论教育学[M]. 赵鹏, 何兆武, 译. 上海：上海人民出版社, 2005：16.

② 谷树莹, 吕立杰. 儿童道德教育中"故事"的合理性探讨——基于道德认知发展理论的视角[J]. 教育理论与实践, 2018(7)：44-48.

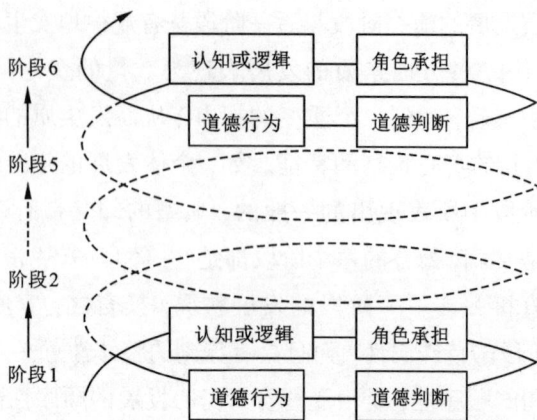

图 3-1　道德发展的阶段顺序

指的是家庭德育影响是持续的、长久的、连贯的"输出"，"一曝十寒""朝令夕改"的家庭德育方式都是欠妥善的。如果德育者发现之前的家庭德育方式存有不正确、不恰当之处需要及时转变和更改，也得让受德育者明晰"转变"行为背后的逻辑和道理。家庭德育，是为期很长的"特殊"教育，这种"特殊"体现在教育场合、亲子关系、持续时间等多个方面。只有充分"发掘"这种"特殊"的价值，厘清这种"特殊"的意蕴，方能充分发挥这种"特殊"的功用。家庭德育影响的连续性，意味着即使处在两个阶段的衔接处，它亦是连续的，不是"阶跃性"的；家庭德育影响的持久性，意味着即使进入了新的阶段，它仍是受制于前面阶段之发展质量的。

　　家庭德育自受德育者"牙牙学语"便开始，一直持续到受德育者成年或大学毕业（一般情况下，这种德育影响从不间断）。甚至，在许多家庭中，儿女即使已经"成家立业""生儿育女"，父母的"德育影响"仍一如既往地存在。德育活动的连续性、持久性，决定了其影响的深刻性、长效性。再加上，一般情况下，在为期数十年的时间内，家庭德育者从不更换（相对于学校教育，每个阶段、每门课程，甚至每个学年都由不同老师施教）、受德育者人数极少（相比于学校教育，一个班级通常有数十个学生，而一个家庭普遍就一两个孩子）等"特殊"情况，这种"深刻性"就更为凸显。由此，充分重视家庭德育影响在时间上的连续性、持久性、长效性，就成为研究家庭德育及其变革所应振裘持领之事。

　　第三，家庭德育时间与效果的统一。实现德育时间与德育效果的统一，是保障各阶段德育质量的前提。家庭德育不能只有德育的形式，而无德育的内容和效果。家庭德育的参与者把时间花在德育上面，就应当收获与之对应的最大化的德育效果。夸美纽斯曾在《大教学论》一书中写道："要寻求并找出一种教学方法，使教师可以少教，但学生可以多学。"①这充分说明，聚焦教学效果是教育过程的重要指向。总有许多德育者发现自己明明已经"用心良苦""苦口婆心"，受德育者却这般"不堪造就""不求上进"。还有的德育者只求尽到德育义务，似乎把该尽的责任尽了就已足够，"完成任务"就"功德圆满"了。抑或，他们以为只要进行了"充分时间"的家庭德育，受德育者就会有"理所应当"的道德成长。

　　这就好比：人以为给树木"浇了水""施了肥"，它就一定会茁壮成长。至于树木是否顺利存活、成长的状态是否符合预期、是否在相应的时间获得了它本应有的成长效果，人却"漠不关心""满不在乎"。再者，这类家庭德育者也很少做关于德育效果的"深入"调查，受德育者的言行是否只是在他们面前的"表演"，他们全然不知。甚至，有的德育者在自以为"完成了家庭德育任务"之后，便完全将受德育者放任自流，家庭德育的反馈与评价环节严重缺位。事实上，家庭德育质量的提升，离不开家庭德育者对单位时间内德育效果的全面监测、重视与追求。值得一提的是，在不同阶段，家庭德育效果与时间的比值不尽相同，如，在"德育瓶颈期"，可能出现"耗时很长而收效甚微"的境况，而不同受德育者在相同的年龄阶段的这一"比值"亦可能有很大区别。

　　第四，实施家庭德育之时间与场合的正确性。美国管理学家彼得·德鲁克认为，"有效的管理者不是从他们的任务开始，而是从掌握时间开始的"②，家庭德育显然也是如此。家庭德育讲求德育时间的正确性、适切性，讲求"恰到好处地把握时间、选择时间、抓住最适当的时机开展活动"③，这是提升家庭德育效果的关键。确保家庭德育时间的正确性，主要涉及以下几个方面内容：

　　首先是时间长度的把握不恰当。一些德育者喜欢采用冗长的"理论说教"方式，他们倾向于用很长的时间不间断地对受德育者的某一问题进行"规训"。

---

①　夸美纽斯.大教学论[M].傅任敢，译.北京：人民教育出版社，1984：2.

②　德鲁克.有效的管理者[M].吴军，译.北京：求实出版社，1985：26.

③　吕杰，张波，袁浩川.传播学导论[M].北京：科学出版社，2007：40.

这实则很难收获符合期望的德育效果。在这种德育模式下，受德育者的大脑皮层可能因进入抑制状态而产生疲劳感——"抑制过程表现为被神经支配的器官活动状态的减弱或终止"[1]。甚至，受德育者会对这种"永不停歇"的德育方式产生反感、厌烦情绪，这就反而"抵消""削减"了原有的德育效果。同时，由于单次德育活动持续时间过长，受德育者很难抓住学习重点。其次是处理不好"现在进行时"内的问题，使得德育内容不够具有针对性，不能起到对症下药的作用。"在正确的时间做正确的事情"，就是要及时处理"正存在的问题"，应在受德育者最需要德育引导的时间内施加最"恰如其分"的德育影响。再次是相同德育影响过多"重复"。有些德育者喜欢对受德育者往昔之言行过错"喋喋不休"，反复的"道德指责"成为许多家庭的"德育"常态。这不仅破坏受德育者接受德育影响时的心态和情绪，亦会干扰受德育者接受积极德育影响的质量。

五、功能因素

如果说"主体因素""结构因素""环境因素""时间因素"是指向家庭德育及其变革的过程，"功能因素"则是以家庭德育的作用和结果为"基本关怀"的。研究家庭德育功能因素，涉及"家庭德育的应然功能、家庭德育功能发挥的现实状态、如何保障家庭德育功能的发挥、如何推动家庭德育功能的变革"等内容。

家庭德育的功能，指的是家庭德育活动对个体发展和社会发展所能产生的全部有利作用和影响。换言之，家庭德育功能是"家庭德育系统"所固有的、在一定条件下可实现的对于家庭德育相关主体的积极作用。因为家庭德育这一"事物"是具体的、确定的，因此它的功能也蕴含着一定的客观性、必然性。然而，又正因家庭德育的功能实现是指向未来的，在其实现之前，它只是潜在的、可期的，却不是肯定的、确切的。事实上，功能未能顺利实现、功能被异化的情况，皆很常见。"可期"的功能存在于家庭德育的客观规律之中，亦存在于家庭德育者（以及社会、国家、政党等）的意志、愿景和他们对于家庭德育的认知、规划之中。一言以蔽之，"潜在"的功能存在于家庭德育的规划与设计之中，"现实"的功能则存在于家庭德育的实践与结果之中。

---

[1] 孙孔懿.教育时间学[M].南京：江苏教育出版社，1993：126.

1. 家庭德育的个体功能

家庭德育的个体功能是指家庭德育帮助、敦促个体获得思想品德等的充分发展，以成全其身心全面健康成长和个人价值实现的需要。如，"把人的创造力量诱导出来，将生命感、价值感唤醒"①。家庭德育的个体功能主要包括"个体的社会化功能""个体的个性化功能""个体的自我实现功能"等方面。

家庭德育满足个体的社会化需求的过程，指的是个体在家庭德育中获得充当社会角色、承担社会责任之本领的过程，也即获得社会行为方式和人格特征，以适应社会并积极作用于社会、创造新文化的过程。人都是社会的人，没有人能成为脱离社会、孤立于社会之外而存在的纯粹个人。个体需要在家庭德育中获得有利于其在社会中生存，同时有利于社会发展的"个人美德""职业道德""社会公德"等。个体道德社会化的实质是"使人们按照社会道德标准来支配自己的行为"②，其结果是实现社会道德需要与个体道德发展的统一。全部个体道德水平的总和决定着社会的整体道德状况，而社会的整体道德面貌又影响着个体道德的发展走向。因此，家庭德育的个体功能不仅是要帮助个体满足、适应社会的整体道德需要，具备在社会中更好地立足的道德能力，更要敦促个体道德发展到更高的水平，进而通过一个个个体的道德表现来影响整个社会的道德风气。

家庭德育满足个体的"个性化发展"与"自我实现"需要，是指家庭德育助力个体不断发展自我、凸显自我、完善自我，发掘自身天赋，培养和发展自身兴趣、爱好、特长，并在这种发展中成为自己，实现自身抱负与理想，成就自己追求的人生。个体不仅要在家庭德育中获取成为"社会之人"的本领，还要在家庭德育中获得"成为自己"的能力。此外，个体亦应在家庭德育中学会：如何明晰自身禀赋之优缺，如何明确人生之定位与目标，如何控制情绪、与自己讲和，如何对自己做一个讲道德、有修养、不极端的"文明人"，如何坚守本心、坚守良知并切实做到知行合一。这些方面是个体充分发展其个性化人格、充分实现自我的重要条件。总的来说，其一，家庭德育提升个体的各方面素养，使个体拥有生存与发展的素质、能力，为个体的幸福生活追求创造条件；其二，家庭

---

① 赵祥麟. 外国教育家评传：第3卷[M]. 上海：上海教育出版社，1992：60.

② 时蓉华. 社会心理学[M]. 杭州：浙江教育出版社，1998：96.

德育"塑造"人的道德情操,丰富人的情感世界,使人拥有感知和体验幸福的能力。"道德是一种幸福的源泉,这种幸福不会因为享受而变得乏味,也是任何人不能夺走的。"①其三,家庭德育让受德育者学会"求真、向善、臻美",学会更正确地认识自己、发展自己、实现自我,并能时刻坚守良知与正义,即使"孤立无援"也拒行失德之事。

2. 家庭德育的社会功能

家庭德育的社会功能主要是指家庭德育为社会培养符合其发展需求的人才。社会的发展,具体分为政治、经济、文化等方面的发展,家庭德育具有社会功能,意味着家庭德育能为社会之以上方面发展提供动力,也能为破解这些方面的发展困境提供助力。

家庭德育具有政治功能,在于它能根据国家和政府的需要,为国家发展、社会治理培养人才。家庭德育是关于政治的教育,它能输入政治知识、自由思想、民主理念和法治观念,它在培养坚定的马克思主义者、爱国主义者、共产主义接班人方面,拥有其他教育无出其右的天然条件。它能有效传播主流意识形态,彰显中国特色社会主义政治共识,倡导和弘扬社会主义政治价值观。同时,它也是培养有礼有节、遵纪守法之高尚公民不可或缺的方面。事实上,每一名优秀的共产党员、每一位杰出的政治家、每一位党和国家领导人,都经历过家庭德育的栽培,他们的领导才能、施政方针、决策方式中,一定蕴藏着家庭德育的积极影响。同样,每一个贪赃枉法、对党不忠、背叛人民的官员,其"知、情、意、信、行"结构中亦很可能内化着家庭德育的负面因素。

家庭德育具有经济功能。首先,各种经济体制都需要有与之相适应的道德机制加以维护。以社会主义市场经济体制为例,消除利益至上的无序的市场行为,建构公平公正的市场秩序,需要充分发挥伦理道德的作用。其次,包括伦理观念和道德规范的"制度"是影响或制约经济发展的关键要素。"制度",规范了人的行为、人与人的关系。家庭德育过程是受德育者内化"制度"的过程。因此,家庭德育也就影响或制约市场主体的行为及其相互关系。再次,作为人力资本关键构成的伦理道德等是创造经济绩效不可或缺的因素②。家庭德育是

---

① 陈根法,吴仁杰.幸福论[M].上海:上海人民出版社,2004:237.

② 陶莉.论伦理道德的经济功能[J].四川大学学报(哲学社会科学版),2001(6):130-135.

关于德性、耐心、毅力、意志以及吃苦耐劳精神的教育，这些品质在生产活动中不可或缺。最后，家庭德育培养人的思想品质和道德情操，让人们在生产生活、商品交易、市场运行等过程中保持高风亮节。这些品质的养成，将大大降低交易成本，强化合作的力度和质量，提高经济效率和经济效益。

家庭德育具有文化功能：

其一，它能弘扬和传承文化。文化无法通过生理遗传方式传承，只能通过后天的教育来传递。就物质文化而言，尽管它可以凭借物质实体得以保存，且人们借以政策、法律、法规等制度办法，能让这种保存、延续方式得以长久维持，但物质文化的保护办法只有得到人们的支持和拥护才能有效实施，而物质实体中蕴含的文化因素只有被人认知、理解和弘扬，才能彰显其存在的意义。非物质文化更是如此，它更多地需要依靠人才培养、教育传承，才能被内化到人的"知、情、意、信、行"结构之中，才能由迩及遐地传播、代代相续地传承。以上方面，均离不开家庭德育在其中发挥的作用。

其二，它能选择文化传的具体内容。"文化传承过程，本身即文化检视和过滤筛选过程"①，无论是中国传统文化，还是异域文化，都得先经过精心挑拣，方可作为"德育影响"，以对受德育者身心发展产生作用。因此，"精拣"文化积极因素，剔除文化糟粕，选择符合中国特色社会主义建设需要的文化影响，并根据受德育者身心发展的客观规律和家庭德育内在规律来撷取文化内容，就显得极为重要。只有与中国国情相适应的人类文明，才能真正符合中国家庭受德育者的文化学习需要。家庭德育是文化选择的有效途径：家庭德育者视受德育者的年龄阶段、发展实际、成长需要来"选取"文化；家庭德育过程本身即文化的审视过程。

其三，它能变革现有文化、创造新的文化。文化是人类创造的，家庭德育不仅能传承文化经典，还具有创造文化内容、更新文化内涵的功能。家庭德育让受德育者"通过传统文化与国内外多种文化的比较、吟味和交流，去面向未来创造出新的文化"②。家庭德育在对现有文化的认知和选择中，在继承和发展现有文化的基础上，会自觉或不自觉地重组、创造出新的文化内容。同时，家庭德育也通过家庭实践，根据每个家庭之特殊的、个性化的"场域"与环境，

---

① 阿普尔比，等.历史的真相[M].刘北成，译.北京：中央编译出版社，1999：6.

② 中村哲.学校を活性化する伝統・文化の教育[M].东京：学事出版，2009：28.

创造新的"个适性"的思想、观念等文化因素。另外，家庭德育所培养的人，无论是在家庭，还是将来进入社会，都将对文化的传承、选择、创新做出贡献。

功能因素是新时代家庭德育变革的重要制约因素。研究新时代家庭德育变革，就必定会涉及家庭德育的功能变革，以及"变革"本身的功能。功能需要变革，意味着家庭德育的应然功能并未尽然实现，且现在已经实现的"功能"又常常不能满足于时代所需。甚至，这些"功能"是畸形的、被异化的，于新时代的中国发展无利、于人类文明无益，甚至还会掣肘人之身心健康发展。被异化的"功能"再被称作"功能"其实是不妥的，准确地说，它是一种弊病缺陷，一种"功能障碍"，一种"负面作用"。笔者在上文中分析了家庭德育功能的应然内容和应然状态，但现实的家庭德育却常常不能实现这些功能、达到这种状态。因此，家庭德育需要变革。在后文章节，本书将致力于为全面清除"家庭德育功能障碍"、实现"新时代家庭德育"应然功能构建可行性策略。

第二节　新时代家庭德育变革的基本原则

一切事物都有它自身的客观规律，它内部各要素之间，它与外部的其他事物之间，都存在一些本质的、必然的相互联系。同时，它的存在、变化、发展亦有一些区别于其他事物的"固有"趋势。事物的客观规律不以人的意志为转移。就家庭德育变革而言，其内容既包含国家制度创新、社会环境优化、社区多元协同、家校分工联动等外部因素，也包括家长德育胜任力培养、家庭德育目标变革、家庭德育内容变革、家庭德育方法变革等内部因素，它的开展与实现是一个艰难的、复杂的、长期的过程，是一个"牵一发而动全身"的系统工程。因此，只有认真遵循变革之客观规律，严格依据变革的科学原则，才能充分保障变革的合理性、有序性、科学性、高效性。

一、目标导向、系统有序与操作可行相结合的原则

目标导向是管理学中的一种用以激励行为的理论和方法。这种理论研究的是目标与行为之间的关系：人要实现目标，就必须展开行动（行为）。这些行为，是为了达成目标而"开展工作、扫清障碍、解决矛盾"的行为。要实现目标，开始目标行为，先要进入目标导向行为。目标导向行为的发生过程，是主体选

择目标、确立目标并建立实现目标之高强度动机的过程①。目标导向,就是以目标为导向、为中心,以目标"利益"来激励主体的动机、驱动主体的为目标努力之行为。因此,要实现新时代家庭德育变革之目标,必须先确立变革的目标导向。

构建家庭德育变革的目标导向,先要构建家庭德育变革的目标网络,也即构建具有层次性、多样性、挑战性、可实现性、可考核性的目标网络。同时,以目标为导向、为激励办法,灵活使用科学的目标管理方法,妥善运用循序渐进的目标实现策略,以创生高效、强力、有的放矢的直接目标行为。另外,要让主体在了解变革目标之一定挑战性的基础上,及时拉近主体与目标的距离、让目标以及目标实现所能为主体带来的利益清晰化、让主体明晰目标内容的正当性与必要性、让主体认识到为了实现变革目标自身所具有的优势与能力、让主体建立信心信念和决心、尽可能扫除主体达成目标的障碍②。

系统有序地开展家庭德育变革是指:在家庭德育变革的过程中,一切活动要有全局观、系统观,要多措并举确保变革活动的秩序。在前文中,我们多次提及,家庭德育是一个复杂的系统,它由众多要素构成,这些要素之间存在一定的结构关联、相互作用。家庭德育内部要素之间的相互关系或作用,以及它们与外部事物的相互影响,使得家庭德育系统之运行过程是一个多元耦合的过程。于是,针对其进行的变革,就应在充分认知其动态的、非线性的、"局部总和远小于整体"之复杂系统规律的基础上,科学有序、有条不紊地开展。新时代家庭德育变革应当是一个有序的、连贯的、持续的过程,变革者应严格遵循家庭德育内部各要素相互影响、相互制约、相互联系之客观规律,用全面的、联系的、动态的思维处理变革中的各种问题。

操作可行指的是确保变革实践活动实施的可行性。家庭德育变革是一个系统工程,有许多"工序"、许多"流程"。变革之目标设立、方法选取、内容规划、过程安排、评价范式厘定,都涉及许多具体的计划、步骤、操作,这些计划、步骤、操作是否可行,必须事先做出预估。尽可能准确的预估,需要深入的实证调研和样本分析,需要运用科学的调查、统计、分析、评估方法。值得注意的

---

① 张兆国,张旺峰,杨清香.目标导向下的内部控制评价体系构建及实证检验[J].南开管理评论,2011(1):148-156.

② 罗宾斯,库尔特.管理学[M].孙健敏,等译.北京:中国人民大学出版社,2012:425-430.

是，即使有科学的理论依据、严谨的判断方法，操作可行与否也并非能在事先的预估中被毫厘不爽、万无一失地确定。这就需要事中控制、事后反馈，也即在事中及时发现、灵活处理问题，在事后总结经验，以规避在下一阶段的变革中重蹈覆辙。变革操作即变革实践，它是运用变革理论的活动，亦是检验变革理论的标准。变革操作以变革理论为指导，同时又丰富和发展变革理论。因此，操作可行性良好地促成了变革理论与变革实践的统一。另外，操作可行性，从其表层意蕴上言之，是操作"可以施行"，但操作"可以施行"本身不仅指向此时动作"可以进行"，亦指向目标结果之可期、可求。

总之，在新时代家庭德育变革过程中遵循"目标导向、系统有序与操作可行"相结合的原则，就是要将"家庭德育变革目标的导向性、激励性、凝聚性、评价性"功能、"家庭德育实施及其变革过程的系统性、秩序性、动态性"本质与"家庭德育变革实践具体活动的可行性、科学性、实效性"标准有效结合起来，进而保障变革过程方向的正确性、整体活动的统筹性、具体活动的高效性。

二、继承传统、立足现实与前瞻未来相融合的原则

中国传统家庭德育之思想、内容、方法等具有丰富的时代价值。新时代的家庭德育，应当在一定程度上朝着传统德育的存在范式回归。换言之，传统德育从某种意义上将成为新时代家庭德育变革的取向和旨归：优秀的传统的德育目标、内容、思想、方法将被创造性地、辩证性地运用于新时代家庭德育之中。这个过程不是因循沿袭、墨守成规的过程，而是立足于新时代的家庭德育变革目标，科学地运用家庭德育变革的方法，以继承和发展优秀传统德育文明的过程。中国家庭德育文化积厚流光，值得后世借鉴的内容、方法浩如烟海。如：修身进德、齐家睦亲、立身处世之德育内容，宽严并济、榜样示范、因材施教、循序渐进、环境濡染、知行结合之德育方法①。继承传统，不是一蹴而就的简易形式，不是略读几篇家训文献，再"依样画葫芦"似的机械模仿、生搬硬套。它需要对"传统"及其当代适用性进行深入、系统的研究和分析，在此基础上再选择性地、创造性地利用和承继。

立足现实指的是家庭德育变革必须立足家庭德育的现实问题、正视变革的实际困难、考量变革的现实条件和可用资源、采取有针对性和适切性的实用措

---

① 陈谷嘉，朱汉民.中国德育思想研究[M].杭州：浙江教育出版社，1998.

施。一是就变革目标而言。变革目标不应太具有挑战性或者难度太低，应根据家庭德育的现实问题，以及对解决这些问题的代价（或方式、时间等）之预估来设立。家庭德育中大部分现实因素的变革皆不可能是"马到成功"的，目标亦是如此——它不能是复杂的、不具现实性和可行性的"大目标"，而应是立足现实的、分层级的、循序渐进的诸多小目标。这也即在实现一个目标的基础上为下一个目标努力。二是就变革的方法而言。变革方法之确立应以科学的理论为指导，应以古今中外优秀的家庭德育经验及相关事务的变革经验为典范。同时，变革方法应为"本土语境"、本土家庭德育问题"量身定制"。方法的适用性要经得起实践的检验，方法的运用应检视其是否具有被运用的现实条件和支撑资源。事实上，异域的许多科学的变革方法、成功的变革经验，并不适应于中国家庭德育变革之现实境况。

新时代家庭德育变革是一个长期的、复杂的、系统的工程，这个工程的绝大部分"工种的竣工、结构的打造、内容的构建"，都要耗费相当长的一段时间。甚至，从某种意义上说，它是一个"永不竣工"的、持续性的动态工程，它永远处于"一个目标接一个目标"的不断完善、日臻完美的构筑过程中。因此，新时代家庭德育变革是指向未来的。尽管变革的方案在"现在"制定，变革的行动在"现在"开始，但其方向和目标指向未来，其过程和轨迹通往未来，其结果亦通常在未来显现。前瞻未来，一是要对未来国家和社会发展的情势有尽可能准确的预估。家庭德育不是孤立存在的，它在未来亦需要适应、依赖、反作用于外围的社会环境。这就需要前瞻包括科学技术在内的社会生产力发展状况，前瞻国家的经济、政治、文化、社会、生态文明的建设情况，以致力于让变革后的家庭德育与未来的国家（社会）环境相互需要、相得益彰。二是要前瞻、预估家庭德育变革本身的趋势。如变革的可能困难、风险和阻力，变革的阶段性结果，变革的可能成本等。

三、高新技术、传统方法与德育规律相协调的原则

新时代是高新技术的时代：信息网络技术、大数据技术、人工智能技术突飞猛进，与此相关的通信技术、交通技术、教育技术等日新月异。充分利用新时代的高新技术，促成新时代高新技术与家庭德育技术的无缝连接（有效转换），规避高新技术发展可能会给家庭德育及其变革带来的危害，是新时代家庭德育变革的应有之义。具体说来，高新技术主要在以下方面助力家庭德育发

展与变革：一是为受德育者提供广泛的信息源头和知识渠道，受德育者不再是被动地接受来自德育者的单一的德育知识传授，德育者在一定程度上成为受德育者的共同学习、共同协商的伙伴。这能变革家庭德育之教与学的观念，并确立受德育者在德育过程中的主体性。二是推动家庭德育方法变革。高新技术的发展引致人们的生活条件(方式)、社会环境发生巨大转变，这使得家庭德育的内容日趋复杂，进而"倒逼"家庭德育方法变革。同时，高新技术为以"德育技术、教学设备"为基础的新的德育方法产生创造条件①。另外，高新技术对德育者运用技术的能力提出要求、对丰富德育实践之内容大有裨益。

传统方法不仅包括中国传统家庭德育中的"德育方法"，亦包括中国传统文化中与家庭德育相关的一切事物的"变革之法"。传统方法、德育规律之内涵、价值等，笔者已在上文论述，此处不再赘言。

新时代家庭德育变革遵循高新技术、传统方法与德育规律相协调的原则，应当明晰以下几点：其一，高新技术的运用，不能违背家庭德育的内在规律和受德育者身心发展的客观规律。正因为高新技术是"高端"的、是前所未有的，所以人们在运用它的时候较容易忽略德育规律对它的限制。事实上，即使是再"高精尖"的技术，亦不能凌驾于家庭德育的客观规律之上。这就好比：早些年，人类自以为科技已非常发达，便无视自然规律，幻想征服自然，肆意破坏环境。在遭到大自然的无情"报复"之后方知遵循自然规律、人与自然和谐相处的重要性与必要性。其二，对于传统方法的深入研究、选择性运用、创新性承继，应以家庭德育的客观规律作为标准和依据。那些违背了德育规律的传统方法，是决不可"古为今用"的。其三，当代高新技术与传统方法并不"二律背反"，相反，它们能在家庭德育变革实践中互补相融、相得益彰。变革者要善于同时利用现代技术与传统方法，并充分促进它们之间的协调与统一。

四、借鉴国外经验与结合中国国情相统一的原则

他山之石，可以攻玉。新时代家庭德育变革，必须研究、学习和借鉴国外先进的相关变革经验。借鉴他国变革经验，首先要充分考究其相关文献资料、分析了解其变革的理论依据与指导思想。其次，要追溯其变革的历史渊源，如

---

① 段新明，杨霞.科技与人文的博弈——当代中国德育发展趋向研究[J].河北师范大学学报(教育科学版)，2009(12)：23-26.

变革前的原状、变革的动因、变革的演进等。再次，要全面认知他国相关变革的推动因素、保障因素，如国家的制度支持(政策、法律、法规保障)、财政支持、基础设施的建设情况、公共产品的配置情况等。复次，要深度调研、扎实考察国外先进变革经验之所以获得成功的现实条件。如，与变革相关的历史文化传统、社会文化状况、公民的综合素质、国家的综合国力等。最后，应当尽可能全面地审视外国相关变革过程中所遭遇的挫折、矛盾、困难，所获得的阶段性成果等。

先进的变革经验，其结果必然是成功的，但其过程很可能是曲折的、漫长的，甚至经历了无数次的失败。探究这些因素，是为了分析其原因、汲取其经验，以便让我们在进行类似活动、走到类似的"路口"、经历类似的困难时，能够"少走弯路"、规避"误操作"、提高变革实效①。在进行完上述几个步骤的深度调研之后，就要对调研所获资料、数据同时进行科学的质性分析和量化(统计)分析，找出各变量之间的关联，并就此构建多元实证模型。总之，学习和借鉴的他国优秀变革经验，必须是最经典、最适切、最兼容的经验。

借鉴、引进国外优秀家庭德育变革经验，应当充分结合、符合我国的国情(即国家的性质，国家经济、政治、文化、社会、生态文明的基本情况；在本书中亦涉及我国家庭德育的历史传统与现实状况)。中国是社会主义国家，中国特色社会主义道路、理论、制度、文化具有其他无出其右的优越性，同时，我国正处于并将长期处于社会主义初级阶段。仅基于以上两个原因，资本主义国家的家庭德育变革经验、发达国家的家庭德育变革经验，皆可能与我国家庭德育变革的需要方枘圆凿、格格不入。如果再加上我国独特的历史文化传统、自然风情、地理特征、气候条件、饮食习惯等，异域的优秀经验能"为我所用"的概率就更低。诚然，在上文中谈及关于如何借鉴国外经验时，笔者曾指出要充分考量各种因素、明晰它们相互作用和联系，并构建科学的数理模型，但这主要是立足于厘清、掌握经验本身。在引进、运用国外经验时，我们面对的是"本土语境"下林林总总的"中国因素"，这些因素要求我们重构、改造原来的"模型"。

五、时代共性要求与家庭个性文化相洽同的原则

共性是事物共同具有的普遍性质，个性是事物区别于其他事物的特殊性

---

① 科特，等.变革[M].李原，孙健敏，译.北京：中国人民大学出版社，1999：11.

质。共性与个性是一切事物皆具有的本质属性。若用集合概念作比，共性就是众多事物的交集，它存在于所有事物之中。在一定条件下，共性和个性可以相互转化。就新时代家庭德育变革而论，它是一个兼具共性与个性的概念。

首先，中国家庭德育的主体(德育者与受德育者)是中国人，中国人之身份便是一种共性。从法律角度论之，中国公民享有宪法和法律规定的权利，同时必须履行宪法和法律规定的义务。从历史文化角度论之，中华历史源远流长，传统文化积厚流光，中国人从历史深处走来，家国使命代代绵延，思想文化薪火相传，早就形成了无数共同的、共通的经典文化。从社会性质论之，中国是社会主义国家，中国特色社会主义道路、理论、制度、文化具有区别于其他国家的独特内容。

其次，中国家庭德育是在"中国家庭"之场域中培育和发展受德育者的中国特色社会主义(或共产主义)的道德、思想、政治、理想、爱国精神、民族情怀、集体意识、民主理念、法治观念、心理素质。这是新时代每个中国家庭应当设立的德育内容。也许各个家庭对知识传授和能力培养的方法不尽相同，理论普及和实践开展的组织方式并不一致，但其人才培养之目的(抑或说其对人之应然素养的要求)却存在诸多共同之处。

再次，新时代，是指中国特色社会主义新时代，是中国发展的新的历史方位。新时代有不一而足的时代共性、时代特征。我们一起面临新的历史机遇，如：生产力迅速发展；以信息网络技术、大数据技术、人工智能技术为主的科学技术突飞猛进；人们的物质生活水平大幅提高。我们共同致力破解新的主要矛盾：人民日益增长的美好生活需要和不平衡不充分的发展之间的矛盾；我们携手努力以实现新的发展目标：经济发展提质增效，政治生态风清气正，文化自信不断彰显，治理水平不断提高，生态环境有序恢复①。

虽然每一个中国家庭(德育)具有诸多与其他千千万万的中国家庭(德育)相同的性质、内容、特征、理想、取向、权责等，但家庭毕竟是人们生活的"私域"，它存在许多独特之处。就家庭本身而言，不同家庭的家庭文化、世代传统、经济条件、地理位置、自然环境、社会环境等皆不相同，但这些因素都与家庭德育密切关联，并对家庭德育的发展具有显著影响。就德育者而论，不同家庭中德育者的下述因素可能大相径庭：年龄、职业、学历程度、思想觉悟与道

---

① 胡永嘉.正确认识理解新时代的新特征[J].党建,2019(3)：30-31.

德品质、知识文化水平与思维意识结构、日常生活作风与言行举止；德育者对于德育内涵和重要性的认知状况；与前述因素相关的以家庭德育观念、内容、方法等为基础的德育者的育德能力与化人水平。就受德育者而言，不同(家庭)的受德育者的禀赋、习性、兴趣、特长，以及道德发展的阶段性特征、道德发展的速度等可能截然不同。

"同一个世界，同一个梦想"，即使"山川异域"，我们仍致力于在新时代推动构建人类命运共同体，就更不用说在全国各层次、各方面的建设活动中充分体现时代的共性要求。家庭德育变革，当应时代之景、系百姓之需、成未来之事。它应该全面利用新时代国家发展的有利条件和契机，全力克服变革过程中的局限和困难、清除变革过程中的掣肘或阻碍，以尽可能满足新时代国家发展和社会治理对家庭德育变革的需要、要求。同时，家庭德育的本原是立人，它应该关注受德育者的个性发展和人格完善，从而使受德育者能够成全、实现其自我。它既要使人是其所是，又要使人是其所应是。家庭德育要以个体生命发展为重点关怀、提供适切于个体成长之德育影响、给予个体独立生命最好的尊重。

换言之，家庭德育是尊重受德育者个性发展、注重对受德育者的个性培育的创造性德育。它旨在培育一个"人"，而非一件"产品"，它的根本目标是把人培养成一个具备完满人性的人，其最终目的是使人成为人。因此，在家庭德育变革过程中遵循"时代共性要求与家庭个性文化相洽同"之原则，就要妥善处理"时代、国家、社会"之共性与"家庭、德育者、受德育者"之个性的对立统一关系，就应当在充分保障受德育者个性化发展之需要、严格遵循家庭德育及受德育者身心发展之客观规律的基础上，以"时代之要求、国家之需要"为变革指向。

第四章 德育生态外铄：

新时代家庭德育变革的宏观着力点及实践路向

内因是事物变化的根据，外因是事物变化的条件。家庭德育外围的道德生态、国家制度、社会环境、社区文化等，通过种种方式参与到家庭的育德、化人过程。显然，它们是家庭德育变革实践的重要着力点与切入点。家庭德育生态外铄，就是要充分发挥、有效利用外围"生态环境"之于家庭德育的强大外铄作用，也即通过对家庭德育外围生态进行科学、有序的变革，使其符合家庭德育发展之要求，并为家庭德育系统之运行提供适切的资源与能量支持(图4-1)。其中，在国家层面，应通过创新与优化相关制度、完善制度资源供给侧结构性改革，来纾解家庭德育所存在的结构性难题；在社会层面，应致力于优化与整治社会环境，开拓家庭德育外围生态再造的进路；在社区层面，应强化社区有效参与和多元协同，阐扬家庭德育"差序格局"次中心"共同体"之价值；在家校及个体层面，应洞悉家校德育分野与共生之道，科学把握个体道德发展与培育机理的一体两面。

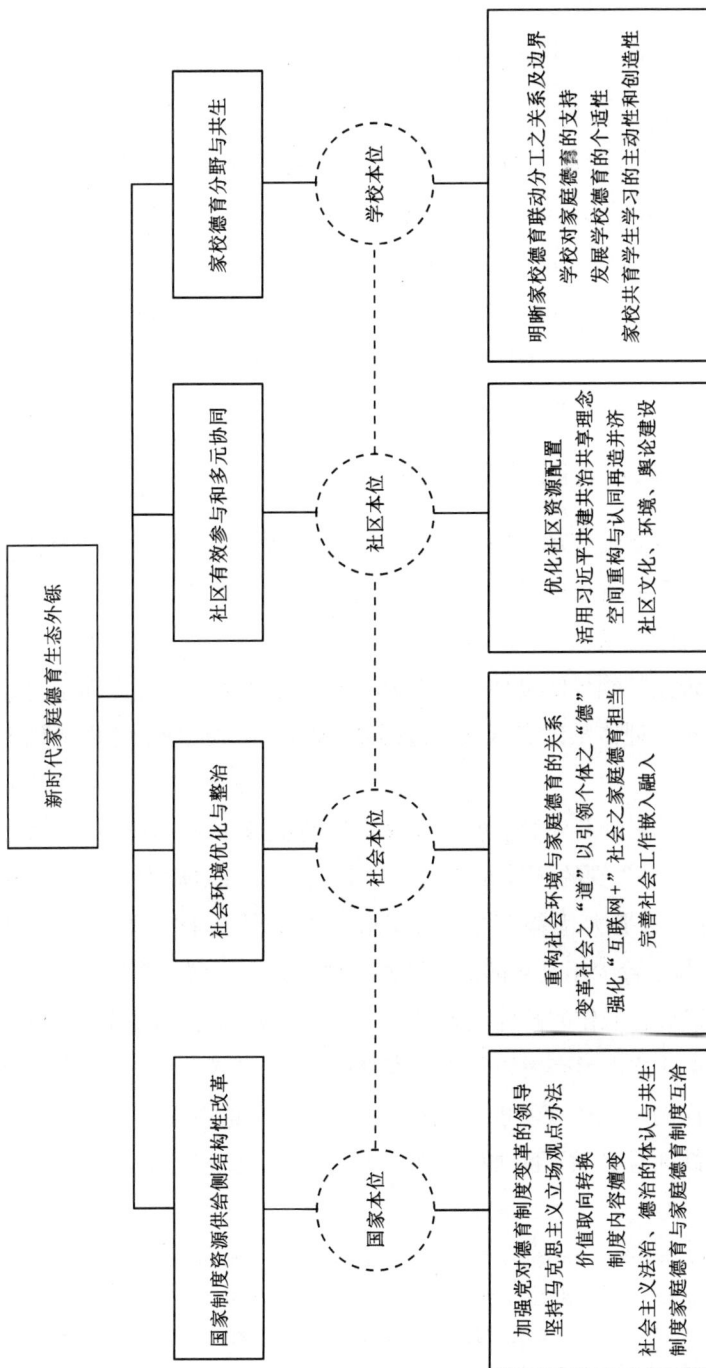

图4-1　新时代家庭德育生态外铄

第一节　国家制度资源供给侧结构性改革

制度是导向、是规范、是保障，但它有时也可成为掣肘、桎梏、阻力。"恶法非法"，当制度积弊、缺陷过多，或制度已为"隔年皇历"、不再适切于现实需求，就应涤瑕荡秽、杼井易水，推动制度变革。完善供给侧结构性改革，从价值、内容、功能等方面着力，处理好扩大有效供给与提高供给品质、清理无效供给与激发合理需求、理顺结构调整的目的与供给侧结构性改革的手段、拓宽供给渠道与优化多元治理四对基本关系①，是制度创新与纾解的良方。

一、加强党对德育制度变革的领导

加强党对德育制度变革的领导，先要坚持和完善党的领导制度体系。《中共中央关于坚持和完善中国特色社会主义制度　推进国家治理体系和治理能力现代化若干重大问题的决定》强调了党的领导制度在国家制度中的统领地位，因为坚持和完善党的领导制度体系，是确保国家治理沿着正确方向前进、发挥国家制度和国家治理体系优势以及推进国家治理体系和治理能力现代化的根本保障。

在此基础上，充分发挥党在新时代家庭德育制度变革实践中的领导作用。习近平总书记指出："党的领导是中国特色社会主义最本质的特征，是中国特色社会主义制度的最大优势"②；"意识形态工作是党的一项极端重要的工作"③。毋庸置疑，青少年是党的意识形态工作的重点人群，青少年意识形态工作，在党的意识形态工作的整体战略布局中处于重要地位。同时，家庭作为社会的细胞，是党的意识形态得以传播与发展的重要"场域"，而包括家庭思想政治教育制度在内的家庭德育制度的优化与变革，则是党的青少年意识形态工作的非但不可或缺而且必须不断加强的重要组成部分。此外，就包含家庭德育制

---

① 周海涛，朱玉成.教育领域供给侧改革的几个关系[J].教育研究，2016(12)：30-34.
② 中共中央关于加强党的政治建设的意见[N].人民日报，2019-02-28(01).
③ 习近平在全国宣传思想工作会议上强调：胸怀大局把握大势着眼大事，努力把宣传思想工作做得更好[N].人民日报，2013-08-21(01).

度建设工作在内的国家教育事业而言，它只有在党的全方位领导下方能行稳致远，"在新的历史起点上，只有坚持党的领导和社会主义办学方向，才能不断开创教育事业科学发展新局面"①。

因此，加强党对家庭德育制度变革的领导，是保证党对青少年意识形态工作、国家教育事业建设工作领导的根本要求和重要体现。毛泽东曾指出"党委应当指导青年的思想、指导教师的思想"②，党的各级组织要从加强青少年意识形态建设的战略高度、从促进以立德树人为核心的家庭教育内涵式发展的战略高度，明晰新时代家庭德育制度变革工作的重要性、紧迫性，把新形势下"如何推动制度资源供给侧结构性改革、有效完善新时代家庭德育制度的功能"这一重大时代课题摆在突出重要的位置，在思想观念上要给予充分的重视和关注，在实践中、行动上，要认认真真抓好落实、切实加强和完善党对家庭德育制度变革工作的领导。

二、坚持马克思主义立场观点方法

新时代中国家庭德育制度变革，是中国特色社会主义改革的重要内容。因此，变革过程应始终以马克思主义理论为指导，始终坚持马克思主义立场观点方法。习近平同志指出，"学习和掌握马克思主义立场观点方法，是深入学习中国特色社会主义理论体系、提高思想理论水平的根本要求"③。家庭德育制度，主要是指与家庭德育相关的办事规程或行动准则，但亦指在中国历史条件下形成的相对稳定的家庭德育体系。显然，这两个方面的变革，都需要以中国特色社会主义理论体系为指导、都需要以变革者的扎实的思想理论功底为基础，而实现这两个"需要"的"根本要求"是"学习和掌握马克思主义立场观点方法"。

马克思主义立场、观点、方法的任何一个方面，都有着非常丰富的内涵，所以与之相关的理论研究或内涵阐释文献浩如烟海。但简单论之，可将马克思主义立场观点方法概括为：无产阶级立场、唯物主义历史观、唯物主义辩证法。

---

① 袁贵仁.坚持党的领导和社会主义办学方向 不断推进教育事业科学发展[J].求是，2011(14)：30-33.

② 毛泽东.毛泽东文集：第7卷[M].北京：人民出版社，1999：247.

③ 习近平.深入学习中国特色社会主义理论体系 努力掌握马克思主义立场观点方法[J].求是，2010(7)：17-24.

以毛泽东、邓小平、江泽民、胡锦涛为代表的中国共产党人，在深刻理解、发展马克思主义立场观点方法后，结合中国的具体实际，将其阐释为"理论与实际相结合、实事求是、与时俱进"等中国化的意蕴。习近平新时代中国特色社会主义思想亦对其进行了创造性的运用与发展。习近平指出：坚持马克思主义立场，要求党员干部"真正站在人民大众立场上""对人民群众有真挚感情""解决好为谁掌权用权的问题"；坚持马克思主义观点，就要学习和掌握"马克思主义关于人类社会发展规律及其历史趋势的基本观点""马克思主义关于生产活动是人类社会存在和发展根本前提的观点""社会主义经济政治文化社会协调发展的观点""马克思主义关于人的全面发展的观点"；坚持马克思主义方法，必须学习和掌握"唯物辩证的思想方法""实事求是的思想方法""群众路线的工作方法"①。

在新时代家庭德育制度资源供给侧结构性改革中坚持马克思主义立场、观点、方法，既要对马克思主义立场、观点、方法之源流有深刻的认知、理解与活用，又要时刻以中国化的马克思主义立场、观点、方法为指导。这具体表现在：

第一，家庭德育制度的变革应与新时代的中国发展境况、中国家庭的实际情况紧密结合。未来的家庭德育制度既应确保科学性与导向性，又应具有充分可行性与实效性。脱离了中国家庭德育现实发展需求的制度设计，即便再"科学"、再"有高度"，亦将如无根之木。因此，新的家庭德育制度体系，应能补过去之短、应现在之需、瞻未来之路。新的制度要能实事求是地"深究"问题、解决问题，要能与时俱进地顺应时代的发展需求。

第二，家庭德育制度的变革应致力于"真正站在人民大众立场上""对人民群众有真挚感情"。换言之，新的制度要尽可能地体察中国广大家庭（而非少数"高阶位"家庭）的德育困难、德育需求，要尽可能地保障、促进家庭德育相关资源的合理配置。

第三，清晰界定制度的主体及其权责关系，有效地处理各方利益主体的权责问题。家庭德育质量的提高不仅是家庭的本职事宜，亦是国家和社会的共同目标与责任。制度变革"解决好为谁掌权用权的问题"，这也即要为制度的落实"出具"详细的"权责清单"，以让家庭、社会各界、党和政府组织明晰其在家庭

---

① 习近平.深入学习中国特色社会主义理论体系 努力掌握马克思主义立场观点方法[J].求是，2010（7）：17-24.

德育中的权利与义务。

第四，制度的设计过程应严格遵循家庭存续的固有规律、家庭德育的内在规律以及青少年身心全面发展的客观规律。唯有制度的重构尊重规律、顺势而为，制度的实施方能有的放矢、卓有成效。在制度变革中遵循客观规律，也即对包括"马克思主义关于人的全面发展的观点"在内的唯物主义历史观与唯物主义辩证法的活用。

三、价值取向转换

价值取向转换，也即促成制度价值取向从规范到引导、从工具化到人本化、从刚性普适性到柔性个适性转换。与家庭德育相关的制度是多方面、多层次、多维度的。除家庭德育制度本身外，与家庭、教育、伦理等相关的制度，以及其他制度中与家庭德育相关的因素、内容和功能，都纳入本书所论及制度之范畴。制度之作用和功能本是多元的，但就当下而言，制度（包括法律、法规、政策、章程、准则等）主要发挥着规范人之行为、维持社会秩序、确立主体权责、保障机关运转之功效。换言之，它在更大程度上是规范、约束性质的，它像"冷漠的工具"一样，告知人们"孰不可为""违反后果如何"，它适用于所有人且少有弹性。然而，各家各户之情况是千差万别的，受德育者的个性发展、创造力培养，更是迥然相异。用同一个模子去铸就、用同一把尺子去测量之德育方式，在很多时候难以取得理想的效果。因此，家庭德育相关制度的出台或创新，应更多地彰显人性关怀，遵循人之发展规律，发挥制度的引导作用、教育作用、评价作用、预防作用，实现柔性、个适性与公正性、平等性的辩证统一。

制度的价值取向从规范向引导转换，旨在让制度之理念、精神、成因得到人们的深刻认知、理解，以及充分认同、支持。欲全面发挥制度之功能，不仅要让人们了解其存在，还要让人们对其"存在之原因、之有效利用方式"形成深刻体认。制度的创新与变革，要以制度理念的贯彻落实和制度精神的弘扬为目标，要让制度的精神和逻辑渗透到家庭德育的方方面面，从而充分激发和彰显家庭德育制度的原生创造力。新时代的家庭制度要能引导家庭德育发展、引导德育者和受德育者的德育行为，要能为家庭德育高速度、优质量、内涵式发展提供保障，要成为维护家庭德育独立和自由的手段。诚然，制度是纲领、是原则、是规制，但它不能简单地作为底线式的规范，而应当作为对家庭德育具有指向意义、对受德育者具有教育意蕴的"远景目标"。

制度价值从工具化到人本化转换，意味着制度的构建、施行，应当处处以人为中心、以人的发展为本位，以家庭德育的人性彰显为目的，而非把人视作工具，视为无条件服从规制、顺从制度安排的"机器"①。值得一提的是，具体到家庭德育方面，制度价值"人本化"不仅包括"以人为本"之意蕴，还要凸显"以德育中的人之人格发展为本、以人身心全面健康发展之客观规律为本、以家庭德育的内在规律为本"之内涵。

制度价值从刚性普适性到柔性个适性转换，是因为：家庭是人们生活的"私域"，具有诸多"个性化"的特殊属性，如：涉及隐私、内容多元、自主管理等。家庭德育强调自主、自治、自由。但制度之作用与功能，通常"偏向"普适性、标准性。因此，新时代家庭德育制度创新，就应妥善处理这一对立统一关系，灵活把握这两者的冲突与融合。"家庭德育制度创新"在一定程度上蕴含着"社会层面普遍意义上的家庭德育制度内容与形式创新"之义，而非就单一"家庭"而论。国家是"公域"，但"公域"由无数个"私域"组成，"公域"若要与"私域"深度接轨，"公域"的制度若想促成每一个"私域"充分发展的可能性，就应当在构建全面、普适之制度体系时，在不违背家庭德育制度创建与变革规律的基础上，融入越多的"柔性、个适性"因素。

四、制度内容嬗变

制度内容嬗变，是要刊谬补缺，推动各领域、各阶位家庭德育相关制度"合纵连横"。当前，我国家庭德育存在功能较弱、家长不作为、社会支持系统不健全、重视程度和践行力不足等问题，这无疑与家庭德育制度资源匮乏密切关联。现存的大部分德育制度，都是立足于学校场域的。尽管"相关"，但由于并非为家庭德育"量身定制"，其内涵、功能、价值之于家庭德育，更多的是侧面的、间接的、辅助性的。在分析、明确家庭德育对受德育者身心发展之关键作用、对社会整体道德水平和文明建设进程的重要影响后，国家有关机构和部门需要加强、加大、加快家庭德育相关制度资源供给，改善供给方式和措施。

国家正日趋关注、重视家庭德育相关制度结构、内容之设计、嬗变与创新，如：《中华人民共和国家庭教育促进法》已经出台。制度内容嬗变，且就以家庭

---

① 陆启越.高校德育评价范式转换研究[D].长沙：湖南大学，2018.

教育立法为例来谈，家庭教育立法应当秉持人权保护、伦理道德、终身奠基与和谐共促的精神，从宏观的纲领性意义、中观的立法要素和微观的语言表述三个方面把握家庭教育法的立法技术①。

从狭义上论，家庭德育制度指的是家庭德育的组织体系及其管理规则的总和，它涉及家庭的存在方式（组织形式、结构形式），家庭德育系统的运行方式和维系家庭德育有序实施、发展的相关法律（及政策、规则、条例等）。但本书所论及的制度变革、制度内容创新，还包括与家庭德育相关的一切制度，如教育制度、户籍制度、政治制度、婚姻制度、移民制度等。质言之，不仅要力争实现家庭德育制度内容本身的"刊谬补缺、补苴罅漏"，还要谋求其他相关制度的内容创新，并在这些创新过程中充分体现"家庭德育因素"。

目前，要重点改善家庭德育制度内容的以下方面：制度体系不完整，许多必要的内容尚存空白或欠缺；已出台的政策、法律、法规之内容不够翔实具体，不能适切于新时代家庭德育发展的需求，不能充分满足家庭德育实践对于制度的要求；某些制度中存在"陈规陋习"，不能适切于新时代的德育现状；一些制度缺乏弹性、不能稍微"迁就"某些家庭（如贫困家庭）的特殊需要；有些制度内容本就"先天不足"、存在谬漏；有些制度属于"精英制度"，更多地迎合"贵族阶层""上层家庭"的德育利益，却难以契合"底层家庭"的德育需求，制度的公平性与正当性得不到充分体现。

整顿当前家庭德育相关制度内容之弊，要全方位审视目前我国家庭德育制度资源之具体需求、检视我国家庭德育制度体系现存的问题（如时效性问题、实效性问题、公正性问题、科学性问题、完整性问题）、有计划有组织地对现存德育制度体系进行科学的规整与"废立"（应切实经过实践检验、充分重视实践反馈），有效加强各领域、阶位家庭德育相关制度的紧密衔接与配合（以获得1+1>2 的德育效果，并规避德育制度内容的冗余和重复）。

总之，家庭德育制度内容嬗变，是一项系统工程，有关部门应致力于构建统筹各领域、阶位家庭德育相关制度之体系，推动各项制度"合纵连横""共同育德"，为家庭德育提供坚实保障、创造发展契机。

---

① 祁占勇，杜越.家庭教育立法的现实诉求及其立法精神与技术[J].湖南师范大学教育科学学报，2020(1)：24-31.

五、社会主义法治、德治的体认与共生

社会主义法治、德治的体认与共生，是家庭德育质量提升的伦理和制度基础。法治强调"法律至上、权责明确"之法理要求；德治重视以德化人，旨在通过道德内化、内控，来改造人的心理结构，使人心地善良、知羞识廉，而不为非作歹。究其关系：德育(尤其家庭德育)是德治的主要途径；完善的制度架构是弘扬"法律至上"之理念、彰显法治精神、实现法治目标的基础；德治与法治不仅在抽象意义上具有逻辑上的相容关系，也在历史经验语境下具有理论上的相容关系①，德治是法治的引领、支撑与评价尺度。之所以说法治、德治的体认与共生，是家庭德育质量提升的伦理和制度基础，是因为：从制度资源供给侧结构性改革方面论之，唯有以上两者相得益彰、相与为一，家庭德育方能在尊重个体身心发展(道德发展)规律的基础上，实现与外部制度环境的"无缝连接"。这有利于家庭德育质量提升，也对充分发挥其作用和功能大有裨益，进而创造、推动"人越有德、人越守法、法越健全"的良性循环。

2016年12月，中共中央办公厅、国务院办公厅印发《关于进一步把社会主义核心价值观融入法治建设的指导意见》，一个重要指向就是要促成法治、德治充分地体认与共生，以撷取"以德治国"与"依法治国"互补相融的制度优势。事实上，推动社会主义德治理念、标准(如社会主义核心价值观)入法入规，强化国家法治的价值导向，以法治公正(立法、司法、执法公正)引领社会公正，在德治中弘扬和彰显社会主义法治之精神等，既契合新时代国家发展与社会治理的现实需要，也体现出很强的前瞻性。

德育是有效的德治途径之一，普法教育本就是德育的重要内容。在家庭德育中阐释法律原理、普及法律知识、彰显法治精神、弘扬法治文化，有利于促进受德育者对法律知识之外的德育内容的吸收与认同，亦有利于家庭德育质量本身的提高。这是因为：法律知识，尤其是法理之精义，本身就是关于规则与秩序、关于自律与他律、关于权利与义务的，它与思想、政治、道德、伦理等知识相辅相成，它不仅致力于让受德育者明辨是非、懂得"何为高尚"，还敦促受德育者明晰德行高尚、遵纪守法的意义。值得一提的是，让法治文化等充分体

---

① 舒国滢, 王重尧. 德治与法治相容关系的理论证成[J]. 河南师范大学学报(哲学社会科学版), 2018(5)：43-49.

现于家庭德育之中，并非仅让法治之内涵在德育中被认知、被理解、被认同，还要让家庭德育在"德治与法治"相得益彰的互通之中得到充分的制度保障、有力的制度凭依。

在法治中融入德治因素，意味着将德治的思想、理念、部分内容落实到立法之中；在司法、执法过程中充分彰显德治之要求，采用具有人性化的、符合伦理要求的司法、执法方式；在普法过程中合理运用德育之方式、德治之手段，以提高普法的质量与效率。在法治中融入德治因素，一是为了让制度构建主体更能明晰、理解家庭德育的需要，从而让制度更能适切于家庭德育的实质需求。二是为了让制度及制度的运用主体(如社会)发挥家庭德育之直接作用，如"对受德育者的价值选择与价值判断的导向作用"①。三是为了让家庭德育所培养的人在成年后走入社会时，能充分融入、接纳、认同社会，其所学、所知、所养成的道德品质，有广阔的"适用舞台"。

六、制度家庭德育与家庭德育制度互治

制度家庭德育与家庭德育制度互治，是确立制度之家庭德育向度与家庭德育之制度凭依的必要条件。制度(此处指家庭德育制度之外的其他制度)家庭德育即创生、发觉、发挥制度的家庭德育功能(如，为家庭德育的实施和发展创建有利条件)；通过家庭德育让制度得到人们的广泛认知与认同。制度作为"要求人们共同遵循的办事规程或行为准则"，是人们在认识和改造世界的过程中构建的，能反映一定社会建设需要与时代发展需求的高度凝练的"条条框框"。尽管它的"分娩"在"须臾"完成，但它的"备孕""怀孕"却是经年累月的时间洗礼、历史浪淘过程。

因此，制度的存续既是"机缘巧合"，又是"时势必然"；制度的"基因"中必定"镌刻"着其意涵之证成与"缘起"、价值之导向与"进路"、方法之选择与运用等内容。因此，它是"意味深长"的。在这个"意味深长"之中，拓展制度的家庭德育"意味"、丰富制度的"道德话语"，就成为"完善制度资源供给侧结构性改革"的重要内容。换言之，推动"普通制度的家庭德育价值实现"与"家庭德育制度的构建"的有效互治、融通，是确立制度之德育向度与德育之制度凭依的必要条件，是纾解"制度与家庭德育难以良性接轨、互通"之困局的可行方略。

---

① 刘超良.制度德育论[M].武汉：湖北教育出版社，2007：59.

制度家庭德育之"制度"，指的是家庭德育制度之外的许多制度。这些制度看似不是为家庭德育"量身定制"，却与家庭德育息息相关。如，高考制度、户籍制度、政治制度、婚姻制度、移民制度、住房制度、劳动制度等。还有些表面上看起来与家庭德育并无直接关联（甚至看似没有间接关联）的制度，其实在"几经周折"之后总会对家庭德育产生影响。制度家庭德育指的就是：在设计上述制度时，要把家庭德育作为重要考量，要为家庭德育的实施提供便利，要为家庭德育的发展创造条件。如，婚姻制度在涉及夫妻离异情况下的孩子抚养问题时，应对孩子的家庭德育事宜做出详细规定、制定处理标准。父母的思想素养、道德品质、育德能力、化人水平等应成为抚养权归属的重要依据，而非单纯将父母的经济能力作为判定标准。再如，在构建与进城务工人员相关的制度（如户籍制度、劳动制度、住房制度）时，应充分关涉其子女的家庭德育问题。

制度家庭德育，旨在通过制度保障家庭德育质量的提升，"通过道德的制度培养道德的个人"①。但制度亦需要通过家庭德育来被实践、被理解、被认同。这也是制度家庭德育的内涵之一。事实上，所谓"制度德育"，就是"制度"和"德育"之间发生联系、发生作用。"制度"，尤其是家庭德育制度之外的制度，它们除了包括与家庭德育相关之内容与意涵外，还包括其他许多内容。这些政策、法律、法规及其相关机构（组织）体系等，能否得到积极有效的贯彻落实，能否让广大人民群众充分意识到其存在（并知道如何用其维护自身权益），能否展示其正当性、弘扬其精神（从而得到公民的广泛理解、认同与支持），能否在被推行、被运用、被实践的过程中彰显"德性"、符合人性，还得依托家庭德育。制度家庭德育，从一定意义上论之，就是家庭德育让制度"富含"德性，家庭德育让制度的功能和价值发挥得更充分。

而家庭德育制度，就是内容以家庭德育为中心、为指向的制度。家庭德育制度的构建、创新、嬗变，即家庭德育制度资源供给侧改革。我们在上文已分析相关内容，此处不赘述。笔者提出"强化制度家庭德育与家庭德育制度的互洽，确立制度之德育向度与德育之制度凭依"，旨在推动"制度"与"家庭德育"相互助力、共同发展，让制度为家庭德育发展"保驾护航"，同时，家庭德育让制度之推行与实施"顺风顺水"。

---

① 杜时忠.制度德性与制度德育[J].教育研究与实验，2002(4)：11-13.

第二节　社会环境优化与整治

"世事洞明皆学问，人情练达即文章"，人的本质是一切社会关系的总和，社会总要通过种种方式将其"存在"内化到个体身心结构之中。新时代的儿童不是"爱弥儿"、不是"鲁滨孙"，他们无法成为纯粹的"自然人"，他们不可避免地要受到社会所施加的"形塑"作用力，也终究"身不由己"地必须走上社会"舞台"、走进公共"场域"，将"德性养成"化为"道德行为"展现于其中。在此，本书致力于探析社会环境优化与整治之良方，开拓家庭德育外围生态再造之进路。

一、重构社会环境与家庭德育的关系

本书所论"重构社会环境与家庭德育的关系"，具体是指重构社会环境与家庭德育的"符号互动""结构功能"关系。家庭是社会的细胞，在社会结构中充当成分、发挥功能。符号（尤其是语言）是家庭与社会互动的中介。"从人类与其他动物的对比看，其他动物的符号象征能力是有限的，甚至根本不存在；而这种能力正是人类和社会之间关系的本质之所在——凭借这种能力，人们能用符号象征客观事物、思想，和事实上他们经历的任何事物，并进行交流。"①人们总要借助种种符号将社会"存在"（如社会风尚、舆情、伦理、思潮、规则等）转化为家庭德育的内容。"符号"是家庭与社会之间"信息"的传递载体、分类标签、沟通媒介。符号的创生、输出、运用、表征、理解，对家庭与社会之互动关系、功能关系影响巨大：人们完全有可能因为符号使用不当而误解"社会之意"、曲解客观真相，从而使家庭德育的旨归与社会期望南辕北辙、家庭德育的"成果"与社会现实格格不入。

"结构功能"与"符号互动"息息相关。社会是"身体"，家庭是"细胞"，社会环境就是家庭德育"细胞"的生活"体液"。这实则是家庭与社会的"结构功能"关系。"结构"即"社会—家庭"之"机体—细胞"构成方式、组织方式、关联方式，"功能"即"机体""体液""细胞"各自与相互的作用、效能、运作机理。

---

① 乔纳森.社会学理论的结构[M].张茂元，译.北京：华夏出版社，2006：334.

与"体液"的交互机制、功能结构,是"细胞"健康存活的依托,也是上述"符号互动"方式的基础。重构社会环境与家庭德育的"符号互动""结构功能"关系,杜绝由符号引起的事实"遮蔽"与信号"表意不明"之"技术"困境,规避家庭德育对社会"存在"的理解偏差,是处理"家庭德育外围生态再造"问题应振裘持领之事。

重构社会环境与家庭德育的"符号互动"关系,主要应当从以下几个方面着力:

一是健全与"社会存在"(如社会风尚、秩序、伦理、心理、思潮)相关"符号"的表意功能。丰富"符号"的形式、内涵、表意的科学性与准确性,尽可能减少由"符号"引致的社会存在与家庭德育之间的隔膜,尽可能规避由"表意不明"造成的"德育误解"。这其实好比公路上的交通标识:标识越醒目、越具体、越准确,就越有利于驾驶人操作的安全性、稳当性。

二是尽可能杜绝负面、反面、消极"符号",严格规避失实、煽动性"符号"。社会上有许多消极、负面甚至是败坏恶劣的现象、实例,有害于青少年的身心健康发展。出于对受德育者(尤其是未成年人)的保护,要全力杜绝这些"符号"的传播与流通。如存力有未逮,就要想方设法防范"负面事迹"的"负面效应"。因为任何事物都有两面性,要寻找负面事物的积极因素,抑或发挥"反面教材"的正向德育功能。另外,严格规避失实、煽动性"符号",指的是要防止来自社会(或社区、邻里)的不良言论、信号等对家庭德育造成消极影响。

三是强化"符号"接收者辨别、理解、利用符号的能力。家庭德育的主体,亦是"符号互动"关系的主体。"符号"能否得到妥善利用并充分发挥德育效用,有赖于相关主体之"符号"应用、处理能力。因此,相关主体应当成为耳聪目明、明辨是非、洞若观火的"符号"接受者,不为"负能"所侵,不为表象所欺,不为谣言所扰。

重构社会环境与家庭德育的"结构功能"关系,就是要创新、调整与家庭德育相关的社会系统之内容,要重新定位家庭、家庭德育在社会系统中所充当的角色、发挥的作用,要厘清家庭德育系统与社会系统结构其他子系统的互洽作用、依存关系及互动关系,要科学地、适切地确立社会、家庭、家庭德育在彼此存续过程中所应具有的功能。社会环境与家庭德育"结构功能"关系的重构,是朝"社会环境"与"家庭德育"双向发力,以从深层次改善它们原本的结构性互动关系,进而优化其相互影响与作用。

二、变革社会之"道"以引领个体之德

"道法自然"，变革社会之"道"以引领个体之"德"，就是让社会运行机理更符合自然法则、更顺应社会发展规律，亦是让家庭德育外围的社会环境、生态更能"滋养"个体道德发展。社会风尚、秩序、伦理、心理、思潮等构成此处"环境""生态"的主要内容。

由此，应从以下方面着力，推动社会之"道"变革：敦促全民"为时代立言立信立命，用明德引领社会风尚"①；涤荡黑恶势力，打造风清气正、海晏河清的社会治安秩序；重视信息时代(大数据时代、人工智能时代)的伦理审视工作，多措并举培育和践行社会主义核心价值观，切实提升新时代国民素质和道德水平；扎实推进社会心理健康服务体系建设，不断增强人民的获得感、幸福感、安全感；正确认识社会思潮的构成要素，以习近平新时代中国特色社会主义思想凝聚社会共识。

具体说来，变革社会之"道"，主要应当从以下方面着力：

其一，推动形成良好的社会风尚。社会风尚，简单言之，是指特定社会中广大人民群众的所思、所求、所愿、所好，以及由此形成的社会风气或社会时尚。良好社会风尚的形成需要从多个方位着力，如：党建引领、行政调控、制度保障、教育创造、文化宣传等。社会风尚之好与差，由每一个人的思想、品德、言行共同决定，与每个人的生活(线上生活、线下生活)、工作、社交、娱乐、社会表现息息相关。而同一个人的言行举止又是多元的、善变的，"随众心理"使得民风容易走向好与差的极端。因此，多措并举矫治社会乱象、营造积极社会氛围，当是必然。

其二，维护良好的社会秩序。"社会秩序"用来形容"社会的有序状态"，是独立个体为了避免"各自为战"的混乱状态，相互缔交契约而形成的。其主要包括经济秩序、政治秩序、工作秩序、伦理道德秩序、社会日常生活秩序等。相比于社会风尚，社会秩序的维护不仅依赖于人们的自觉遵守，更需要依靠严明的法纪。各公共场所、企事业单位、行政机构都需要有用以维持秩序的法律或规章，并敦促人们理解、认同遵守"秩序"的应然与必然。

其三，矫治和优化社会伦理与社会心理。社会伦理指的是人与人、人与社

---

① 庞桂甲.习近平关于文艺育人的重要命题[J].思想教育研究，2019(4)：59-62.

会交往时所遵循的道德和规则，它不仅深刻蕴含着"为人处世"的原则和道德标准，亦包括人"知、情、意、信、行"等方面的"道理"。社会心理指的是社会整体(全民)在一定时期内的心理状态、情绪基调、普遍共识和价值取向的总和。社会伦理、社会心理与社会秩序不同，它是人道德层面、心理层面的概念，因此不能通过制度、通过法律强制实现。矫治和优化社会伦理与社会心理，实质上是要构建一套新的道德文化、价值标准，从而为人们的言行准则、心理活动提供依据和评判标准，从而让人们明晰何为是非、何为高尚(而非错把无耻当德行)。构建新的道德文化、价值标准，需要各层面、各领域、各行业充分贯彻落实习近平新时代中国特色社会主义思想，深入培育和践行社会主义核心价值观。

其四，用社会主义核心价值观引领社会思潮。社会思潮是在一定时期内，代表一定群体之利益(要求)的某种思想倾向。事实上，随着国家继续改革开放、继续解放思想，社会中涌现出各种各样的思潮之现象是正常的。现实中，既有科学的、积极的、进步的社会思潮，亦有错误的、负面的、反动的、消极的社会思潮。在新时代，对于社会思潮，我们需要做的，就是重视它、"倾听"它、研究它，认真把握它的构成要素，深入探究它的创生背景，充分正视它们之间的斗争。当然，最重要的就是，要用社会主义核心价值观引领社会思潮的发展，"为多元价值观之间的关系及其作用规定一个合理的空间"①。社会主义核心价值观，是我们吸收社会思潮中的积极因素、批判社会思潮中的有害因素、提高明辨是非的理性思维能力、自觉抵制不良社会思潮的影响和侵蚀的重要依据。

三、强化"互联网+"社会之家庭德育担当

"网络安全和信息化是事关国家安全和国家发展、事关广大人民群众工作生活的重大战略问题。"②强化"互联网+"社会之家庭德育担当，应狠抓"清治网络德育生态，妥善发展德育技术"。新时代是"互联网+"的时代，人们的生活由"线下生活"与"线上生活"组成。许多人的线上生活时间甚至比线下生活时间更长。线上交流、购物、履职、办事、教学等已日趋成为人们的生活、工作、学

---

① 杨耕.价值、价值观与核心价值观[J].北京师范大学学报(社会科学版),2015(1):16-22.

② 习近平.习近平谈治国理政:第一卷[M].北京:外文出版社,2018:197.

习方式。配套的信息网络技术、大数据技术、人工智能技术之发展形势如阪上走丸，正为人们的线上生活提供日益"高精尖"的技术支撑，让人们的线上生活更便捷、高效、愉悦、轻松。

然而，我们应洞悉："线上生活"对于家庭德育而言，是瑕瑜互见的。网上存在许多不利于人身心健康发展的信息（有的甚至是性质恶劣的虚假信息、反动信息、暴力信息、色情信息等）。就受德育者而言，他们心智尚未成熟，此类信息对他们造成的负面影响之深刻自不言而喻；就德育者而论，若他们不具备敏锐的辨识力和判断力，则不仅自身会受这种糟粕文化的影响，还会将这些有害观念带到日常生活之中，或是言传身教，或是潜移默化，对孩子的道德发展施加极为不利的反向力。因此，国家有关部门、社会各界应当正视上述问题，以"妥善发展德育技术"为导向，以"健全网络空间制度、法律、政策"为保障，深度清治网络德育生态，强化"互联网+"信息社会之家庭德育担当。

清治网络德育生态，妥善发展德育技术，是"推动网络空间治理体系和治理能力现代化"的重要内容。我们应重点监控、审视并最终消弭网络生态之以下问题，尽可能规避其对受德育者思想品德发展的负面作用：

一是网络犯罪的问题。网络犯罪已日趋成为新时代的严峻社会问题。常见的犯罪类型有网络诈骗、网络暴力、网络传销、网络造谣、网络非法传销等。青少年由于心智尚未成熟，容易成为不法分子所针对的目标，也容易受到犯罪分子的引诱而走上犯罪之路。有研究统计发现：未成年人犯罪总数中，有70%的少年犯是因为受到互联网上色情、暴力内容的影响而发生盗窃、抢劫、强奸等几类严重犯罪行为，形成一种"未成年人网络犯罪现象"[①]。

二是网络环境的质量问题。营造天朗气清、风清气正的网络环境符合广大网民的利益需要。但目前的网络空间还有不少"欺诈造谣、攻讦谩骂、威胁恐吓、血腥暴力、淫秽色情、封建迷信"甚至"恐怖主义、分裂主义、霸权主义"的负面内容或有害因素。它们利用网络空间的开放性、隐匿性特点，广泛弥漫于各类网站、移动客户端、直播平台、游戏空间、论坛贴吧等。这些不良信息很容易被青少年接触到，进而对其身心发展产生极其不利的影响。

三是网络诚信的问题。随着互联网技术的快速发展，电子商务、社交平台、自媒体技术、共享经济等日渐繁荣，但假冒伪劣产品、虚假宣传广告、个人

---

① 牛凯，张洁，韩鹏.论我国未成年人网络保护的加强与改进[J].青少年犯罪问题，2016(2)：37-52.

信息泄露、低质的售后服务等问题，亦充斥着网络空间。这不仅侵害了消费者的合法权益，也将影响网络信用体系的构筑和网络营商环境的清治。显然，青少年网民若成为网络诚信问题的受害人，其自身诚信品质发展所受到的阻碍之严重也就不言而喻。

清治网络乱象，营造天朗气清的网络生态，首先需要全面推进互联网法治化，有针对性地出台一系列法律法规，以升级制度保障，为网民依法上网、依法维权，为司法执法部门依法办案、监管部门依法监督管理，提供充分的法律依据和法治保障。其次，有关部门应有指向性地开展系列专项活动，专门打击网络犯罪、网络失德等各类行为，集中整治网络负面因素。再次，针对有些网络平台在运营过程中"打擦边球"的现象，相关机构应及时运用约谈整改、行政处罚、信息公开等手段对它们进行教育、警示或惩戒。

四、完善社会工作嵌入融入

完善社会工作嵌入融入，是要破解社会分化之家庭德育失衡困局、助力特殊家庭德育供给。社会工作是"秉持利他主义的价值观，以专业知识为基础，以科学方法为手段，帮助困境人群度过、化解生活难关，进而更好地适应社会、融入社会、服务社会"的职业工作。换言之，社会工作本质上是一种职业化的助人活动，其特征是为有需要的人（特别是困难群体）提供科学、有效的服务。它以受助人的需要为中心，以科学的助人技巧为手段①，从而其"助人活动"精准、切实、高效。

在新时代社会分化引致职业分化、收入分化，进而阶层分化、教育分化的情势下，"完善社会工作嵌入融入"对破解家庭德育失衡困局大有裨益，这是因为：处在"社会链"或"阶层金字塔"中低层的家庭，若能在德育供给方面借力于日趋完善的社会工作服务机制，就能在一定程度上缓解"德育资源不足、德育质量不高、德育重视不够"之窘境。社会工作亦能为特殊家庭德育供给提供助力：诉诸社会工作的多重办法、多元方式，以弥合特殊家庭因结构不完整或功能不完全造成的德育断裂之伤、温暖缺失之痛。因此，完善、优化社会工作援助服务机制（如嵌入与融入之深度、实践与普及之广度、推行与发展之力度、过程与结果之效度等）就尤显重要。

---

① 王思斌.社会工作概论[M].北京：高等教育出版社，2014：9.

由社会分化引致的家庭德育失衡，主要表现在以下几个方面：区域家庭德育失衡、城乡家庭德育失衡、不同收入群体间的家庭德育失衡。家庭德育失衡从根本上说是经济发展失衡的结果。与学校教育(德育)一样，家庭德育的发展亦需要与之匹配的经济条件。许多欠发达边远地区、贫困地区、民族地区、农村地区的家庭，或者发达地区的低收入家庭，常常因为经济水平较低导致家庭德育的"先天不足"与"后天不足"。这些家庭在很多时候甚至连家庭德育实施与发展所需的基本条件都无法满足。值得一提的是，经济水平、条件并非家庭德育失衡的唯一影响因素，事实上，确实有富裕家庭培养出"败儿"的个案。其他因素(有些是由经济条件欠缺而导致)如家长的德性修养、家长的育德能力、家长的德育时间、家庭外围的社会环境等，也通常是家庭德育失衡的原因。

完善社会工作的融入嵌入，就应当拓展社会工作的广度和深度。拓展广度，就是要让社会工作(尤其是专门用以家庭德育发展的社会工作)的覆盖面更广，要尽可能地覆盖对此有迫切需求的、家庭德育质量较低的地区或家庭。拓展深度，就是社会工作要深入家庭、深入社区，要与家庭德育的"第一现场"无缝衔接，要发挥实质性的助力作用，而非流于形式、流于理论研究、尽做表面文章。显然，社会工作之深度、广度的拓展，需要国家和社会展现出对它的高度重视，为它调配适当的人力、物力、财力，加强与之相关的学科建设及强化对它的理论研究。

由于社会工作秉持利他主义的价值观，不以"逐利""利己"为目的，因此它能在最大程度上减少对经济条件的依赖。同时，它对家庭德育的助力方式科学、专业、系统，从而能尽可能地弥补家长自身道德素养、育德能力、德育时间不足之弊端，也能尽可能地减少社会环境对家庭德育的负面影响(并充分发挥社会环境的积极作用)。值得一提的是，推动社会工作助力特殊家庭德育供给，要敦促社会工作者在工作实践中全面考量特殊家庭的"特殊性"，为特殊家庭制定"个适性"德育支持方案。

第三节　社区有效参与和多元协同

费孝通之"差序格局"是一个对中国传统乡土社会人际关系的生成与结构问题进行分析和诠释的理想范式：每个人都以自己为中心，以血缘关系为主线，以宗法群体为本位，由此形成远近亲疏的关系格局①。它如将石子投入水中，泛起涟漪，一圈一圈往外推远。家庭德育及其外围由近至远的"作用圈子"，诚有"差序格局"之意涵。家庭是中心，社区次之，及远又次之。显然，生活在同一区域的人或家庭，具有许多"主观上和客观上的共同特征"（如阶层、文化、收入等）。正因为存在这些共同特征，社区的家庭德育功能就至关重要——心理学研究表明，人们很容易受到与己情况相仿之人的影响，也更偏向于与之比较。由此，应当强化社区对家庭德育的有效参与和多元协同，充分阐扬社区"共同体"之价值。

一、优化社区资源配置

优化社区资源配置，重点是要保障家庭德育相关基础设施完备建设和公共产品充足配备。"社区"一词的定义很多，不同研究者对该词的阐释不尽相同。本书所指"社区"是由若干聚集在一定领域里的、生活上相互关联的社会群众或组织组成的集体。譬如，就农村来论，"社区"可以是一个村、一个组等；就城市而言，"社区"可以是街道办事处下辖的自治单位，或一个小区、一个企事业单位的家属院等。社区的"村民委员会""社区居委会""业主委员会"等，则是由社区居民自主选举产生的，自我管理、教育和服务的基层自治组织。

居民每天在社区中生活、参与社交活动，与社区中的人交往最密切。在这种密切的互动中，社区成员接受社区向其传递的意识形态，并在利用社区基础设施和公共产品时受到教育和启发。社区对父母的影响将被带到家庭德育之中。相比于父母在网上、文献、电视中接受的教育影响，社区的影响往往因其更真实、更贴近生活、更频繁再现而显现出对家庭德育更深刻、更持久、更直接的作用。譬如，父母可能因为邻家小孩表现优秀而效仿邻家父母的德育方式。既然社区影响对家庭德育的重要性不言而喻，从社区视域探讨有效应对措施就刻不容缓。

若将家庭比成社会"机体"的"细胞"，社区则如同社会"机体"的"组织"。社区组织作为家庭德育的次中心，把家庭"包裹"在内，为家庭供给最直接、最短距的"见与闻"。家庭与社区中的其他家庭、人、物、事发生的一切交往，都将体现于家庭德育之中。例如：父母与孩子同行于社区之中，路遇邻里，父母

---

① 费孝通.乡土中国生育制度[M].北京：北京大学出版社，1998：27-30.

"是否态度友善、是否敬老爱幼"将作为道德种子深植于孩子心田。因此，就整个社区而言，保障家庭德育相关基础设施完备建设和公共产品充足配备是举足轻重的。

　　与家庭德育相关的设施与公共产品无疑是多元、多样的，有条件的社区自然不难将相关设施配备得尽可能完备，但如何有效整合、充分利用设施，以使设施的家庭德育功能最大化，尚存疑难；无"实力"的社区则面临相关设施资源奇缺之"主要矛盾"。因此，总体上应从"设施""产品"的软件和硬件方面着力。软件方面，从德育者之德重视程度、德育内容与方式等着手。如：开展"家庭德育依靠社区"活动对年轻父母进行相关培训；在社区空间加强德育宣传力度，普及、彰显家庭德育文化。硬件方面，通过物质文化建设来提高德育质量。如：在社区中构建以德育为主题的"亲子乐园"；对良好的道德行为进行嘉奖激励。

　　保障家庭德育相关基础设施完备建设和公共产品充足配备，需要多方合力、统筹推进。如，就房地产开发商而言，在用地开发、楼盘筹建时，应充分重视德育设施配备和德育文化建设，并为这种"配备"和"建设"的后期存续留出空间、提供可能。政府有关部门应严格履行对开发商配备德育基础设施（公共产品）之工作的质检、督查职能，要像重视消防设施配备、消防通道设立一样，高度重视小区的德育基础设施建设。而业主亦应具有此种意识，在置业前要认真考察社区及其周边区域的德育设施配备情况，并将此作为置业与否的参考因素。相比于城市，农村地区家庭德育的基础设施建设与公共产品配备水平往往显得薄弱，因此更加需要强化。就村落社区而言，当地政府、村委会应牵头联合所有村民科学、有序地协力构建家庭德育所需基础设施，并引导村民妥善利用这些设施。

二、活用习近平共建共治共享理念

　　"共建共治共享"，是社区（邻里）协同参与家庭德育的理论逻辑创新与实践路径重构的依据。"共建共治共享"，是习近平的社会治理理念的重要内容。于此，它内蕴着社区（作为家庭德育"次中心"）生态环境由集体共同建设、共同治理、共同享有之要求。显然，社区参与家庭德育，并非社区直接充当德育者角色，对受德育者行言传身教，而是社区从其"本职"出发，营造"天朗气清"的外围环境，以规避社区负面作用、增强社区正面效能、优化社区硬件资源配置、提升社区文化软实力，进而推动家庭德育质量"内涵式"发展。这也即社区对家庭德育的积极、有效参与。打造"共建共治共享"的社区协同参与机制，旨在整合社区力量、凝聚社区共识、优化社区作为，让社区和家庭一道认知德育、重视德育、完善德育。"共建共治共享"，基础是"共"，强调合作、互通；"共建""共治""共享"是社区"协同参与"家庭德育的方法、目的，它们彼此之间具有因果、时序关联，又相对独立、"共时"存在①。

家庭德育"社区共建共治共享"，蕴含着家庭德育体系（社区的德育生态）由多元主体共同建设、德育过程由社区成员共同参与（在以家庭为中心、以家庭德育力量为主导的前提下，尊重社区、邻里德育力量的科学参与）、德育成果由各方共同享有等含义。"共建共治共享"以"共"为前提、为基础，"共"是力量凝聚，是多元协同、多方配合、多位互通。"共建"，"建"的最直接的对象当然是受德育者的思想素养与道德品质，但介于社区与"最直接对象"之间的诸多"德育影响""德育载体"，皆是"建"的对象，如社区的管理制度、德育生态、德育文化、德育相关基础设施与公共产品等。"共治"，显而易见，治的是乱象、是风气、是社区成员（包括受德育者）的不良的道德表现、是社区的负面德育影响或不如人意的德育基础设施。"共享"，"享"的是高风亮节的社区成员德行、健康优良的社区风尚、风清气正的社区人文环境、睦邻友好的相处氛围、与人为善的交往方式。

"共建共治共享"之所以成为新时代社区（邻里）协同参与家庭德育之新理论、新模式、新路径，是因为：

其一，"共同行为、集体立场"可以强化社区育德共识、健全邻里联动机制、凝聚共育强大合力。事实上，整合、利用社区的育德资源，共建、共治社区的育德能力，无论是于家庭还是于社区，都是大有裨益的。积极的德育因素若能被及时发觉并得到有效聚集、放大、运用，必然能产生良好的德育效果。此外，增加"社区育德"的力量，效果要明显好于家庭独自育德。

其二，它能有效规避社区中存在的掣肘家庭德育发展的负面因素。既然是"共建、共治"，就是要全面集合社区的力量来营造良好的社区德育生态，这是对社区全体成员之道德意识的强化、道德行为的"他律"。负面的、消极的影响

---

① 胡弼成，欧阳鹏.共建共治共享：大学治理法治化新格局——基于习近平的社会治理理念[J].中南大学学报（社会科学版），2019（6）：153-161.

因素，会在"集体力量"的驱逐下渐渐消弭。

其三，它能得到广泛的理解、认同和支持。"共建共治共享"是以全体社区成员的参与为指向的，因此它能尽可能地让社区成员看到它、认知它、理解它、支持它。这样，社区参与家庭德育的一些具体方案、具体措施（如建设德育基础设施），就能得到社区成员的广泛拥护（即使社区成员没有切身参与，他们也不太可能抵制；即使对他们的私人利益稍有损害，他们也可能理解并接受）。另外，对社区德育"共建共治共享"文化的"理解和认同"，能促成"社区成员有礼有节的言行举止"从他律式约束走向自律式遵守。

欲打造"共建共治共享"的社区协同参与机制，应当从以下方面着力：一是确立领导者（决策者）或主要负责人。领导者与主要负责人的甄选、厘定，应视各个社区的具体情况而定。通常情况下，由社区政府、村委会、业主委员会等牵头组织、实施。二是进行广泛的宣传、推广，调动全社区成员参与的积极性，让其充分认知、理解社区协同参与的意义（并非纯粹的公益行为，而是利己利人的善举）。三是重构社区协同参与家庭德育的文化、制度、目标、规划，分层、分类制定具体方案，并将它们一一落到实处。四是多措并举以提高协同参与的科学性、有序性和高效性。如，社区可以寻求相关专家、社会工作者等进行专业指导，或建立长期的顾问、咨询机制。

值得一提的是，笔者倡导"社区（邻里）协同参与家庭德育"，提出"共建共治共享"的协同参与方略，并非指社区要深入家庭"场域"、为受德育者的思想道德建构提供最直接的引导和帮助（这并不现实），而是指社区要准确把握其自身角色、功能，充分利用其对家庭德育发展的特殊有利条件，尽可能地助力家庭德育质量之提升。

三、空间重构与认同再造并济

空间重构与认同再造并济，是为把握城市化进程中家庭德育的"地利"与"人和"。空间重构是指空间结构、邻里分布结构、功能区域结构等发生演变，它是生产力发展的结果，亦是"城乡一体化"建设结果的表征。伴随空间重构纷至沓来的，是人口结构变化、生活方式变革、社区文化创新、互动交往方式转换等。空间重构，对家庭德育而言，孕育着新的契机，也埋藏着新的隐患。契机自不必冗论，隐患却需要检视（例如：时常有人感慨，当前人们的居住方式、交往方式，大不如从前那般亲近、温暖，"似有似无"又"可有可无"的"寒暄"，总是相形见绌于记忆中的"亲密无间"——"冷漠"仿佛成为空间重构后的新常态——这于家庭德育之弊害显而易见)。

空间重构与认同再造并济，充分把握城市化进程中新的"地利"与"人和"，是清除隐患的良效妙方。"认同"之内容，有社区身份认同、社区文化认同、社区规则认同、合作方式认同等；"再造"之路径，有加大社区文化创建宣传力度，共同制定规则并敦促自觉遵守，积极举办活动（如召开业主会议）促进沟通理解，深化邻里交往以增进相互感情等。"认同再造"能清治"空间重构"所带来的一些弊端，以在新的空间结构中再造人对他人的认同，对"新空间"生态环境的认同，对"和谐、友善、互助、包容的社区风气"之重要性的认同。总之，"认同再造"是为了在重构的"新空间"中，凝聚社区力量、提升"人情"温度、整合德育积极因素；是一种"深耕膏田、调适气候"的方式，以为家庭德育发展创生"惠风和畅"。

四、社区文化、环境、舆论建设

社区文化、环境、舆论建设，是受德育者"立德"及犯罪预防、矫治的契机。文以化人、文以载道、文以传情、文以植德，积极健康的社区文化环境，有助于未成年人犯罪预防与矫治，更有益于他们"明明德"。社区是未成年人生活、学习的主要场所，是对他们进行思想培育、行为引导的关键领域。社区物质文化包括建筑、服饰、饮食、交通、绿化设施、文娱体育设施、安全管理设施等物质成分；社区精神文化则包罗精神面貌、思维方式、价值观念、道德规范、伦理取向、心理状态、行为准则、理想人格、审美情趣等精神因素。

由于社区文化是日复一日地长期、重复作用于受德育者的思想道德发展过程的，其影响之深刻自不必赘言。社区的一草一木、一巷一弄，社区人的一举一动、一言一行，都可能成为受德育者身心发展轨迹转变的"拐点"。值得一提的是，社区舆论对家庭德育影响巨大：相比于德育者在网上、文献、电视中接受的观点，社区舆论往往因其更"真实"、更贴近生活、更频繁再现而显现出对家庭德育更直接、更深刻、更持久的作用。然而，众说纷纭、沸反盈天，却不一定能明辨是非，不一定紧贴客观事实，还完全有可能三人成虎、众口铄金。负面舆论所制造的"狭隘谎言或妄念"，随时都可能把德育者和受德育者带入一个被异化的道德空虚的失落世界。

由此，狠抓社区文化环境创建，健全社区舆情引导机制，是未成年人"育德"及犯罪预防(矫治)的新契机。其一，坚持党的领导与社区自治相结合，妥善推动各级党组织和各级政府切实参与到社区文化、社区环境建设中来。社区文化、环境建设不能纯靠自发、自治，必须有"德性"、有规划、有秩序，而这倚赖于优良的领导组织和具有科学性与针对性的治理决策。

其二，广泛发动社区群众，增加及拓宽社区群众切实参与社会文化与环境建设之路径。社区群众的广泛参与，能有效凝聚建设合力、提高建设效率，能让制订的方案更符合各个家庭德育发展的需要，能让建设的系列办法得到更多的拥护、建设的成果得到更妥善的利用。

其三，强化社会文化与环境的德性"增益"功能及其德育适切性。社区文化建设或环境建设，要以社区成员的德性养成为重要目标，社区中的一切物质文化与非物质文化的建设、传承活动，要能充分发挥德性"增益"功能。同时，因为社区中各个家庭的情况不尽相同，创建的社区文化与环境应具有充分的适切性，以让各个家庭可以"各取所需"。

其四，科学规范社区舆论风向，健全社区舆情引导机制。社区居委会或社区服务中心等组织，应致力于通过广泛的宣传引导、定期的教育培训、适当的"规训惩戒"措施，来清治社区舆论风气，帮助社区群众树立正确的价值观念，有效规避虚荣、攀比、恶性竞争等的舆论源流。社区应建立健全的舆情引导机制，在尽可能多地为群众提供真实信息的同时，督促群众"不信谣、不传谣"，将社区舆论导向社区的团结、和谐，导向社区成员的幸福生活。

第四节　家校德育分野与共生

家庭德育并非由家庭在闭关自守中完成的，它需要与学校德育携手同行、共谋发展。正如杜威所言，"不能有两套伦理原则，一套是为校内生活的，一套是为校外生活的。因为行为是一致的，所以行为的原则也是一致的"①。家庭德育与学校德育是受德育者思想品德发展的一体两面，缺一不可。由此，我们应在家校及个体层面，洞悉家校德育分野与共生之道，科学把握个体素质发展与培育机理的一体两面。质言之，健全家校联动机制，凝聚共育强大合力，是

---

① 杜威.学校与社会·明日之学校[M].赵祥麟，译.北京：人民教育出版社，2005：138.

新时代个体道德培育的现实需要。

一、明晰家校德育联动分工之关系及边界

明晰家校德育联动分工之关系及边界，以打造协作相通且互不从属的共育格局。构建家校联动机制，先应确立家庭德育与学校德育各自的内容、功能与职能。家庭德育与学校德育有着各自独立的目的、内容、方法、评价范式，它们是截然不同的助力个体道德发展的"场域"，侧重于不同的道德发展内容。例如，学校可以充分利用德育师资"专门化"、组织形式"集体化"、教育影响"系统化"等有利条件；家庭则应当恰当运用亲子关系的"易感性"与"针对性"、德育过程的"持续性"与"潜隐性"等特殊优势。再如，学校德育的主要任务是狠抓落实党和国家的教育方针，侧重于"道德、思想、政治、集体主义、爱国主义与民族主义、民主理念与法治思想"之内容，家庭德育则偏向于"理想、三观、意志、情操、性格、劳动、心理健康、待人接物、齐家睦亲、立身处世"之道。

明晰、厘清家校德育联动与分工关系及其边界，就是要杜绝、规避家校之间的德育功能僭越(如家庭德育成为学校德育之附庸)、德育职能替换(如由家长辅导功课、陪伴学习、批改作业)和德育归因错位(家长会成为对家长的通报批评会①)等乱象；就是要敦促彼此充分让渡原本属于对方的时间与空间。打造协作相通且互不从属的共育格局，是指家庭和学校在以受德育者道德提升、心智发展、人格养成为共同追求的基础上，在各司其职、互不干涉的前提下，充分明确其在"对方教育领域中"所应承担的责任，并采取方向一致、有无互通的行动，建立长效的协商对话机制、共生互信的合作伙伴关系，并行不悖地将家庭德育质量推向新的高度。

二、学校对家庭德育的支持

学校对家庭德育的支持，主要通过"重视家长(亲职)教育供给，及时反馈学生在校发展的相关信息，强化家庭德育相关理论研究"来实现。家庭德育不具备学校德育的诸多条件与特征(如职能的专门性、组织的严密性、作用的全面性、内容的系统性、手段的有效性、形式的稳定性)，其德育影响也不曾经过"高度凝练、提纲挈领"(即不具有严格意义上的目的性、针对性、实效性、科学

---

① 刘利民.学校教育与家庭教育的边界[J].中国教育学刊, 2017(7)：43-47.

性），同时，通常情况下，家长的"育德能力和化人水平"远不及经过专业培训且取得教师资格的学校教师。因此，秉着"以生为本"的理念，基于"联手共育"的目的，学校有必要、有义务为家庭德育发展提供尽可能多的理论指导与实践支持。此处，"学校"分为"基础教育学校（含中等职业学校）"与"高等学校"。

就基础教育学校而言，它应致力于及时关注、了解在校学生的家庭德育动向，为其家庭德育实施过程提供适切性帮助。如：为家庭德育供给内容资源或教学建议；针对家庭德育实施方法提供指导性意见；采取积极的措施取得家长的理解、信任和支持，敦促其积极主动地参与到联手共育过程中来；构建具体可行的协作途径和制度（如家长委员会、学校开放日、家长座谈会、教师家访等）；及时共享信息，充分保障德育影响的一致性、连贯性和可持续性。就高等学校而言，应多措并举强化家庭德育研究（以"提高研究水平、争创优质成果"为目的，拓展研究领域、壮大研究队伍、丰富研究方法、增强研究内容的时代性、注重国外研究成果引介）和家庭德育学科建设（尤其是构建家庭德育学科、课程体系）。

值得一提的是，在校学生常见的品行不端或心性"扭曲"下的不良行为表现（如校园欺凌、校园虚荣等），其根源和本质在于学生的道德偏差[1]，其"缘起"常与学生的成长环境、家庭德育脱不开关系，其行为后果则必将反作用于家庭。这也就意味着：无论是基础教育学校还是高等学校，都不仅要从学生本位出发，行教育、矫治、法办之责，而且应实时"跟踪"学生的行为表现、道德状况，并及时将相关信息反馈给家庭，配合家庭，共寻道德"恶行"之源，共治道德"恶行"之症。

三、发展学校德育的个适性

发展学校德育的个适性，应当在考量家庭德育现实的基础上设计学校德育之内容与方式。在学校德育中，人们多主张根据"受德育者的自身素质、性格志趣、学习能力、认知水平"等因素来采用有针对性的教育方法，进而发扬长处、弥补不足、培养兴趣、增强自信。这也即"因材施教"教育理念备受推崇之因。因材施教从"学生个体"的发展"表征"出发，"量身定制"教育行为——它

---

① 刘珂，杨启光.校园欺凌的道德教育影响因素与环境重构：关怀伦理的视角[J].教育科学研究，2018（3）：12-17.

在一定意义上是科学的，毕竟它紧贴"事实"。

但我们必须洞见："因材施教"在很大程度上只着眼、立足于事实表面，并将其作为行为依据；而这个"事实表面"在很多时候仅是"冰山一角"，而非"事实本体""事实真相"，甚至悖谬于客观本位，展现出截然相反的虚诞图景。这即"因材施教"的不足。对于"材"之本真的"误解"，使得教育行为发生偏离甚至反向。因此，"因材施教"在某种意义上有治标不治本之嫌：它仅对病状、病灶、病象开方，却不对病原、病因、病理下药。换言之，它在很多时候不能"鞭辟入里"、不能"对症下药"且"药到病除"。就德育而言，所谓因材施教，在很多时候并未适切于学生道德发展的真实状况，更遑论深入"片面表象"之下、之内的"真切本质"。

本书提出"发展学校德育的个适性，在考量具体个体家庭德育现实之基础上设计德育内容及方式"，并非要让学校德育成为家庭德育的附庸，而是要强化学校德育对家庭德育（以及家庭德育之下的受德育者道德发展现状）的"个适"与配合。这是因为：就同一学校来说，学生所处的校园环境、所接受的教育影响相差无几，但学生的家庭背景、成长生态却是千差万别的。外加家庭德育对受德育者道德发展之无出其右的深刻影响，在考量具体个体家庭德育现实之基础上设计德育内容及方式，就显得尤为必要。学校对家庭的"个适"，才是深入"致病机理"的真正意义上的"因材"。

四、家校共育学生学习的主动性和创造性

家校共育学生学习的主动性和创造性，重点是要提升学生对德育影响的检视、选择与接受能力。叶圣陶提出"教是为了不教"。这种"不教"之"教"不仅是作为"教"的结果，而且是内含在当下教的实践之中的，辩证地统一在当下之教的过程本身[1]。换言之，堪称优秀的教育人，在欲将自己的影响加于学生身心的同时，又显现出另一种倾向，即将自己的影响从学生生命世界抽离，以此来保持学生个体精神发展的真正的独立性，让学生成为其自我，让学生自主、自立，而非作为教师影响的延伸。由此推及以下两个方面的内容。

一是关于家庭。家庭要想方设法规避"控制"因素：德育者在德育过程中，"千万"不能随心所欲地将自身思想、喜好强加于受德育者身心，这样会让受德

---

[1] 刘铁芳，颜桂花.教师：活在师生关系之中[J].大学教育科学，2015(3)：76-81.

育者的自由之意志、独立之人格、创新之品性、果敢之精神逐渐泯灭，进而成为父母或祖辈的复制品，而非他自己。另外，这对社会也是有百害而无一利的。研究表明，在控制型(专制型)家庭德育环境中，青少年有着较高的道德推脱水平①。当然，"不控制"远远不够，家庭作为一个应然的"温暖港湾"，在培养受德育者的自主性、提高受德育者的创造力、让受德育者成为"具备完满人性"的人方面，拥有更多(有些是独一无二)的条件、机会和可能(第二章第二节第四部已具体阐述)。家庭应当发觉、利用好这些"天然优势"，尽可能高效地提高受德育者的自主发展能力。事实上，受德育者在家庭"场域"中养成的主动性和创造力，必然对其在校学习时的综合素养提升有所助益。

二是关于学校。我们在上文谈及，在一些家庭中，德育者的"育德能力和化人水平"有待提高、"思想道德修养与知识结构"不尽完善。如：有些德育者本就操守不够、德行有失，他们又何以"育德"。因此，在家校联动、共育过程中，学校有责任致力于"学生学习的主动性和创造性的培养与发展"——提升学生的家庭德育影响检视、选择与接受能力，才不至于任凭他们在"恶劣"的家庭"德育"浊浪中"依水如浮萍"。学校应深入全面地了解每个学生的成长环境、家庭德育背景，并为其制订具有针对性和个适性的培养方案。具体说来，一是要尽可能帮助学生"救赎"其在以往的家庭德育负面影响下所承受的"伤痛"；二是要尽可能增强学生的、在以后面临同样家庭德育"负能"时的"主动性、创造性应对之力"。因为每个学生的家庭德育背景是不同的，上述"伤痛"与"负能"是迥异的，所以与之对应的"救赎"与"应对"之策就可能大相径庭，进而也就需要个适性的"学校方案"。

---

① 刘国雄，陆婷.青少年的道德推脱及其与家庭教养方式的关系[J].中国特殊教育，2013(4)：40-42.

第五章　德育质量内求：

新时代家庭德育变革的微观着力点及实现方略

乞火莫若取燧，寄汲莫若凿井。新时代家庭德育除了朝外围的"生态环境"着力，还应当"刀刃向内找问题，直面痼疾抓变革"。刀刃向内，意味着要从德育者本身的"育德胜任力"上切入，意味着要从家庭德育的目标、内容、方法等方面突破(图5-1)。换言之，家庭德育质量内求，旨在从家庭本位寻找变革原因、变革对象、变革方向，这也即从德育者、德育影响等家庭德育要素上发"变革之力"。从德育者本位着力，就是要提高家长的德育胜任力(育德能力与化人水平)、保障家长德育参与的质量和自觉性、转变家长的德育观念。从德育影响角度着力，就是要强化德育目的之综合性、德育内容之适切性、德育方法之科学性。

新时代家庭德育质量内求

家长德育胜任力提升

以能力发展与使命自觉为基础的家庭德育内生驱动

深化家长参与和"三向互通"
强化亲职教育与父母成长
优化父亲角色德育影响
统摄家庭德育
创新"多位一体"家庭教育

家庭德育目标变革

建立指向多元、结构完整的家庭目标体系

协调个适性与社会性
融合民族性与世界性
讲求实效性与综合性
规避道德目标"阿伦特困境"

家庭德育内容变革

创新内容体系的知识立场、时代立场与生命立场

内容设计求承
时代特色彰显
人与中国人身份体认
内容衔接及阶段原则格守
系统观运用

家庭德育方法变革

在融贯、博考、多元、创生的求索中提升实效

把准德育方法的辩证统一
活用其他学科之育人方法
促成家庭德育者道德多元发展的可能性
撷取时代科技与舆情之利
让受德育者在爱与关心中"动情"

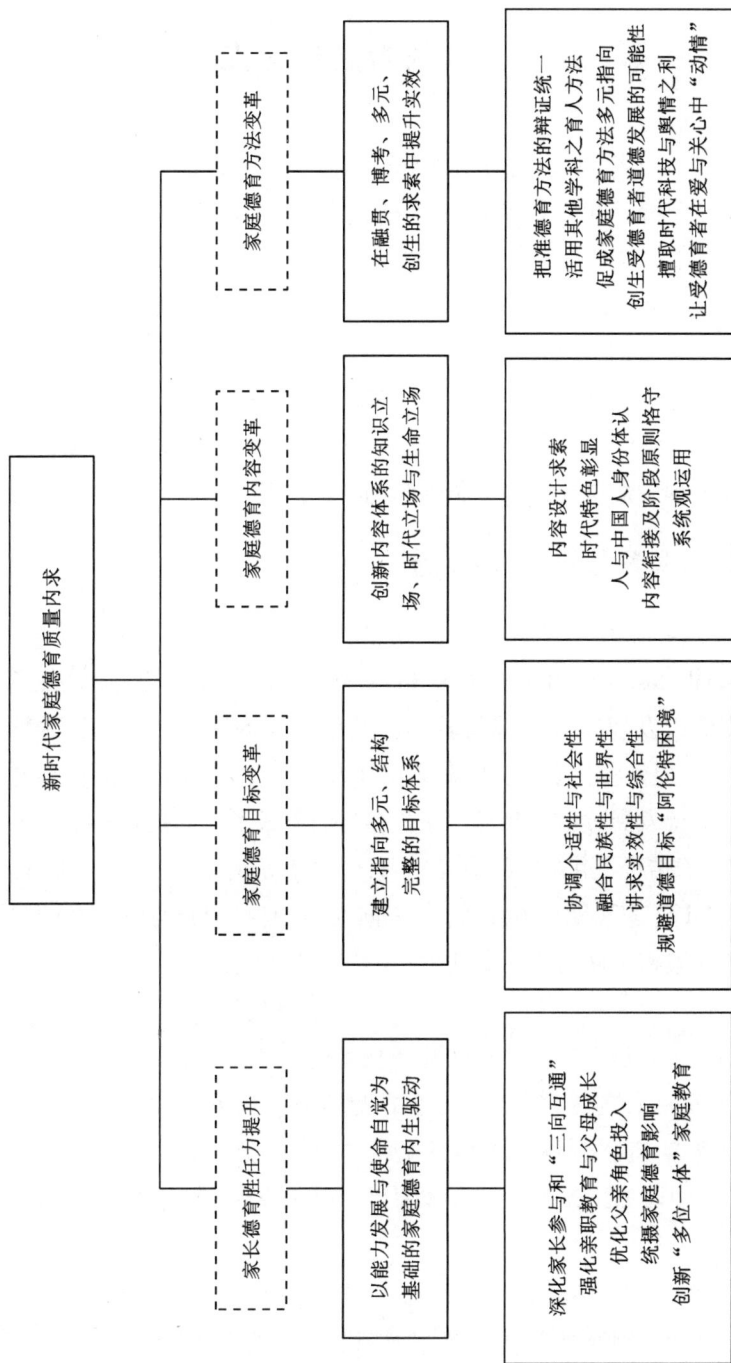

图5-1　**新时代家庭德育质量内求**

第一节　家长德育胜任力提升

家庭德育质量内求,提升德育者的胜任力是第一步。因此,新时代家庭德育变革,应致力于培养和提升家长的德育胜任力,形成以能力发展与使命自觉①为基础的家庭德育内生动力。德育胜任力是衡量家长是否堪当德育者的标准和尺度,它意蕴丰富、范畴广阔,可细分为若干具体评价指标。与儿童道德发展规律之要求相匹配的育德能力、水平的高低,是家庭德育能否顺利进行、质量能否有效提升的关键与前提;家长正视德育、重视德育、将育德视为家庭教育的第一要务、自觉践履为孩子道德发展"保驾护航"之使命与责任,是家庭德育质量内求过程中最重要的前提条件和"正确方向"。

一、深化家长参与和"三向互通"

深化家长参与和"三向互通"[西方学界称之为"代际闭合"(intergenerational closure),由社会学家 Coleman 提出,主要是指"父母在家庭内部与子女的交流以及在家庭外部与教师和其他家长的联系"②],主要表现在"增加参与时长,提升参与质量,凝聚交互合力"上。本书所论之家长参与,是指家长对孩子道德发展过程的参与。家长参与的方式不一而足:直接方式如言传身教(道德知识传授、道德实践引导)、家校联动等;间接方式如家庭文化构建、家庭规范设计、家长期望寄托等。"三向互通"是指家长与学校教师、与其他学生家长形成紧密关联的人际交往"立交桥",以凝聚合力、互通有无、共同育德。

新时代的科技发展(尤其是信息网络技术的突飞)为家长参与和"三向互通"创造了更好的条件与更多的契机,但问题尚存。就家长参与而言,许多家庭存在家长德育参与时长不够、实效性不足之问题。家长们(尤其父母)由于各式主动或被动原因(如工作原因、身体原因、观念原因、婚姻状况、重视程度

---

① 严从根.论教师日常生活启蒙的使命自觉与能力发展[J].教育研究,2019(7):150-159.

② COLEMAN, J S.. Social capital in the creation of human capital[J]. American Journal of Sociology, 1988(1):95-120.

等)而部分甚至全程缺失了孩子道德发展所必需的德育参与；亦基于各种主观或客观因由(如能力问题、方法问题、态度问题、形式主义)引致德育参与的针对性、实效性不足。深化家长参与，先得找准德育者家庭德育参与时长不够或实质性参与不足的真实原因。此后，再分析原因、构建策略、攻克难关。虽然问题与原因会是林林总总的，且可能与国家、社会等多方面因素密切关联，但作为主导者的家长应该尽可能转变传统观念，形成对家长参与之重要性的正确认知，并竭尽全力确保自身在家庭德育中的深度参与。

就"三向互通"而言，不同学生家长之间、家长与教师之间或是未能实现真正意义上的有效沟通、深度合作、信息交互、经验共享；或是在有限的交流、融通过程中，总是以智育为"主题"，从不以德育为中心。变革这种现状，就要从实质上深化家长参与和"三向互通"，以提升参与时长、参与质量、交互合力等为目的，剖析问题之根源，探寻优化之良策。学校应在"三向互通"中发挥主导性、引领性作用，积极为家校之间的沟通、家长与家长之间的沟通营造契机与构建可行性路径。家长们则应与时俱进、充分转变观念，强化主动与学校教师、与其他家长交流沟通的内生意愿。新时代的德育者们应洞悉：家庭德育不能"闭门造车"，而应当相互交流、学习、借鉴"育德"经验。

二、强化亲职教育与父母成长

强化亲职教育与父母成长，要以"敦促父母提升育德能力，转变德育观念，明晰德育权责"为指向。亲职教育是对父母实施的教育，它通过改变或创新父母的教育观念，使父母获得抚养、教育子女的知识和技能。本书所言之亲职教育，主要聚焦于"亲职德育"(家庭德育指导)，即：以敦促父母成长为目的、针对父母之"育德能力与化人水平"开展的教育。亲职教育是提高父母德育能力、确立及落实父母德育责任的必要手段。换言之，加强亲职教育有助于明确父母德育义务、保障受德育者身心健康成长、构建和谐亲子关系以及阻断"困境阶层"的代际传递。

亲职教育至少应当包含以下内容(或具备以下功能)：确立(认定)父母的德育角色与权责、提升父母的思想觉悟与道德品质、匡正父母对德育之内涵及重要性的认知、增强父母的育德能力和化人水平(如道德知识传授、道德实践指导)、创建和谐的亲子关系与优质的家庭文化、促进家庭德育与学校德育及社会"生态"的有效互通。当前，从家庭德育的现状、儿童道德发展的普遍情势、国家发展和社会治理的需求而言，强化亲职教育是必要的；从政策许可、条件保障、家长意愿来论，强化亲职教育是可行的。"国内亲职教育的发展还处于一个初级阶段，可以借鉴国外强制亲职教育制度。"①强化亲职教育需要从人本化、社会化、法治化、专业化、智能化等方面着力。

人本化指的是"以人为本、以德育中的人之人格发展为本、以受德育者身心全面健康发展之客观规律为本、以家庭德育的内在规律为本"，它是人性精神的彰显，人性关怀的体现。社会化是指提升父母在家庭德育中充分利用来自社会的积极德育因素、屏蔽和转化社会负面影响的能力。法治化旨在强化亲职教育的制度保障、法律参与，以提高亲职教育工作的规范性和有序性。专业化既是指提高亲职教育本身的专业化水平（如亲职教育师资、技术、组织方式的专业化程度），亦是指以父母的德育专业化素养为亲职教育的指向。智能化则是指在亲职教育过程中提升父母的德育技术操作能力（尤其是智能技术的驾驭能力），以让父母在家庭德育过程中乘新时代国家发展之便、用新时代高新技术发展之利，获事半功倍之效。

三、优化父亲角色投入

优化父亲角色投入，应当从社会、家庭、父亲向度，变革制度与观念，改善父亲角色供给。"男主外、女主内"是中国传统家庭的生活方式、分工模式。新中国成立尤其是改革开放以后，此类思想观念、行为模式发生巨大转变，但其"本体"并未彻底消弭，残余影响依旧存续。"男主外、女主内"理念容放于家庭德育之中，即："家庭德育"为母亲分内之事，父亲角色投入与否，无关孩子道德健康发展之"宏旨"。这显然大谬不然。事实上，父亲角色与母亲角色对青少年道德发展之重要性不分伯仲，区别是影响方式不同。而影响方式之差异，凸显了父亲角色之特殊意蕴无可替代（父亲角色之于男孩和女孩的德育功能亦不相同）。

论及"父亲角色投入力度不足、投入方式不对、投入实效不佳"之原因，除了观念不正引致的使命自觉缺失，还有国家制度所限、社会环境所逼、生活条件所迫、市场情势所趋等。由此，优化父亲角色供给，除了引领父亲本身观念创新与转换，还须通过改善"国家法律、法规、政策（尤其是家庭德育制度、资

---

① 姚建龙.应对校园欺凌，不宜只靠刑罚[N].人民日报，2016-06-14(05).

源配置制度、工资福利制度），社会文化、风范、习俗，市场或公司的规章制度、经营管理模式"，为父亲角色的充分有效投入开方便之门、创有利条件（如：为父亲的家庭德育参与让渡时间与空间）。

总之，优化父亲角色投入，其一，要从"父亲角色投入"的数量与质量因素切入：除了从上述的几个方面着手，还要求父亲们通过多种方式，学习"育德"经验，弥补自身思想道德修养与知识结构缺陷，改善德育方法与德育评价方式，切实提高自身"育德"能力，从而确保具有实效性的家庭德育参与。其二，要将与"父亲角色投入"因素相关的其他因素一并纳入考量范畴，如强化父亲角色与母亲角色的有效融合、互通（有研究表明，父亲教育参与对孩子消极适应问题的缓解具有独立于母亲教育参与的独特贡献；在母亲教育参与水平较高时，父亲教育参与对孩子社会适应的促进作用最大[①]）。再如：规避、清除其他因素对父亲角色投入的负面影响（在一些家庭中，母亲角色的过分强势，导致父亲只能无条件、无原则地对妻子"言听计从"，从而导致父亲的德育影响在孩子面前"毫无分量"），为父亲角色之作用的充分发挥创造条件。

四、统摄家庭德育影响

统摄家庭德育影响，也即妥善处理家长之间、家庭与社会的德育影响博弈问题。统摄家庭德育影响，是为了凝聚家庭德育合力，是为了让源头不同的德育力量可以相与为一、有的放矢地推动家庭德育"行稳致远"、进而有为。该问题进入本书视域，是因为当前我国家庭德育影响"不一致"的现象异常严重。调查显示：有53%的父亲和母亲表示他们在家庭教育中"不一致"。具体而言，有父亲和母亲不一致、父母和祖辈不一致、祖辈之间不一致等情况[②]。

本书所论"不一致"的德育影响，既源自家庭内部的不同家长，亦起于学校、社会等外部因素。德育影响不一致的原因：德育者的思想观念、人格特征、道德修养、知识水平、化人能力、专业素养之差可不啻天渊，外加性别、禀赋、代际隔阂等"天然因素"之作用；来自社会的德育影响（社会风尚、舆情、伦理、思潮、规则等，是一个个"社会人"的思想、言行、契约在公共场域的集中体现与表达）与家长、教师的"育德期望"可能大相径庭。德育影响不一致的内容：

---

① 李晓巍. 父亲教育参与对幼儿社会适应的影响[J]. 中国临床心理学杂志, 2016(5)：890-893, 899.

② 杨晓蓓. 调查：过半成都父母家庭教育方式不一致[N]. 成都晚报, 2014-03-18(05).

德育理念、思想、态度、目标、内容、方法。德育影响不一致的后果：影响力相互抵消，让孩子无所适从（甚至出现双重人格），削弱孩子的主动性、创造力及自律（自控）能力。

妥善处理家长之间、家庭与家庭之外的德育影响博弈问题，应当从"不一致"之因由与内容方面着力，增进沟通，调适矛盾，深化认知，屏蔽负能，提高家庭德育抵御社会负面影响的能力①，进而同心、同向、同力推动家庭德育发展与变革。事实上，家长之间德育影响之博弈，并非属于不可调和的矛盾关系。毕竟，家长都是以关心孩子为出发点、致力于让孩子的思想品德充分发展的。家长之间进行足够多的有效沟通、父母耐心为祖辈阐释新时代德育理念、强化家校联动、积极参与亲职教育、咨询并聆听专家指导等措施，有利于纾解家庭内部的德育影响博弈问题，凝聚家庭育德的合力。至于家庭外部的德育影响，如果是科学的、正面的、积极的（如示范性、榜样性的德育影响），家长们要将其进行有效的规整、加工和利用，引导孩子认真学习、吸收它。如果是负面的、消极的德育影响，家长们就要尽可能地规避它，将它隔离在家庭德育之外，抑或助力孩子分析、认知来自社会的负面德育影响，将其视为"反面教材"，从中汲取经验、获得成长。

五、创新"多位一体"家庭教育

创新"多位一体"家庭教育，是为更好地推动家庭德育、智育、体育、美育、劳动技术教育等互促相融。在家庭教育中坚持儿童的德智体美劳等全面发展，虽是旧话重提，却并非陈腔滥调。"全面发展"抑或"互促相融"，就其重要性而论，"三令五申"本属应然；就其意蕴与方法而言，"深入变革"是必然。现如今的"全面发展"，在一些家庭中，常是泛泛地停留在口号上、形式上，没有驱动力，没有方法论，更没有具体的目标——似乎其实施的条件和时机总不成熟。推动家庭德育的变革与发展，是对家庭德育重要性（甚至"最重要性"）的强调，并非对家庭中其他方面教育的忽视。

毋庸置疑，其他教育亦至关重要，无论就其本体功能而言，还是就其对德育之作用来论。家庭德育系统，并不是闭关自守的"自给自足"系统，除了我们在上文指出的"时刻都要与外部环境发生资源、能量互通"外，它还需要通过与

---

① 王贵明.高举邓小平理论旗帜 培育跨世纪合格人才[J].山西财经大学学报，1999(S1)：138-139.

其他家庭教育系统的紧密合作来实现良性运转。合作，不能是停留在口号上的空谈，不能是着力于浅层的"隔靴搔痒"，而应当是各家庭教育系统在目标、内容、方法、时间、空间上互补相融的、有计划的、有"清单"的深度交互。

　　家庭德育与家庭智育、体育、美育、劳动技术教育等互促相融的过程，应是它们有机融合、深度互通的过程。智育促成人的心智发展、学习能力的提高、思维能力的增强、认识世界和改造世界能力的提升，这些对于受德育者的道德发展大有裨益。身体健康是受德育者思想素养和道德品质发展的基础和保障。审美思维、审美情趣、审美能力的发展，是人发现心灵之美、创造人性光辉的前提条件。劳动技术教育就更不必赘言，劳动锻炼、劳动实践，是人思想品德建构的重要途径。应当多措并举推动家庭德育与其他方面教育的深度互通，如，在教育时间上合理分配、统筹安排，在教育内容上相互融通、相互补充，在教育方法上互相借鉴等。

第二节　家庭德育目标变革

　　目标是对活动预期的主观设想，它为实践指明方向，为具体行为"规定"欲往之境、欲达之标。它集主观愿望、方向设定、现实条件、实践活动等因素于一体，是决策的出发点、评价的依据，具有指向、激励、凝聚之功能。就教育活动而言，其目标通常具有网络性(目标相互关联、协调、支持)、挑战性、多样性、可考核性、可接受性、伴随信息反馈性等性质。变革新时代家庭德育目标，是要建立指向多元、结构完整的目标体系，促成"目标确立"从散乱的、随意的、虚妄的甚至全然缺位的贫乏状态，朝科学的、人本的兼具个适性、层次性、民族性、世界性、实效性的有序状态迸发。

一、协调个适性与社会性

　　协调目标个适性与社会性，是基于受德育者个性发展规律培养社会主义建设者。家庭德育目标制定既应遵循受德育者身心、个性、道德发展及家庭德育本身的客观规律，又要兼顾社会发展的现实状况、符合社会治理的实际需要。换言之，家庭德育之目标应体现个适性与社会性的统一。个适性家庭德育主张家庭德育的内容、方法、评价范式对于受德育者之禀赋、习性、特征及道德发展现状的适应，它根据受德育者的学习情况、道德发展状况实时调整技巧与方略。个适性德育是以个体生命发展为重点关怀、提供适切于个体成长之德育影响、给予个体独立生命最好尊重的教育①。个适性德育是尊重受德育者个性发展、注重对受德育者的个性培育的创造性德育。它旨在培育一个个"人"，而非一件件"产品"。德育作为创新生命的思想道德本质的教育，其根本目标是把人培养成具备完满人性的人，其最终目的是使人成为人。人，既是他自己正在成为的那个人（becoming），又是他理想向往的那种人（to be）。人性，既是个体生命与社会生命的统一，又是实然与应然的统一②。教育的本原是立人，它关注人性与人格，使其臻于完善，从而能够实现自我。德育更是如此，它致力于为受德育者的人格发展"保驾护航"。它既要使人是其所是，又要使人是其所应是。

家庭德育同时具有社会性。它既是"把人培养成人"，亦是为社会培养人。社会发展之指向、社会治理之需求，必然要在家庭德育中有所反映。家庭德育蕴含着社会目的、社会功能的重要内容，它培养出的人必须能适应社会在一定时期的文化环境与发展条件，否则就会面临生存困境。同时，家庭德育亦旨在让人的身心发展水平在一定程度上高于当前社会公民的普遍水平，如此才能引领社会发展。另外，家庭德育的育人思想、内容、方法、评价方式都源于社会，其整个动态过程都受社会影响，其实践环节亦在社会中或通过与社会的互动而完成。中国是社会主义国家，家庭德育作为对中国特色社会主义道路、理论、制度、文化之相关内容进行学习领会、贯彻落实的重要渠道，它是在"家庭场域"中培育和发展孩子的道德、思想、政治、理想、爱国精神、民族情怀、集体意识、民主理念、法治观念、心理素质的教育活动。在以"坚持党的领导、坚持以人民为中心、坚持立足中国国情"为基本原则、以"中国特色社会主义核心价值体系"与"习近平新时代中国特色社会主义思想"为指导思想的前提下，切实满足、符合、引领社会之发展与治理，是新时代家庭德育变革的必然要求。

事实上，基于受德育者身心与个性发展规律之要求培养社会主义建设者、充分实现家庭德育目标"个适性"与"社会性"的统一，从大体上来说并不难以

---

① 刘克利，欧阳鹏.教育的元价值是创新生命本质：生命哲学视域中教育的本真意蕴新探[J].大学教育科学，2019(3)：29-36，123.

② 张蔚，李斌."幸福教学学"论纲：胡弼成教育论著观点摭拾[J].湖南师范大学教育科学学报，2014(1)：73-78.

实现。这是因为，中国特色社会主义社会的建设方向、行进目标与人的身心、个性、道德发展之诉求以及人的独立、自由、解放之期望是高度统一的。问题在于：如何协调、如何融合、如何有的放矢，如何对"个适性"规律与"社会性"要求有一个充分的认知与领悟，而非误判与曲解。

欲实现家庭德育目标"个适性"与"社会性"的充分融合，就要杜绝"错把谣言当真理、误将乱象当真相、谬认恶行为壮举"的情况，就要充分防止有些德育者认不清社会发展与人类文明进步的应然轨迹，对一些恶劣的社会风尚、思潮、文化趋之若鹜，并将其带入家庭德育之中，认为那即为受德育者将来立足社会的"厚黑学""道德知识""世事学问""人情文章"。以上行为将把家庭德育带入一个荒诞、偏狭且昏暗的"密闭空间"，既严重压抑和扭曲了人性，又全然悖谬、偏离于社会期望。只有充分洞见家庭德育之"个适性"与"社会性"内涵，并有条不紊地将这一"内涵"的具体要求融合地、互促地、全面地体现于目标设立之中，才能充分显现出德育目标设立的科学性。

二、融合民族性与世界性

融合目标之民族性与世界性，是要承继中华传统，立足时代要求，融入国际元素。就国家整体而言，具有"民族性"意涵的新时代目标，是实现中华民族伟大复兴的中国梦；具有"世界性"意涵的新时代目标，是构建人类命运共同体。这是在充分认知中国历史文化传统、正确把握国家在当前阶段的发展情势，顺应和平、发展、合作、共赢的时代潮流，统筹国内国际两个大局、统筹发展安全两件大事的基础上，提出来的指向明确的集体目标、宏观目标。目标的双重内涵，意在为我国拓展广阔的发展空间、构建良好的前景布局，同时为维护世界和平、促进共同发展做出更大贡献。国家的大目标，需要依靠各行各业、各领域、各层级、各系统来共同努力实现。家庭德育系统作为社会的子系统，往大处言之，为国家宏观目标之实现尽一份力当是义务和本职；往小处言之，为了迎合受德育者思想道德发展之需、为了让受德育者能在社会中安身立命，它有责任、有必要将"民族性"与"世界性"因素充分融入目标构建之中。中华民族具有优良的文化传统与德育根基。新时代的家庭德育既要体现中国传统德育的历史来路、优秀传承与优良基因，又要立足于当代中国的社会实际与发展路向。

民族性，首先意味着家庭德育目标的设立不能脱离社会主义初级阶段的基本国情。德育目标"规定"培育之人(人的思想、政治、道德等品性)的预期状态,应充分符合社会主义初级阶段政治、经济、文化、社会、生态文明等的现状及其发展需要。其次,它体现在对中国传统文化(尤其是传统家庭德育思想)的创造性承继上。家庭德育目标,必须包括传承与弘扬中国文化、彰显中国精神、复兴中华文明之使命。中华民族优秀传统文化是中华民族独特的身份标志,也是中华民族生生不息、不断发展进步的精神源泉。它主要通过价值观及语言表述方式等影响普通民众的心理结构,并渗透于人们生产生活的方方面面,由此体现其对于经济社会发展的隐性功能①。家庭德育是继承、弘扬与发展传统文化的重要渠道。再次,它体现在对中国特色社会主义建设、社会主义德育发展经验的深刻总结上。家庭德育之目标,不是"无中生有",它建构在社会主义家庭德育发展之经验积累的基础上,创设于社会主义建设经验教训的深刻总结上。它有必要且有义务为社会主义建设助力,更有必要在德育目标的构建过程中扬弃德育发展前路中的糟粕部分,进而强化家庭德育质量及其对社会主义建设的贡献。

大道之行也,天下为公。家庭德育之"民族性"目标不是狭隘的民族主义,它与"体现世界格局,关怀人类命运"的"世界性"相辅相成、共谋发展。新时代的家庭德育目标设定应坚持不忘本来、吸收外来、面向未来,坚持民族性与世界性相统一,必将为人类文明的发展贡献中国力量。首先,体现了"世界性"的家庭德育目标,是充分学习、借鉴外来优秀文化的,是深刻把握了时代之主题、时代发展之逻辑的。体现世界性,意味着新时代的中国家庭德育培养出来的人的道德素养、道德能力,不仅要能适应、符合中国社会之现状及其发展需要,更要能走向世界、接轨"世界场域"之道德的道德环境、道德文化、道德需求;同时,也意味着对当今世界"和平与发展"之时代主题的充分把握。新时代所面临的国际形势十分复杂,国际上各类矛盾与力量纵横交错,霸权主义、单边主义、强权政治、贸易保护主义、恐怖主义、分裂势力、网络安全、生态危机等传统安全威胁与非传统安全威胁日益严重②,在家庭德育中强化"世界性"内容,以及在"世界性"中充分凸显"和平与发展"主题的重要意蕴,是人类在未来有效应对、解决以上威胁的良方。

---

① 徐艳玲,贺方彬.中国道路:世界性与民族性双重维度观照[J].理论探讨,2014(4):5-9.
② 丁工.中等强国与中国周边外交[J].世界经济与政治,2014(7):24-41,156-157.

在家庭德育目标设置中融合"民族性"与"世界性"，不仅要在目标中具体体现这两个方面的内容(两个方面的分目标)，更要实现这两个指向的有机统一。换言之，在同一个目标中，既要有民族性的意涵，又要有世界性的定位。如：通过具体的德育目标，让受德育者在家庭德育过程中既具备人类命运共同体建设的责任担当，又具备中华民族伟大复兴的中国梦实现的使命自觉。同时，要充分发挥世界性与民族性的相互助力作用，如通过对中国文化、中国传统德育思想的吸收理解，来建立对世界文化、人类文明的良好认知；通过与其他国家的先进文明或更高层级道德生态的接洽，来更好地培养受德育者的创造性继承本土文化(包括道德思想、内容)的能力。

三、讲求实效性与综合性

讲求目标实效性与综合性，重点是要规划具体前景，杜绝空洞口号，综合智育体育美育因素。家庭德育目标是整个家庭德育过程的预期与规划，它时刻成为家庭德育具体工作的规制、准绳，以及"指路明灯"。因此，它应该是定位切实、指向明确、内容全面的。

实效性是指实施的可行性与实施效果的确定性。家庭德育的目标制定，必须确保德育"操作"之可行。太高远或太落后的指向，皆不应成为家庭德育目标之内容。德育目标必须是可行的、可接受的，才能对目标接受者产生激励作用，如果目标超出了德育者与受德育者的能力范围，那么该目标对其是没有激励作用的。当然，目标的实施可行性并不与目标的挑战性背反。事实上，目标的挑战性及其实施可行性都是目标实效性的基础。德育目标若对受德育者没有多大意义的话，受德育者便没有动力去完成目标规定的德育要求。

另外，德育目标之实效性保障，意味着目标制定者(家长)必须对德育过程、对孩子的身心发展状况有一个全面的了解和准确的预判，他们应该明晰何种规划会产生实际效果、何种要求又全然不会成功。总之，提高目标的实效性，就要充分规避大且空的德育口号和不切实际的道德发展愿景，就要以德育实效为旨归来切实规划具体的德育前景，好让家庭德育的整个过程，以及过程中所有环节，都能有的放矢。值得一提的是，目标的实效性也意味着目标管理的动态性及伴随信息反馈性。这是因为，目标实效之保障，不仅要经过事先的科学预估，更要经过事中的实践检验。实践检验意味着信息的反馈，意味着德育者对目标的实施情况的信息掌握，并根据这些信息不断调整目标的内容。

德育目标的综合性，不仅指目标要充分体现"道德、思想、政治、理想、爱国精神、民族情怀、集体意识、民主理念、法治观念、心理素质"等方面的内容（要对以上德育内容统筹兼顾，不可偏废），也要充分包括智育、体育、美育等方面因素。尽管家庭德育与家庭智育、体育、美育等分属教育不同方面，但目标中体现智育、体育、美育因素，并非要在德育系统不加挑拣地混入其他各方面之内容，而是要充分实现与其他各方面的有效互通、相互促进，如：在时间、空间上相互协调、均衡分配；在德育中深度利用其他各方面的育人方法、理念及其育人成果。事实上，德育原本就需要其他各方面教育的支持，否则就独木难支。譬如，就爱国精神与民族情怀而论，如若没有语文、历史、地理等知识的传授，"空谈"爱国就成为"无源之水、无本之木"，如若不能依靠体育来强健人之体魄，"体弱多病者"当是无谓爱国、无从报国。

事实上，家庭德育目标之实效性与综合性，本就相互关联、相互统一。实效性的保障，以综合性为前提；综合性的实现，以实效性为指向。综合性侧重的是目标的内容，实效性则偏重于目标的效果。综合性体现在德育者、德育影响方面，实效性则落实在受德育者的思想品德发展的实际状况方面。由此，综合性与实效性的统一是家庭德育目标设置的应然结果：用实效性作为综合性是否"综得适当、合得有理"的衡量尺度，用综合性作为实效性是否"全面实现、符合规律"的评价依据。

四、规避道德目标"阿伦特困境"

规避道德目标"阿伦特困境"，也即敦促家庭德育育人指向从知识化到智慧化、从被动"局外人"到主动"当事人"转变。汉娜·阿伦特（Hannah Arendt）在《过去和未来之间》中曾经表述过现代社会一个普遍性的问题："现代世界的教育问题在于这个事实：教育本质上不能放弃权威或传统，但它又必须存在于一个既非权威所建构，又无传统可维系的世界里。"[1]将上述逻辑容放于德育体系之中，阿伦特揭示了当代道德教育的一大困境：从长远看，随着人类的发展，传统的德育逻辑似乎不再适切于当代社会现实，我们几乎是在不停地否定一切伦理标准。但是伦理生活与道德教育却一刻也离不开某种确定性的前提[2]，这

---

① 阿伦特.过去和未来之间[M].王寅丽，张立立，译.南京：译林出版社，2011：181.
② 檀传宝.当代伦理与教育的"阿伦特困境"及其出路[J].江苏高教，2016（4）：6-8.

成为一个困境，也即本书所谈论的"阿伦特困境"。质言之，当今世界的一切伦理道德之规范、准则都应当依据当代社会体系的运行机理而设定、存在，这与传统是有着千差万别的，但就德育的本质而言，它总是需要从历史中走来，经传统孕育而生——所有的"出新"必须建构于"推陈"之上，否则就仿如"无源之水、无本之木"。事实上，德育中所固有的某些历史性因素，使得人们的思维中总不可避免地存在着某种本土文化传承下特有的定式。这本身不利于人对现代化节奏的适应，也无益于人之创造性、变革性活动。一言以蔽之，"阿伦特困境"似乎是教育的"阿喀琉斯之踵"，亦是德育之天然"软肋"。

有效应对"阿伦特困境"，首先应对它有一个深刻的认知和理解。致力于想方设法规避德育之"阿伦特困境"（精确言之，是规避其负面效应，因为事实上无法规避其本体存在），让内隐于人们的"生活方式、生产关系"之中的"伦理思维方式、道德心理结构"能更具现代性、智慧性、自主性，是本研究的初衷之一。

在德育目标设计中规避"阿伦特困境"，第一步便是"从知识化走向智慧化"。我们知道，"知识化"是对人类认知世界和改造世界之"既有经验"的理解和掌握。然而，"既有经验"可能充满局限性甚至大谬不然，只是人们在过去未曾发觉罢了。任何真理都是相对性与绝对性的统一（如适用于低速宏观世界之运动规律的牛顿运动定律，在高速微观的量子场域便不再适用），今日之"真理"可能成为明日之"笑话"。

当前，就理论（知识）而言，有些人学富五车，"掌握"了许多高深的道德义理、伦理知识，但他们完全可能是无数次机械地重复前人的思想成果或他人的经验而已，自己却不善思考，亦不主动探究、创新。他们关注的是现成的答案、现成的道德公式（准则）、现成的对历史事件或人物的评判（归纳）结论。就实践（技能）来论，有些人可能熟谙"十八般武艺"，精通诸多谋生之道，会驾车、会用电脑、会操作许多设备，也能严格恪守社会公德、职业道德和行业规范，但他们可能是迫于生计而去做这些工作的，而实质上对这些工作不感兴趣、思想贫乏、感悟缺失，他们对于职场、行业和社会的道德标准也仅是被动地遵守（而非主动地认同、弘扬、融入），更遑论建构起崇高的信仰、理想与道德情操。质言之，他们全然如同工具。

"智慧化"的道德目标设计，显然更倾向于彰显人类主体性人格的创造力和超越于本能的系统性的思考。它是在熟练认知、理解道德知识的基础上，通过个体阅历、经验和感悟的积累，形成对社会事物的更深刻、更客观的见解。因此，它呼唤卓越的道德判断力与高超的道德创造力。家庭德育目标走向智慧化，就是要引导家庭德育过程从知识传授走向智慧创生，就是要让个体显现出内蕴着道德智慧的道德生命力。

在德育目标设计中规避"阿伦特困境"，第二步是要从被动"局外人"走向主动"当事人"。"阿伦特困境"最主要的表现是由教育引致的"过时"经验、传统思维框架，对人的"现代化"、创新力发展造成严重掣肘。很多时候，人们的"现代化"外衣下，包藏着的是传统文化中的"积弊沉疴"。此时，流弊的杜绝、糟粕的屏蔽、"现代性"的培育，需要主动"当事人"之角色供给。就家庭德育而言，从被动"局外人"走向主动"当事人"，涉及的主体既包括德育者（父母等），也包括受德育者（孩子）。

德育是一种传承，一种人类道德文明的延续，它不可避免地要建构在"传统"的基础之上。但这个"传承"的具体内容，需要家庭德育者煞费苦心去精心挑拣、用心改造、悉心传授，亦需要他们饶有目的地充分规避自身"知情意信行"结构中不再适切于"新时代"的部分。正如，约翰·奈斯比特认为："你不能用旧范式中的那套话语来理解一个新范式。"①质言之，如果父母在此过程中，仅是在"监护人职责"的驱动之下履行被动的德育义务，对施加于孩子身心的德育影响全然不加主动选择，甚至于在具体德育活动中墨守成规，同时对孩子所接受的来自家中其他长辈、社会、学校的因循守旧的德育思想与理念被动旁观、毫无作为，将孩子培养成"老气横秋"的"古代圣贤"，就完全陷入了"阿伦特困境"。就孩子而言，他也必须成为主动的当事人，拥有对家庭德育影响的强大认知、判断、选择吸收的能力（而非对全部德育影响"一股脑儿"地"照单全收"），才能避免成为父母世界的附庸或"过时思想"的代言人。因此，为了规避"阿伦特困境"，在设置家庭德育目标时，就要强化德育者与受德育者的"主动当事人"之角色投入，就要引领德育者与受德育者一道完成从"被动旁观者"到"主动当事人"的角色转变。

---

① JOHN DORIS NAISBITT. China's megatrends: The 8 pillars of a new society [M]. New York: Harper Collins Publishers, 2010: 41-66.

第三节　家庭德育内容变革

德育内容是用来培养受德育者的"道德、思想、政治、理想、爱国精神、民族情怀、集体意识、民主理念、法治观念、心理素质"等的理论与实践体系。具体的家庭德育内容由特定时期的、建构在一定生产力发展水平基础上的政治、经济、文化、社会及历史传统之要求决定，并且受到德育的目的(任务)、受德育者的年龄特点和道德发展水平、受德育者的身心发展规律及德育的客观规律等制约。同时，家庭德育内容由于受到不同时代、不同民族、不同文化传统等因素的影响而具有历史性、民族性、阶级性和继承性等特性。家庭德育内容变革，旨在通过优化家庭德育内容体系，也即创新内容体系的知识立场、时代立场与生命立场，使其更能适切于时代之需、生命之需；亦使家庭德育理论知识与实践经验，以更科学的手段、更高效的方法被受德育者学习和吸收。

一、内容设计求索

家庭德育内容变革，应致力于促成家庭德育内容"从知识领略到德行养成、从无根形式到深耕筑基、从实证主义范式到建构主义范式"转型。家庭德育内容体系构建绝非一蹴而就的简单流程，而是错综复杂的系统工程。它必须集统筹性、科学性、有序性、高效性于一体，充分体现执政党的意志、反映人民群众的心声、迎合时代发展的需求、符合社会主义建设的期望、遵循受德育者身心发展的规律与德育的客观规律。当前，在许多家庭中，其德育内容体系构筑往往表现出如下问题：内容全面性与正当性(客观性)缺失、舍本逐末或避重就轻、内容指向偏重于知识传授而非德行养成、内容效果流于形式而无法深层筑基。

就家庭德育而言，德育内容的规划、安排不如学校德育那般具有系统性、针对性(统一的教学大纲、教材、课程)，而且各个家庭的德育内容皆不相同。但家庭德育内容设置并非毫无章法可循、毫无原则当依、毫无目标需成。如何科学设计家庭德育之内容？除了保障内容之全面性、正确性、针对性之外，还应当强化内容的实质、优化内容的呈现方式、促成内容的功能从"知识领略"向"德行养成"转变。人的道德发展是一个复杂的过程，是一个将外在道德知识、道德标准内化到自身心理思维结构，进而反映到实际行动之中的"知情意信行"过程(其中最主要且重要的便是"致良知"并实现知行合一)。

当前，在许多家庭中，德育的内容，多表现为"道德、思想、政治、理想、爱国精神、民族情怀、集体意识、民主理念、法治观念，心理素质"的"知识""要求""道理""事件""榜样"等。德育者在意受德育者对这些"知识"的掌握(也许更深层一些，有的德育者要求受德育者理解这些"知识"背后的逻辑、正当性与必然性)，他们翻来覆去地"传授"这些"知识"，以让受德育者对这些内容耳熟能详。然而德育者忽略了道德养成与知识领略的巨大区别，忘却了道德发展是"知、情、意、信、行"的环环相扣的完整过程。他们以为道德认知即意味着道德成长，于是造成了知识与德行的错位，培养出一方面通晓道德义理、明辨善恶是非，另一方面却践踏道德底线、品行低下恶劣之人。"表现的幸福总会比真正的幸福更具有诱惑力"①，"知识领略"下的"表现幸福"似乎替代了"德行养成"中的"真正幸福"，卢梭说由自爱变成自私的关键就在这里②。

以德行养成为指向的德育内容设计，应该在德育内容被良好认知的基础上，"想方设法"让德育内容与受德育者的"情、意、信、行"接轨，进而让德育内容更深刻地内化到受德育者的道德结构中去，而非流于形式、止于表面。因此，注重"德行养成"的德育设计，就应当充分考量德育的实际过程、衔接德育的科学方法、遵循德育的客观规律、关注受德育者的发展实况。以德行养成为目的的家庭德育内容的确立与传授，亦应当有与受德育者的道德"认知、情感、意志、信念、行为"无缝对接的明确范畴、科学方式、严格标准，绝不可让以内容为载体的家庭德育过程重于相、轻于质、疏于行。如：设计爱国主义家庭德育之内容，不应止步于"爱国的内容""爱国的榜样""爱国的必要性"，而更应当教会受德育者"为什么要爱国""怎样爱国"，并通过具体的实践活动让受德育者明白新时代如何行"爱国之举"。

值得一提的是，德育内容之"德行养成"目标与"深耕筑基"指向其实是相辅相成的。要求德育内容更具切实性、科学性、针对性、深刻性(而非止于形式的泛泛而谈)，就是要让德育内容之影响可以"鞭辟入里"地在受德育者道德结

---

① 曹永国.同情教育：公民德行养成的根基——卢梭《爱弥儿》第四卷中的一个审思[J].现代大学教育，2015(2)：73-80，112-113.

② 卢梭.爱弥儿——论教育：上卷[M].李平沤，译.北京：人民教育出版社，2001：328.

构之"土壤"中深耕且筑牢根基。无根形式的道德说教、不具适切性的空泛"大道理"，很难引起受德育者的情感共鸣，更遑论引导受德育者之意志建构与行为自觉(这是"德行养成"的前提条件)。换言之，形式化的道德"知识"，即使在受德育者各种形式的"千锤万凿"之下，变成了受德育者心理与思维结构中最表层的道德"认知"，却由于无法筑基于受德育者深层次的生命世界，而不能成为受德育者一生的情感之依、意志之源、信仰之靠、言行之引。甚至于这一肤浅的"认知"也随着岁月流逝而弥散于受德育者的意识之海，杳无痕迹。

新时代家庭德育内容确立之标准与导向，还应当从实证主义范式向建构主义范式转变。实证主义范式是以经验主义、客观主义、自然主义为认识论基础构建的一套严密、成熟的理论体系和实践规范，其精神实质是科学主义，其行动纲领是推动教育"科学化"。现代家庭德育内容规划若以实证主义为导向，则势必把德育的"教导与学习"过程带入纯粹的"独尊科学"的狭隘密闭空间。实证主义本身是自然科学尤其是经典物理学登峰造极时应运而生的认识论流派，其创建目的就是为科学进步寻找最理想的认识工具和方法[1]。换言之，它是科学主义主导下的认识论。家庭德育内容之确立若以实证主义之认识论、方法论为首要标准，就必将陷入"去思想""去价值""去人文"之误区，从而把家庭德育内容设计范式带进"冰窖"，造成人性之温、之光的"失落"。

相比之下，以建构主义为标准的德育内容设计，更能适切于人之道德充分发展的需要。首先，建构主义核心主张为人是万物的尺度，一切以人为中心、为出发点。这相对于实证主义(主要以科学探求为"宿命")，有了更多的人性关怀与人文因素。而德育本就全是"关于人"的教育，它显然与建构主义之意涵更相契合。

其次，建构主义认为知识的意义是人赋予的，知识是人之个体与人之集体(社会)共同构建的，并在这种构建中不断发展。事实上，人类对万事万物的科学探求，以及作为这种探求结果的科学知识，若不能作为人之需要而被充分利用、赋予意义，它便失去了存在的价值。所以，无论世界的真相如何、客观的事实如何，即使它被人类认知，若对人类没有价值，或暂时没有价值，便不具备意义。因此，"科学追求"之发展应是以"人的发展"为目的的适当发展，不能因为永无止境地肆意追逐"真相"而把人类带入偏狭密闭的冰冷"巷弄"，甚至

---

① 李均.论实证主义范式及其对教育学的意义[J].教育研究，2018(7)：41-48.

于全然摒弃和忘却人之发展对人文、人性因素的必然需求。质言之,"格物致知"必须以人之发展为需要、为目的、为动力。否则,就将如"核武器"的研发、使用一样,虽也是科学研究的结果,却可能作为"恶果"给人类带来灭顶之灾。就家庭德育而言,其内容、知识、原理是否正确、正当,是否具有适切性和时代价值,都应该以"人之发展"作为评判标准。家庭德育,单论其"作为个人因素与社会因素统一"之属性,它完全是关于人的活动,它急切呼唤人文场域的构建。

再次,根据建构主义之理论,就学习过程而言,知识的学习过程是学习者主动的建构行为,亦是其经验结构的生长过程①;就教育过程而论,教学是师生之间的合作性建构,教师是学生知识建构的引导者,教学过程在对话中展开、在情境创设中进行。这与家庭德育内容设计之规范性要求是同符合契的。家庭德育内容构建,应有效调动受德育者的积极性、主动性,如此方可将德育知识有序、深入地内化到受德育者的道德结构之中;同时,德育内容之体系确立,应为德育者充当引导者的角色提供方便,并应当尽量规避让德育者成为德育知识的灌输者、受德育者意志的控制者。

二、时代特色彰显

彰显时代特色的重点是要兼顾网络空间与现实世界,融合本土语境与国际社会,调和人与自然。自不必说,彰显时代特色,是新时代家庭德育变革的重要内容。然而,如何在家庭德育内容构建中体现时代要求、直面深层问题、突破现实困境,还需要花时间去开展深入调查与研究。

中国文化源远流长、积厚流光,中国德育亦然。今天的中国是从历史深处走来的,新时代的家庭德育亦是脱胎于传统家庭德育之中的,因此,即使我们已经进入了新的时期、新的阶段,即使中国的政治、经济、社会、文化等在此刻展现出较以前更加繁荣昌盛的新态势、新情况,我们却决不可否认新时代国家或社会庞大系统的所有部分、任何要素、全部方面,都或多或少蕴藏着"传统"之意涵、携带着"旧时"之基因、沿袭着"夙昔"之祖制、延续着"往日"之血缘。未来国家发展的每一步,亦不可能"抗拒"传统因素强大的惯性、特性之传承,就连中华民族伟大复兴的中国梦亦是以"复兴"作为远景目标和规划导向的。

---

① 郭峰.试论高校教师德育观的建构[J].思想教育研究,2012(11):88-90.

就家庭德育而言，德育者从传统环境中长成、德育影响大多源自旧时的文化生态，且不论这些传统因素中的很大一部分已经"过时"，就连其是否为"谬论"（在过去也许是"真理"）也未可知。因此，在构建新时代家庭德育之内容时，就应该立足于新时代的新因素、新变化，以新时代的标准，去规避不合时宜的德育影响，去高效承继与发展优秀的中华传统文明。

新时代，是信息网络时代、大数据时代、人工智能时代。它是线上时代，亦是线下时代——许多人的线上生活时间甚至比线下生活时间更长。换言之，信息网络技术的广泛普及，为人们的网上交流、购物、履职、办事、教学带来极大方便，也即日趋改变或创新人们传统的生活、学习、工作方式。因此，新时代家庭德育内容设计就必须切实将"网络空间"因素考虑进去。如何在德育中有效利用网络信息技术？如何营造"天朗气清"的网络德育生态、构建有利于青少年德育发展的网络平台？如何规避网络空间带来的负面影响？

"网络深刻影响未成年人的社会化进程，网络对未成年人潜在犯罪意识具有共振与强化效应，网络为未成年人团伙化犯罪提供条件，网络技术的快速发展增加了未成年人监管的难度。"①例如，众所周知，网上存在许多不利于人身心健康发展的信息（有的甚至是性质恶劣的虚假信息、反动信息、暴力信息、色情信息等），它们搭上新时代网络技术高速发展的"快车"，以极快的传播速度、极多的传播渠道，直抵青少年道德"心田"。我们在上文已提及应如何寻求此问题的解决方案，如从国家制度设计、社会环境矫治等方面"清治网络德育生态、妥善发展德育技术"，但我们亦应当在德育内容设计过程中构建网络负面影响因素的"防火墙"——通过德育内容设计来形成对新时代网络空间之德育"掣肘因素"的有力回应，帮助受德育者认知、抗拒网络"负能"，抵御、肃清网络流毒，科学用网，文明上网，进而让网络技术发展与受德育者道德发展相向而行。

新时代不仅意味着现代化，还意味着全球化、国际化、一体化。受"中国崛起"的内生力量驱使，中国有着更多意愿、更多需求、更大必要去提高对外开放水平，往更高层次的全球化与国际化迈进。这不仅表现在人才、产品、文化的输入与输出，表现在各领域、各行业的国际交流与合作，表现在向世界"讲好中国故事，传播中国声音，展现中国形象"，还表现在全球治理中的"中国方案与中国担当"，表现在"积极履行国际义务、承担大国责任"的使命自觉。寻求全

---

① 罗海敏.论网络影响未成年人犯罪的新形势与对策[J].河南社会科学，2012(8)：24-25，107.

球化,推动世界和平与发展进程,构建人类命运共同体,是新时代世界发展的互利共赢之道。近年来,中国在世界舞台上充当日益重要的角色,在重要的国际事务处理中发挥的作用不可或缺。从世界贸易组织(WTO)、亚太经合组织(APEC)、巴黎协定、金砖国家峰会(BRICS)到由中国主导的"一带一路"(B&R)倡议、亚投行(AIIB)建设,中国秉持"开放透明、团结互助、深化合作、共谋发展"原则,坚持"开放、包容、合作、共赢"的国家精神,致力于与世界各国构建更紧密、更全面、更牢固的伙伴关系。

高层次的全球化、国际化,是新时代的新因素、新特征,显然,这些新因素、新变化需要与之对应、与之匹配的人的道德能力、道德发展水平。这也就呼唤相应的德育内容构建。事实上,如果未经过专门的道德理论学习、道德实践训练、道德能力培养,人几乎不可能不学自通、无师自通。因此,新时代的家庭德育在设计其内容体系时,必须对以上全球化、国际化因素之机遇有所准备、责任有所担当、发展有所引领、风险有所预防、困难有所办法,必须尽可能地助力青少年拓宽全球视野、构筑国际格局、强化世界担当,必须完善对青少年国际主义精神、人道主义精神、人类命运共同体意识的培育①(在优先培养其家国情怀、弘扬其民族精神的基础与前提之上)。

人与自然如何和谐共生的问题,生态环境危机日益严重的问题,亦是新时代的大问题。尽管全球生态问题并非今日才有、才被发觉,但危机之严重、形势之急迫,却是亘古未有。况且,的的确确出现了许多环境问题中的新问题。"绿水青山就是金山银山",生态文明建设是关系中华民族永续发展的千年大计,是新时代国家、社会发展的重要前提。当前中国面临的环境问题主要有:生态破坏(由不合理地开发利用自然资源引致,如水土流失、物种灭绝、土地荒漠化)、环境污染(如"废水、废渣、废气"污染、噪声污染、光污染等,导致如酸雨、臭氧层破坏、全球变暖等问题)、资源短缺等。

面对环境污染严重、资源制约趋紧、生态系统退化的严峻形势,家庭德育中亦当有"充足的内容"与此对应,以敦促新时代的青少年树立尊重自然、顺应自然、保护自然的生态文明理念,并在实际行动中坚持走可持续发展的道路。家庭德育,以"立德树人"为主要目标、内容,但无论是"立德"还是"树人",都不能只狭隘地停留在"为人为己""待人处事"上,它还旨在敦促受德育者顺从

---

① 吴俊.论人类命运共同体意识及其落地生根的社会培育[J].思想教育研究,2017(10):88-92.

自然规律、坚持人与自然和谐共生之道、积极参与到"绿水青山"的守护与建设中去。这实则亦是"与人为善"：对自然友善即对全人类友善、对未来之人友善。因此，家庭德育在构建其"调和人与自然"之内容时，要让受德育者洞悉"调和人与自然"是什么、为什么、如何做，要让受德育者深刻认知"与自然和谐共生"的重要性、必要性和急迫性，要将"尊重自然、保护自然"之要求内化为受德育者道德结构中的一种"德"（一种道德上的义务与责任，而非仅仅具有这种意识）。

三、人与中国人身份体认

体认"人与中国人身份"，也即在遵循人发展的客观规律的基础上培育受德育者的政治认同、文化自信、国家意识和公民人格。家庭德育内容体系的构建，必须以"体认受德育者之人的身份"为基本前提。受德育者是人，所以，家庭德育的内容设计必须符合人身心发展的基本要求、必须满足人道德发展的实际需要。同时，德育内容之结构设计、知识罗列的"从易至难""由浅入深"方式，必须根据受德育者的禀赋特征、年龄阶段来"安排"。另外，因为每个生命个体都是与众不同的（与众不同的特长与优点需要去发觉、去培养，与众不同的缺陷需要去克服、去弥补，与众不同的发展特性需要去迎合、去尊重），这些与众不同的特殊因素，需要"个适性"的德育内容，来与之巧妙地对接、匹配。

同时，中国家庭德育的德育者、受德育者作为中国人，他们有着区别于外国人的许多方面。这些方面对家庭德育内容之供给提出了标识着"中国特色"的要求。因此，除了体认受德育者之"人的身份"，新时代家庭德育之内容设计，亦当体认受德育者之"中国人身份"①。

其一，中国有着不同于其他国家的历史与文化传统。中华文明源远流长，并随着一代代中国人的繁衍生息而不断承续。新时代的德育者、受德育者皆是从历史中走来的，他们的"中国式"身心特质、文化根基，决定了他们对家庭德育内容有着"中国式"的要求。这仿如"南橘北枳"之原理：受德育者的"中国特质"决定了只有"中国式"的家庭德育"气候、环境、土壤、施肥方式"才更能满足其成长需要。

---

① 夏惠贤，李国栋．从立德树人看小学语文教科书德育内容的改进——基于苏教版与人教版的比较研究[J]．全球教育展望，2016（4）：94-105．

其二，中国人选择了卓尔不群的社会模式、发展模式（即中国特色社会主义道路、理论、制度、文化等）。中国特色社会主义是科学社会主义的基本原理与中国实际相结合的产物，具有鲜明的时代特征和中国特色。建设中国特色社会主义，需要培养中国特色社会主义"接班人"，进而需要构建与之对应、与之匹配的家庭德育内容（理论体系与实践方略）。

其三，中国人的历史使命与时代责任有着区别于外国人的特殊内容。进入新的时代，无论是"国家发展、社会治理"之要求，还是"个体身心全面健康发展、人充分解放"之需要，无论是"个人品德、家庭美德、职业道德、社会公德"发展之微观目标，还是中华民族伟大复兴的中国梦之宏伟理想，都是充分立足于新时期中国国情、体现新时代中国特色的。而如何担当"历史使命与时代责任"、如何实现"微观目标或宏伟理想"，都需要在德育内容的构建中寻找答案。

在家庭德育内容构建中体认"受德育者之人的身份"，是对德育的客观规律以及人的身心发展规律的遵循；体认"受德育者之中国人身份"，则是中国家庭德育的本质要求。在遵循客观规律的前提下，确立符合中国国情、符合国家发展之现实需要的家庭德育内容体系，是新时代家庭德育变革的基本指向。体认"受德育者之中国人身份"，应尤其重视对受德育者之以下几个方面素养的培育。

一是政治认同。政治认同是人民群众对政权的认同心理、支持行为以及由此产生的对政权所代表的国家的心理归属感。具体到新时代的中国，就是认同并坚持以中国共产党领导为最本质特征的中国特色社会主义（包括对社会主义核心价值体系和马克思主义意识形态的认同；对中国特色社会主义道路、理论、制度与文化的认同；对党和政府治国理政举措的认同）。通过家庭德育内容设计来培育和强化受德育者的政治认同，不是简单地在德育内容体系中罗列"要求认同的对象"，也非粗略地在德育内容框架中安排"要求认同的强制性命令"，而是要循循善诱地、由表及里地将"政治认同的内容及其正当性、合法性、必要性"真实、全面、清晰地展现出来，要从内容层面优化和巩固政治认同形成所必需的基础性德育理据、资源与方式，要寻求建立在认知、领悟基础之上的认同与热爱，要敦促德育者的政治认同从表层"了解"逐步走向深层"自觉"（即理性、成熟和稳定的认同①）。

二是文化自信。文化自信是一个民族、一个国家以及一个政党对自身文化

---

① 周金华，刘睿.从三个领域增强大学生政治认同[J].学校党建与思想教育，2019(24)：40-41，50.

价值的充分肯定和积极践行，以及对其文化生命力所持有的坚定信心。在家庭德育内容中彰显"文化自信"，是为了让新一代的中国人，对中国文化(传统文化与现代文化)形成良好的认知、深刻的认同及高度的自信。"根本固者，华实必茂；源流深者，光澜必章"，文化之于国家(民族)，就如根之于木、源之于水——固本浚源方可得木之长、流之远；坚定文化自信，夯实文化根基，推动文化繁荣，方能成就中华民族之伟大复兴。这正如习近平总书记所言"文化自信是更基础、更广泛、更深厚的自信，是更基本、更深沉、更持久的力量"。历史和现实皆已表明，中华民族具有强大的文化创造力和影响力，所以，对于文化自信，我们完全有足够的"依据"和"本钱"(关于有什么理由自信与为什么要自信)。德育者要把这些"依据"和"本钱"充分体现到家庭德育内容的确立过程之中。值得一提的是，德育者还有必要通过积极主动的德育作为，引导、敦促受德育者提升文化创造力、弘扬优秀传统文化、确立多元文化共同发展的新思维[1]、增强与不同形态之文明交流互鉴的能力。

三是国家意识。国家意识是公民对祖国认知、认同的系列心理活动，是人们在长期的生产、生活、学习、斗争中形成的对整个国家的国情、历史、文化的认识和理解，以及建构在这种"认识和理解"基础之上的认同感、自豪感、归属感和责任感。国家意识是国家向心力和凝聚力的基础，它有着循序渐进的历史形成过程，并不断融入时代特征，体现时代特质。当前，国家意识承载着促进国民明确社会责任、建立共同理想、超越局部狭隘、促进民族团结，激发爱国情感、形成奋斗力量等重要功能[2]。新时代家庭德育内容，要对受德育者的国家意识养成有所裨益：要促成受德育者对中国国情、历史、文化的良好认知，并在这种认知中形成强烈的爱国情怀与报国责任感。国家意识的养成，不是仅通过理论内容之"输入"就能达到目的，它还需要借以实践内容之"训练"，需要长期的熏陶、渐染，需要在受德育者的日常生活事宜中、为人处世过程中进行悉心教导。受德育者应当在全面、充分、正确的关于"国家意识"的家庭德育影响氛围中，逐渐深入地洞悉这个国家往日之辉煌与耻辱、来路之艰辛与不易、今日之强大与隐患，亦树立自己作为国家未来"接班人"的责任担当与使命自觉。

---

① 邹广文，乔瑞华.关于文化自信问题的几点思考[J].北京行政学院学报，2017(2)：86-91.

② 阎国华，何珍.国家意识的历史发展与时代培育研究[J].河海大学学报(哲学社会科学版)，2019(2)：13-21，105.

四是公民人格。公民人格的培育是家庭德育的重要指向，因而在家庭德育内容设计中凸显"公民人格"相关内容甚为必要。公民是国家法定权利（如选举权、被选举权、知情权以及其他的国家公共事务的参与权利）的享有者、法定义务的承担者；人格则是指个体在为人、为事的社会适应过程中所表现出的行为倾向和心理特征。它具体体现为习惯、性格、理想、禀赋、兴趣、需求、能力、"三观"以及身体状况等"个性特征"的统一，具有独特性、稳定性、连续性和社会性等基本性质。公民人格，则是人格之内涵在公民角度的具象化、具体化。它指的是公民在国家发展、社会治理过程中"参与公共事务、主张自身权利、监督国家权力、承担社会责任、履行法治责任"的"人格"表现。换言之，公民人格是公民在国家法律制度体系下对其自身身份、权利、义务的自觉认知及实践，是公民"主体身份确立、社会价值实现"的表征。新时代家庭德育内容设置当以培育受德育者"独立自主、平等自律、理性自治、积极参与"之公民人格为指向，当以确立受德育者之"权利意识与责任意识统一、规范精神与理性精神统一、主体精神与公共精神统一的人格价值意蕴"①为旨归。

四、内容衔接及阶段原则恪守

道德恪守"内容衔接原则"与"内容阶段原则"，是为回归生命成长立场，融通受德育者发展在各年龄段的特殊性。德育内容体系结构的各部分未能实现横向和纵向的妥当衔接，德育内容"供给"不能与受德育者道德发展的阶段性特征、需求有效匹配，是当前家庭德育内容构建中的重要问题。内容不能有效衔接之问题不仅表现为结构体系本身"断裂缺失、简单重复、层次倒置、断层脱节"②等，亦表现为各年龄阶段的德育内容不能紧密关联、环环相扣。

首先，家庭德育内容的系统性意识欠缺，碎片式、断裂式的德育内容供给模式为许多家庭习见之现象。家庭德育是在家庭场域中培育和发展受德育者的社会主义道德、思想、政治、理想、爱国精神、民族情怀、集体意识、民主理念、法治观念、心理素质，它的内容体系是庞大的、全面的、复杂的，它需要从不同方面、不同层次、不同角度去精准把握、注重"链接"、"面面俱到"、有的放矢。在一些家庭中，父母等德育者"供给"孩子的德育内容，从来就毫无"章法"：往

---

① 程德慧.现代公民人格探析[J].郑州大学学报(哲学社会科学版),2015(4):34-37.

② 郑敬斌.学校德育课程内容衔接问题与治理路径[J].思想理论教育,2015(1):59-63.

往是他们想到什么就教导什么，或者在他们发现孩子有一些道德缺陷甚至不良恶习时再去纠偏、再行引导。殊不知，如此德育形式，其效果往往是难如人意的。碎片化的德育内容，无法井然有序地形成整全的知识结构，更无法在道德知识内化的过程中产生融会贯通进而事半功倍的效果。另外，相比于道德陋习形成之后的"亡羊补牢"，道德养成更讲求"未雨绸缪"（耗费的德育时间少，收获的德育效果更佳）。

其次，德育内容简单重复的问题严重。简单重复并非循环往复，也非反复训练，亦不是同一问题的"由浅入深"，而是由于内容体系构建的序列化（以学生的思想品德形成和发展规律为依据，将德育课程内容按照科学的阶段顺序进行分解和排列，从而形成一个相互联系、前后相续的教育内容序列的过程）意识缺乏，导致某些方面的德育内容出现与"循序渐进原则"相悖的"纯粹重复"①。简单重复具体表现为：德育者对同一德育内容一再地"复制性"重复；家庭不同德育者对同一受德育者供给的德育内容的重复；不同年龄阶段出现的家庭德育内容重复（尽管受德育者的年龄渐长，但德育者在受德育者不同的年龄或学龄阶段所供给的德育内容却未出现难度和深度上的变化）。

诚然，受德育者道德结构的完满发展不是一朝一夕可以实现的，它是一个渐进反复的过程，有些内容的"编排"遵循"螺旋上升"的反复规律很有必要。但"螺旋式"循环往复的学习过程，抑或反复练习、循序渐进的认知过程，是一个讲求年龄特征、区分层次水平、体现知识建构规律的"教与学过程"，绝非冗长赘余、"毫无营养"的"啰唆式"简单重复过程。解决这一问题，需要家庭德育者从根本上意识到并重视这一问题，讲求科学的德育内容建构与"输出"方式，规避"无视受德育者对德育知识的掌握情况以及受德育者思想品德发展的客观规律而对同一德育内容进行简单重复输入"之现象。

再次，德育内容层次倒置的现象常见。家庭德育内容体系的层次性，要求德育者就不同年龄段受德育者的身心特点确立具有针对性的德育内容，从而切实保障德育内容复杂性程度的螺旋上升、深度和广度的逐步拓展。在许多家庭中，德育者不注重受德育者在特定阶段的对知识的接受能力，有意或无意地"输入"与受德育者所处年龄段不匹配的德育内容。譬如，有德育者在受德育者小学低年级阶段就向其传授"社会主义核心价值观"，试想，一个七八岁的孩

---

① 张耀灿.在新的历史起点上推进思想政治教育科学化[J].思想理论教育，2011（21）：4-9.

子，凭他的认知和理解能力，如何充分领悟其中的内涵？他也许可以将内容熟记于心，但却无法真正理解内容之意蕴，更遑论用以指导自身思想和言行。

再如，有德育者对处在中小学阶段的受德育者大量"传授"思想教育、政治教育(尤其是马克思主义理论)的内容，却甚少"传授"涉及法治教育、心理健康教育的知识，这就让受德育者成为对政治一知半解(由于年龄和知识限制，而欠缺对高难度知识的理解能力)、应有的法治素养欠缺、心理结构未能健康发展之人。德育内容的层次倒置，不仅会对家庭德育的实效性造成负面影响，而且会掣肘受德育者身心之全面健康发展。杜绝德育内容层次倒置之现象，需要德育者洞悉德育内容层次倒置之弊的严重性，明晰"在什么时候该干什么事"，并树立"不违农时，谷不可胜食""违背农时、饥肠辘辘"之德育意识。

最后，德育内容断层脱节之弊端明显。家庭德育内容断层脱节之弊端主要存在于以下方面：一是同一年龄阶段的德育内容不能有效衔接、相互融通。二是不同德育阶段的德育知识不能紧密衔接、层层相扣。

就第一个问题而论，我们知道，家庭德育的各个方面(道德、思想、政治、理想、爱国精神、民族情怀、集体意识、民主理念、法治观念、心理素质)本就相互联系、互为基础、互相提供理论和实践资源，充分融通各个方面的知识，不仅是受德育者知识结构(抑或思维结构、心理结构)构筑之身心发展规律的需要，而且是道德能力培养之客观规律的需要。当前，有些家庭所"供给"的各个方面的德育内容不能实现有效衔接、相与为一，进而使得受德育者在学习的过程中也未能触类旁通并收获事半功倍的进益效果。

就第二个问题而言，本来，家庭德育之持久性、连续性特点，是其对人的道德发展作用显著、影响深刻的原因之一，亦是相对于其他教育影响的优势所在。然而，这一优势在许多家庭中并未得到有效利用、充分彰显(放大)，相反，这些家庭仅在"德育者""德育场域""德育方法"上做到"连续""渐进""持久"，在德育内容"供给"的时间向度上却是"阶跃式"的、"如天马行空一般"。如此德育内容"编排"，无助于受德育者在后发的学习阶段巩固和发展前期的德育基础，更无益于受德育者从整体上建构道德知识与养成道德能力。"直面人的生命"[1]，回归生命立场，遵循知识建构的内在逻辑和客观规律，就要尤其重视家庭德育内容建构之"连续性"与"循序性"，全面规避德育内容断层脱节之弊端。

---

[1] 叶澜，郑金洲，卜玉华.教育理论与学校实践[M].北京：高等教育出版社，2000：136.

这不仅有赖于德育者对德育内容之年龄适切性、难易程度的妥善把握，还需要德育者切实强化该类意识，并充分结合受德育者的道德发展实际，采用科学的方法以保证德育各方面内容、各阶段内容"环环相扣"。

五、系统观运用

在确立家庭德育内容时充分运用系统观，是要以复杂性、非线性、系统性思维取代单一性、线性、机械性德育过程观或要素观。将系统观运用于德育内容之确立过程，要求父母等德育者在设计家庭德育内容时，将家庭德育内容当成一个独立的、整全的、庞大的、复杂的系统，这个系统有纵向的层次结构与横向的"部门"结构，这些结构中的具体内容紧密联系、相互依托。同时，它是一个开放的系统，它需要与外界进行资源与能量交换（如社会之风尚、舆情、伦理、思潮、规则等会对家庭德育系统运行产生影响）并时刻关注外界动向以调整自身发展方向。另外，这个系统是动态的，它除了要根据外界环境进行适切性的调整外，还要实时监测受德育者的道德发展状况，并根据受德育者（因年龄渐长而不断变化）的身心发展特点而不停变革。系统观的运用，要求德育者不能以孤立的、片面的、静止的眼光（态度、方法）看待德育内容之构建，而当以系统性、复杂性、非线性之思维方式为手段（同时也作为受德育者道德发展的目的）来设计德育内容。

以复杂性思维作为手段来构建家庭德育内容，抑或以复杂性思维培养作为目的来设计家庭德育知识体系，要以洞见家庭德育内容本身的复杂性、受德育者道德结构发展的复杂性、国家发展或社会治理之道德需求的复杂性为根本前提。在家庭德育突破旧时模式、走向新时代的创新发展过程中，客观存在着许多不容忽视的复杂性，具体表现在多元化存在、多样式构成、多层次互动、涌现性特征、非线性运行和非平衡发展等方面。对家庭德育的复杂性认识不足，容易引发"教育理念的多元化导致冲突性、教育目标的功利化导致矛盾性、教育内容的理性化导致工具性、教育手段的碎片化导致离散性、教育模式的简单化导致内耗性"[①]等现实问题。换言之，家庭德育原本是复杂的，但目前的家庭德育手段总是试图将复杂的家庭德育规律、德育现象简单化、简约化，从而在实践中回避、忽视、漠视甚至否定德育本真上的复杂性。

---

① 李东坡.思想政治教育复杂性及其创新发展[J].教学与研究，2018（2）：34-42.

世界是复杂的，道德发展问题是复杂的，人性更是复杂的(这就好比：一些"十恶不赦"的犯罪分子，也可能是重视孝道的好儿子)、多元的、变化的。而事实上，青少年在家庭中的思想品德培育，常被人们绝对化、简单化地理解和应对。家庭德育内容设计若不能全面正视和针对道德发展的复杂性、有效培育与锻炼受德育者的复杂性道德思维，就不能深入受德育者道德发展的核心与实质，就不能充分遵循与彰显家庭德育的客观规律，进而也就不能取得符合期望的家庭德育效果。

重视复杂性，就是要杜绝对德育的片面认识、要规避治标不治本的德育内容。提高德育内容的复杂性指向，其一，要通过德育内容的"供给"，提高受德育者对道德现象、道德问题的认知与理解，养成其敏锐的道德洞察力、优良的道德判断力、强大的道德分析力，要让受德育者拥有妥善把握"为人处世"之道德复杂性的能力，而非在道德绑架、"道德跟随"的漩涡中无法自拔，表现出"人云亦云"或"亦步亦趋"之状。其二，要重视德育内容本身的复杂性、德育内容"供给"过程的复杂性、德育内容与"儿童复杂性思维"的充分匹配。因为社会的道德现实与道德问题、人的道德发展过程本是复杂的，而道德理论、道德知识、道德或伦理学科本身亦有很多复杂的内容。现实中，很多德育者倾向于将复杂问题简单化，倾向于将"某时某地"的局部经验绝对化、扩大化，从而引致受德育者对道德理论的认知不到位，或者造成受德育者对局部正确理念的误用或滥用，进而导致谬误甚至危机。

同时，复杂性思维、复杂性德育内容构建与"供给"，与德育之非线性、系统性思维方式相辅相成。我们知道：德育规律是非线性规律，而人的理论认知、道德发展过程亦是非线性的"否定之否定的循环往复、螺旋上升"过程。家庭德育中不存在严格的线性发展规律，它具有因果之间的系统关联与非等当性。换言之，家庭德育规律是一种"混乱"与"秩序"并存的规律，它是兼具必然与偶然、确定与随机、有序与无序的系统。家庭德育规律不是一成不变、"岿然不动"、绝对必然的普适性规律，它需要将不同家庭的具体情况、受德育者道德发展的个体特征之偶然性，与德育内容供给客观需要之必然性充分整合，进而形成一个全面的、各部分内容密切依存的、伴随信息反馈的"动态系统"。这亦是科学理解、严格遵循、灵活运用家庭德育固有规律的必要条件。

一言以蔽之，家庭德育规律应从自然逻辑、历史趋势、普遍人性和道德理性四个维度去探寻和检视。我们当从把握初始条件、重视偶然性、重视关系网络、创造多样性、造就对话涨落等方面去顺应、掌握和运用这种教育规律①。正确地认知与遵循德育内容构建与供给之复杂性、非线性、系统性规律，意味着对单一性、线性、机械性德育过程观或要素观的充分规避。事实上，也正因为家庭德育之过程是"为了人"的、是"活"的、是因人而异、因时适变的，家庭德育之内容必然不能是单一的、线性的、冷漠的、机械的、工具式的。

将蕴含着复杂性、非线性、系统性的系统观运用于家庭德育内容的构建与供给过程，还必须认识到与之相关的一些局限性。家庭德育不同于学校德育，它没有经由德育专家们精心编排的教材、教学大纲、教辅资料，它的德育影响不如学校德育那般高度凝练、系统整合、难易得当。另外，有些德育者由于育德能力和化人水平的限制（由年龄、阅历、视野、文化水平、自身道德修养等导致），使上述"系统观"的运用并非易事。然而，我们必须看到，家庭有家庭的优势。如：德育者可以利用家庭德育的连续性、持久性，让受德育者对复杂的、非线性的德育知识有准确的理解和深刻的记忆；德育者可以利用家庭"场域"之天然的生活德育优势、德育实践优势、深度身教优势、"潜移默化"优势，让受德育者理性地、直观地、能动地将德育知识内化到其道德结构中去。同时，德育者亦可在这个过程中不断创新德育内容、调整德育内容的复杂性。家庭，在德育内容的"复杂性、非线性、系统性"与受德育者道德结构发展的"复杂性、非线性、系统性"之匹配与统一上，具有比学校德育更大的可能性。

第四节　家庭德育方法变革

家庭德育方法变革，是要在融贯、博考、多元、创生的方法求索中提升方法实效。科学的方法是家庭德育质量的保障。方法是否科学、高效，还需根据受德育者的道德发展状况来评价。最具"个适性"的德育方法，方可"量身"于具体个体的德育需求实际，方能获得事半功倍的德育效果。同时，新时代的家庭德育方法，应是多元的、有序互联的，而非单一、无序、孤立的。欲使家庭德育方法之效果最大化、最优化，德育者不仅要综合地灵活运用中国德育之"本位领域"的多种理论方法、实践方法，还要"旁求博考"地借鉴其他学科、异域

---

① 安世遨.教育的复杂性与非线性规律[J].现代教育管理,2015(7):41-46,81.

文明中的教学方法，同时也要根据家庭的现实条件、受德育者的个性特征来调整、创生德育方法。

一、把准德育方法的辩证统一

正确把握家庭德育方法之辩证统一，指的是要综合地、均衡地、辩证地运用多种德育方法而不偏废，妥善地处理好它们之间的关系。质言之，是要有效推进知与行、引导与约束、显性与隐性、理解与体验、思辨与对话、告诫与唤醒、良善价值与德育鞭策等多对关系的并蓄与融合。

知行合一的方法，在许多家庭中并未得到良好运用。事实上，很多德育者重视言传、疏于身教，敦促受德育者掌握道德理论知识，却忽视受德育者在为人处世、生活生产实践中的道德表现①。亦有些德育者，在给受德育者传授德育"规训"之同时做出恶劣的、卑鄙的行为举止，成为道德影响的"反面典型"，极大地削弱道德理论之正向影响力。还有些德育者只顾在实践中做给受德育者看，却不能将蕴藏于实践中的道德义理阐释给受德育者听，引导受德育者明晰其中的道德因由。在家庭德育中推进"知与行"的并蓄、融合，就是要充分利用家庭"场域"之天然优势，做到以下方面："知"的方法与"行"的方法并济；德育者"知"的引导与"行"的示范共存；对于受德育者"知"的要求与"行"的期望兼具。

引导的方法与约束的方法并行，同样是家庭德育方法的重要指向。"宽严并济"是中国传统家庭德育中备受推崇的方法。但"宽"绝不意味着溺爱，"严"绝不代表着"严厉体罚"。事实上，"宽严相济"的方法论，蕴藏着引导与约束相结合之意涵。重视引导，就是德育者在将其德育影响加于受德育者身心的同时，要显现出另一种倾向，即：将自己的影响从受德育者生命世界抽离，以此来保持受德育者个体精神发展的真正的独立性，让受德育者成为其自我，让受德育者自主、自立，而非作为德育者影响的延伸。这意味着：德育者只是受德育者道德发展过程中的引导者、领路人，而非"控制者"；德育者应当成就受德育者的"独立之精神与自由之思想"。然而，"独立""自由"不意味着"无拘无束"，家庭德育同样需要"规制"约束之方法，纪律限制之手段，来保障家庭德育过程、受德育者道德建构过程中的"规矩"与"方圆"。

---

① 毕明生.陶行知生活教育理论的德育理论探析[J].思想政治教育研究，2010(1)：43-45.

显性德育与隐性德育结合的方法，指的是家庭德育不能仅通过直接的、明确外显的、有组织和计划的德育方式，还要运用间接的、潜隐的、受德育者意识不到的方式促进其道德发展。理解与体验统一的方法主要具有以下优势：理解是比认知更深层次的"知识建构"，理解是认同的基础；但受德育者理解到的意义不会自动与个体的生活经验和生活境遇发生关联①，所以家庭德育必须把德育意义的引导与受德育者的具体生活体验连接起来，从而促成"知、情、意、信、行"的充分统一与转换。思辨与对话并蓄的方法，旨在通过对话启发受德育者的思辨能力、通过柏拉图式的"辩论、交流"来循序渐进地促进受德育者的道德认知和道德发展、通过发散式的"思想交汇"来为受德育者之道德全面发展提供助力。

告诫与唤醒并行的方法，意味着"规训""申饬"甚至适度"体罚"之类的"告诫"方法，应该以唤醒为目的，不能停留于告诫手段本身。"告诫"在德育中通常是警告受德育者勿做某事、劝诫受德育者如何规避错误及如何从错误中汲取经验。"告诫"只有以唤醒为终极关怀，以受德育者的理解、认同、成长为旨归，方能收获更好的德育效果。与此相关，"良善价值与德育鞭策"共存，指的是正面的、示范性的、榜样式的价值引导与反面的、失败的、作为教训的案例分析相结合。这种方法通过正面的价值引导与反面的"教训"鞭策，敦促受德育者或"见贤思齐"，或从反面典型中汲取经验。

二、活用其他学科之育人方法

活用其他学科之育人方法，是要有效借鉴和巧妙运用利益调节法、情感激励法、冲突引导法、登门槛技术法、自发对称破缺法、无意识教育法等方法，是要深入"沉浸"、领会其他学科方法之精义。事实上，无论是理论知识，还是实践经验，都是人类在认识世界与改造世界过程中逐渐积累的文明成果，它本是一体。各学科的"分门别类"，是因为人类"教"与"学"之精力的限制（人不可能掌握所有知识），亦是为了形成"系统知识"以满足教学的方便与需要。打破学科藩篱，增强各学科间的知识互联与方法互通，本就是新时代教育发展的客观要求。

在家庭德育中引入利益调节法，是因为：利益是人的原动力，是受德育者

---

① 倪娜，鲁宇滴.理解与体验：大学德育方法与道路的探索[J].东北师大学报(哲学社会科学版)，2012(6)：13-17.

之行为的出发点和"最终归宿"。因此，在家庭德育过程中，以利益为驱动力，来引导受德育者的道德"知、情、意、信、行"的构建。利益之内容包括短期利益、中期利益、长期利益。利益调节之具体方法不一而足，它需要根据受德育者之年龄、个性来确定。如对小龄受德育者行简单的"物质嘉奖"，对大龄受德育者行深入的"利益分析"（让其明白"德行缺位"之长远"利益损失"）。与此相仿，情感激励法旨在通过情感激励、心理引导，激发受德育者之自主道德学习与道德发展的积极性。它包含"赞美的语言鼓励、友好的情境激励、合理的期望诱发、饱满的激情感染"等内容，在运用时应遵循真诚关爱、平等尊重、知情信任、满足需求等原则①。

冲突引导法是建立在人之身心发展、道德建构的内在冲突之中的。我们知道，冲突存在于一切事物中，存在于一切事物发展过程的始终，冲突无时不有、无处不在。受德育者的道德发展过程，就是冲突不断生成、不断解决之过程。冲突引导法，就是在受德育者学习新的德育知识及面对由此带来的冲突（困难、挑战）时，在处理其内在的"旧"的道德结构与新的道德知识的冲突时，能适切地为其提供助力，并引导其正确地、高效地应对冲突。登门槛技术法亦是一种引导的方法，旨在用循序渐进的方法，敦促受德育者"积跬步，至千里"。运用登门槛技术法，即在为受德育者的道德发展制定具有挑战性的大目标之前，先制定容易实现的小目标；或者，欲在德育中培养受德育者的思辨能力或实践技能时，先逐渐培养受德育者的与之相关的兴趣。

自发对称破缺法，指的是物体或物理系统由于某些条件的改变（能量变低），而自发失去其原有的对称性质，进入一个非对称的状态。如，永磁铁会随着温度的逐渐升高而降低磁性，并在"居里温度"时彻底失掉磁性，此时磁铁的物理体系具有显著的对称性。接着，当温度降低时，磁铁恢复磁性，并随机生成磁场方向，对称性自发破缺。在家庭德育中运用自发对称破缺之方法，就是要利用"对称破缺"原理，为受德育者之道德结构发展的"对称"或"非对称"要求创造条件。值得一提的是，"自发"是受德育者本身的行为，尽管"自发行为"所需"临界点"与"条件"是由德育者主导创建的，但无论是"自发行为"之内容本身，还是前述"临界点"或"条件"，都由受德育者自身个性、禀赋、既有发展

---

① 黄艺羡.情感激励法在"思想道德修养与法律基础"课中的运用[J].思想理论教育导刊,2011(2)：88-91.

状况等决定。

无意识教育法，是在受德育者意识不到的状态下进行家庭德育。这种潜隐性的教育方法常常存在于家庭生活、学习、娱乐、社交等过程中。无意识教育有时是在亲子皆未意识到的"共事"过程中完成的，有时是在德育者精心组织（引导）、受德育者却不知情（经意）的过程中实现的；有时是长期熏陶、濡染、潜移默化的"慢动作"，有时是瞬间的、不经意间的"小细节"。

三、促成家庭德育方法多元指向

促成家庭德育方法多元指向，旨在实现叙事法、形象法、经验法、自主养成法、自律培养法、和谐德育法、"道德主体自治"法、复杂性道德推理法、主体间性德育法、实践理性德育法（建构在对生活德育、知性德育的批判继承基础之上）的融贯与互通。家庭德育方法不一而足，不同的德育者所擅长的方法不尽相同，不同的受德育者所适用的方法亦有所不同。促成家庭德育方法之多元指向，就是要在德育实施过程中，综合地、多元地、科学地运用不同德育方法，尽最大可能发挥出每一种德育方法的最大功效。同时，多元指向意味着不同受德育者之道德发展状况的适用方法指向、受德育者在不同年龄阶段的适用方法指向、不同家庭不同德育情境下的适用方法指向、不同德育方法的最适"联动"（搭配）指向。

在家庭德育中，叙事德育法是指德育者通过讲述具有德育意义的故事、事迹、生活事件，来影响和推动受德育者的道德发展。叙事德育不仅敦促受德育者自主构建完善的、符合预期的思想道德结构，还致力于让德育者在德育叙事的过程中创生美德、收获幸福。叙事德育法依靠生动的情景再现、真实的事件还原来充分规避家庭德育"实效低下"之问题。与此相关，形象德育法通过运用和依托生动的具体形象来开展家庭德育活动。形象德育法具有直观性、生动性、体验性和引导性等优点。形象通过模仿、渗透、认知等途径承载意义而成为德育载体。形象德育的本质在于以形象启迪道德建构，进而实现形象与思想的统一、形式与内容的统一、主观与客观的统一、共性与个性的统一、感性与理性的统一[①]。

经验德育法源于杜威的经验哲学，它旨在通过个体在"为人处世"过程中的

---

① 骆郁廷，孙婷婷.形象德育：一种新的德育形态[J].教育研究，2017(6)：20-26.

经验锻炼、改造、积累，来促进个体的道德发展，以及推动个体道德增进与社会整体道德水平提高之良性循环。经验德育法重视个体生活经验，它将经验中的学习看作道德学习的首要和基础形式①。换言之，运用经验德育法，就是要让受德育者在经验改造中形成对道德原理（知识）及其正当性、必要性的深刻体认。

自主养成、自律培养，指的是受德育者自主学习能力与道德自律能力的培养。"教，是为了不教"，自主养成法要求德育者在德育过程中，不仅以受德育者的道德发展为指向，还以受德育者思想品德之自主建构能力提高为指向。"自律培养"与之紧密关联。事实上，道德的本质在于自律，道德自律是个体道德充分发展的必要条件。"自律培养"以培养受德育者的道德自控、自觉为旨归。运用"自律培养法"，致力于帮助受德育者确立内在的道德动机和自觉的行为意向，与此同时还要重点开展以理性为核心的道德能力教育②。"道德主体自治"法与这两者有共通之处，与上述"经验德育法"亦相契合。但"自治"区别于"自主"和"自律"，它不同于前期主动的、正向的"积极建构"或自我的约束、管控，而更多地倾向于后期的道德行为自我调适、纠正。道德主体的自治或自治的"道德人"，既是道德的本质内涵，也是现代德育理论的基本"共识"③。

和谐德育法主要注重以下因素：一是顺道，顺从自然规律，遵循人之道德发展的客观规律与德育过程本身的内在规律。二是以人的全面发展为出发点和落脚点，有效调适德育过程中各要素的和谐关系，从而凝聚德育合力，推动受德育者思想品德及综合素质的提升。三是致力于和谐社会的建设。和谐德育研究以马克思主义哲学关于事物普遍联系和发展的原理为理论基础，承继中国传统文化"天人合一""整体和谐""和而不同"之理念，借鉴西方文化中"美德乃是一种和谐""公正即和谐"的文化思想④。

复杂性道德推理法，也即通过对复杂性道德问题的推敲理解，促成受德育者的复杂性道德思维结构的发展。主体间性是主体与主体之间的平等交流、对

① 刘长海.经验德育：一种基于杜威哲学的德育思路[J].教育研究，2019(6)：51-59.
② 徐萍萍，勇素华.论转型社会的自律德育[J].广西社会科学，2016(8)：53-57.
③ 王小飞.重构道德主体的自治：德育范式变革的中介[J].教育研究，2009(6)：96-101.
④ 詹万生，宁武杰.和谐德育研究的理论基础[J].教育研究，2007(7)：61-65.

话理解以及共生共享①。家庭"主体间性德育法"通过构建德育者与受德育者之间"地位平等、和谐共处、相互尊重"的交互机制，以提升德育实效，实现"教学相长"，规避"主体—客体"之有碍于受德育者人格发展的占有性、工具性德育模式。

实践理性德育法建构在对生活德育、知性德育的批判继承发展基础上，源于康德"人道德行为的善恶不在于他的教育程度，不在于他对知识的见解，而关键在于理性本身，在于人的实践理性"②。继承了生活德育与知性德育的有用成分，实践理性以"实践"和"理性"为核心：实践，是人的意志对象起作用的行动③，是人能动性的表达，是人的直接参与、经验积累，因而不同于知性德育的抽象化、公式化、学术化；理性，则是独立于个人欲望及其他非理性因素之外的意志行为，有别于生活德育纯粹地把生活世界视为德育的理想，从而将德育泛化、随意化。

四、创生受德育者道德发展的可能性

创生受德育者道德发展的可能性，也即充分重视受德育者发展的偶然性、不规律性与非连续性，妥善处理"渐修"与顿悟、酝酿与突破、挫折危机与转机契机之间的对立统一关系。创生受德育者道德发展的可能性，就是要尽最大可能为受德育者的道德发展创造条件和空间。毋庸置疑，这个"可能性"的"发掘"与开拓，必定需要重视、研究、遵循受德育者道德发展之客观规律。但仅如此还远远不够，因为通常状况下的"按部就班"培养方式，往往不能获得优质的道德发展效果。换言之，像其他诸多事物一般，"发展的可能性"，因其是善的、是机遇、是美好事物、是"可遇不可求"的，所以它的到来往往出人意料。它"创"于偶然性、不规律性、非连续性，"生"于长期"渐修"后的顿悟、良久酝酿后的瞬间突破，甚至是蕴藏于挫折、危机之中的转机、契机。正如程颢等所言："人要明理，若止一物上明之，亦未济事，须是集众理，然后脱然自有悟处。"④

---

① 吴文君，张彦通.主体间性视域下导师与研究生交往的德育效应探析[J].学位与研究生教育，2017(1)：19-22.

② 康德.论教育学[M].赵鹏，译.上海：上海人民出版社，2005：15.

③ 赵志毅.德育的"意志"转向——兼论走向"实践理性"的学校德育[J].教育研究，2012(2)：53-59.

④ 程颢，程颐.二程遗书[M].上海：上海古籍出版社，2000：300.

儿童的道德发展，并非可以简单预期的、一目了然的过程，它充满着偶然性、不确定性、不规律性与非连续性。道德发展的偶然性是指受德育者之思想品德不一定总是按照稳定的、必然的轨迹发展。与"必然性"不同，它不是思想品德发展过程中"不可避免""一定如此"的趋势，亦不产生于受德育者之内部根据或本质原因。事实上，在受德育者道德发展的过程中，总会有一些外在的、非本质的、次要的因素，它们复杂地、交错地发生联系、作用，从而使受德育者总体上确定平稳的发展过程在具体环节中出现非确定、"突发性"的特点。"偶然性"之出现具有概率，并可能有不同的表现形式。如，它可能是突发的困难，也可能是意外的惊喜。重视偶然性，就是要充分利用"已经出现的偶然性"，并想方设法创生有益于道德发展的偶然性。质言之，如果这个偶然性是"突发困难"，那就要让受德育者在克服困难、解决矛盾的过程中获得道德进益；如果这个偶然性是"意外惊喜"，那就要把握机遇、因势利导、扩大优势，在最大程度上让其为受德育者的道德发展助力。

道德发展的不规律性与非连续性与此相仿。受德育者的道德发展并非恒为有规律的连续发展过程，其中有诸多不规律的、阶跃性的因素。如，受德育者可能在长年累月的家庭德育训练中还无法形成某项道德素养、品质，但却可能在某人、某事、某种情景的触发下（也可能是在毫无缘由、毫无征兆的状态下）完成一个阶跃性的蜕变。德育者当有效把握、利用这些"不规律、不连续"的因素，并为它们"猝不及防"的出现方式创造条件。

"渐修"与顿悟、酝酿与突破之对立统一关系的妥善处理，亦是创生受德育者道德发展的可能性的良方。道德发展可能是漫长的过程，有些因素的"长成"需要日复一日的"渐修"，但有些素养的具备仅需一瞬间的顿悟。"渐修"而成的因素与"顿悟"而生的因素可能为同一因素（如此，则"渐修"是"顿悟"之基础，类似量变与质变之理），也可能并非同一因素（但"顿悟"所需条件亦可能由"渐修"创造）。酝酿与突破的统一，一般发生在受德育者对道德理论（尤其是道德哲理、难题）的学习、认知和领悟过程。德育者应对受德育者的"渐修"与"酝酿"保持耐心，为受德育者的"顿悟"与"突破"创造条件，切不可采用企图一蹴而就的"速成"办法。同理，明晰挫折、危机与转机、契机的对立统一关系，指的是在家庭德育遭遇挫折与危机时、在受德育者的道德发展面临挫折与危机时，要善于从挫折、危机中寻找转折、契机，要善于将挫折、危机转化成转机、契机。

五、擅取时代科技与舆情之利

擅取时代科技与舆情之利，是要谋"信息化""智能化"技术为家庭德育之利，取社会舆情与风尚为家庭德育所用。在科技迅猛发展的形势下，以"信息化""智能化"等助力(有时引领)家庭德育发展(将高新信息网络技术、智能技术转化为家庭德育技术，并灵活应用于家庭德育过程之中)是新时代家庭德育方法变革的必由之路。在当下信息科技高速发展、网络文化广泛普及的大数据(信息)时代，以及即将到来的、以人工智能技术为核心的智能时代，传统的家庭德育模式囿于原有的德育时空条件，尚未在新技术的巨大影响力下充分实现转型。而新技术对家庭德育来说是把双刃剑。谋"信息化""智能化"技术为德育之利，就是要充分利用先进德育技术相较于传统德育方法的优势，并有效规避新技术可能存在的弊端与缺陷。

"信息化""智能化"的德育技术，它们或作为德育影响、知识的载体与知识传播的途径，或作为家庭、社会、学校德育联动的工具和桥梁，有的甚至直接作为德育内容本身。妥善利用新技术，要求德育者充分了解新技术、熟练掌握新技术、灵活运用新技术。德育者应拥有针对"家庭德育的实际情况和受德育者道德发展的现实状况"有的放矢、游刃有余地应用新技术的能力。德育者当创造性地、适切性地应用新技术，明晰何时采用何种新技术、如何使新技术的便利性(有效性)最大化、如何科学地(主动地)运用新技术(而不过分地、被动地依赖于新技术，被它所奴役、所异化)[①]。

取社会舆情与风尚为家庭德育所用，主要当从以下三个方面着力：

一是要善于发现、善于利用社会中的正面(积极)舆情、良好风尚，充分发挥榜样人物、先进事迹的示范作用、引领作用。中国传统文化历来重视"教以效化，民以风化"，德育者应能敏锐洞察积极舆情与风尚的德育意蕴，科学聚焦、整理其中具有明显德育价值的内容，并切实促成社会舆情、风尚与家庭德育内容之间的有效转换，让其能在实质上"渐染人、熏陶人、感化人"，也即在真正意义上实现"成风化人"。

二是要充分屏蔽社会舆情、风尚之负能，全面杜绝负面舆论、不良风气对受德育者道德发展可能形成的消极影响，并深入了解、剖析社会乱象之成因，

---

① 欧阳鹏，胡弼成. 人工智能时代教育管理的变革研究[J]. 大学教育科学，2019(1)：82-88，125.

让其为家庭德育所用。不良的社会风气、恶劣的道德行径、失实的社会舆论，容易产生许多负能量，处理不好的话，将对成长中的受德育者造成恶劣的身心影响。家庭德育不仅应致力于正视听、去负能，以规避其对受德育者积极品质发展的消极作用，还应助力受德育者分析、认知"负面典型""反面教材""谣言谎言"之真相或成因，敦促受德育者从中吸取教训、获得成长，同时养成明辨是非、知耻识廉的能力。

三是要在家庭对社会舆情与风尚的建构过程中发展受德育者的思想品德。家庭是社会的细胞，社会整体的人文环境质量、社会的舆情与风尚，由所有家庭参与建构。家庭当在这个反作用于社会舆情与风尚的过程中发挥其德育作用，应在致力于营造弊绝风清之社会环境的行动中促进受德育者身心全面健康发展。

六、让受德育者在爱与关心中"动情"

在家庭德育过程中，受德育者"动情"是关键。让受德育者在爱与关心中"动情"、成长，是要彰显"德育爱"与"幸福德育"，呵护个体人格与细微品性，重构"学会关心"与"心理契约"方略，创新"互为主体"与"德育生态"之意涵。显然，让受德育者感受"德育爱"、获得认知和体验幸福的能力是家庭德育的重要目标。尽管对爱与幸福的理解人言人殊，但还是有同声一辞之处：爱和幸福，是人身处于美好生活之中并伴有积极情感体验的一种生存状态①。彰显"德育爱"、引导受德育者认知和体验幸福正是家庭德育的功能之一：引导受德育者涤除心灵尘垢，走进内在本心，发现自己的幸福。正如万俊人所说："幸福"是一种生活状态，一种人们对生活经验的主观感受，当然也是一种生活价值的评价②。虽然个人内心主观的幸福体验与外界、社会、世俗并非全无关系，但它更多的是基于自身良知的一种感受和精神财富。

总的来说，家庭德育应致力于启发受德育者在主观感受与客观实践中知觉幸福，引导受德育者在快乐体验与意义实现中悟出幸福，激发受德育者在愉悦

---

① 龙宝新.教育如何成就学生的幸福——兼论为了幸福的教育何以可能[J].陕西师范大学学报(哲学社会科学版)，2008(1)：15-20.

② 万俊人.什么是幸福[J].道德与文明，2011(3)：32-35.

享受与人生发展中提升幸福，敦促受德育者在个人付出与社会奉献中追求幸福①。另外，近年来，"幸福教育学"的观点被越来越多的人所接受和推崇。这一观点的核心价值即"教育过程本身应是一个幸福的体验过程"②。在家庭德育中，德育者幸福地传授知识、传递爱，与受德育者互动、寓教于乐，受德育者则在一种愉悦的、幸福的氛围中汲取滋养、获得成长。教学相长的德育效果得以在幸福体验的基础上实现。

"动情"是家庭德育的方法，"动情"既是"动"受德育者的"情"，亦是德育者以自身"动情"为德育手段。情，是感情，是心理活动，是"知、情、意、信、行"道德发展过程的要素，是德育者与受德育者心与心契合、共鸣的基础。它以爱与幸福为目的，亦以受德育者的人格发展、积极品质（细微品性）的培养为指向。它敦促德育者正视受德育者作为"人"的主体地位，采取符合人格发展规律的德育方式，同时充分重视、悉心呵护、科学引导德育者的积极品质（细微品性）的发展。

重构"学会关心""心理契约"方略与上述方面紧密关联，亦是"共情""关爱""尊重"之说。"学会关心"曾是联合国教科文组织提出的 21 世纪的德育方略、育人目标。"关心"，事实上是人的一种"生理本能"，而此处"学会关心"则既是德育者的德育方法，亦是对受德育者的道德期望。因为人之与生俱来的、生物本能的"关心"有着本质上的缺陷，而"后天的文化环境与教育可以弥补人类关怀生物倾向的不足"③。"学会关心"就是要让受德育者体验到自我与非我的内在联系、体验到个体存在对整个生态系的依赖，也即使受德育者自然生成一种对自己、他人、社会、人类生存状态普遍关心的责任意识和完成责任行为的责任能力④。亲子之间的"心理契约"与学会关心息息相关，它指的是德育者和受德育者对彼此的德育期望，主要反映受德育者所感受到的自身与家庭之间的内在心理联系。科学构建亲子"心理契约"，主要要求德育者正确、合理地表达期望，并多措并举、积极促成受德育者与家庭之间和谐、稳定、健康的心理关系。

---

① 陈浩彬，苗元江.幸福与幸福的教育——基于积极心理学幸福观的思考[J].教育理论与实践，2012(7)：45-48.

② 张蔚，李斌."幸福教育学"论纲——胡弼成教育论著观点摭拾[J].湖南师范大学教育科学学报，2014(1)：73-78.

③ 周加仙.学会关心：从生物倾向到伦理关怀[J].教育发展研究，2017(8)：10-17.

④ 宋晔."学会关心"与责任生成[J].教育理论与实践，2003(3)：36-40.

　　而"互为主体"则正是以"心理契约"的妥善构建为基础的。"互为主体"之德育意涵创新，要求家庭德育必须在德育者与受德育者相互尊重、教学相长的前提下，发展以受德育者为中心的德育活动。以上几个方面因素的变革与发展，正是创新"德育生态"意涵的重要内容。重构家庭德育生态，强调家庭德育系统中各要素的有机整合，其内蕴表现为高度和谐、生态融合、共享发展，"尊重受德育者的人格"是其核心表现，整体和谐是其发展归宿，生态调适是其基本形态，全面协调可持续发展是其未来方向①。

---

① 刘蓉，宋杰.德育生态的基本内涵与评价指标体系探讨[J].江汉论坛，2013(4)：141-144.

参考文献

一、中文著作类(含译著)

[1] 马克思,恩格斯.马克思恩格斯选集:第1卷[M].北京:人民出版社,1995.

[2] 马克思,恩格斯.马克思恩格斯选集:第2卷[M].北京:人民出版社,1995.

[3] 马克思,恩格斯.马克思恩格斯选集:第3卷[M].北京:人民出版社,1995.

[4] 马克思,恩格斯.马克思恩格斯选集:第4卷[M].北京:人民出版社,1995.

[5] 马克思,恩格斯.马克思恩格斯全集:第1卷[M].北京:人民出版社,1995.

[6] 马克思,恩格斯.马克思恩格斯全集:第4卷[M].北京:人民出版社,1965.

[7] 马克思,恩格斯.马克思恩格斯全集:第20卷[M].北京:人民出版社,1971.

[8] 马克思,恩格斯.马克思恩格斯全集:第29卷[M].北京:人民出版社,1972.

[9] 马克思,恩格斯.马克思恩格斯全集:第45卷[M].北京:人民出版社,1985.

[10] 恩格斯.家庭、私有制和国家的起源[M].北京:人民出版社,2018.

[11] 列宁.列宁选集:第3卷[M].北京:人民出版社,1972.

[12] 列宁.列宁全集:第55卷[M].北京:人民出版社,1990.

[13] 毛泽东.毛泽东选集:第1卷[M].北京:人民出版社,1991.

[14] 毛泽东.毛泽东文集:第7卷[M].北京:人民出版社,1999.

[15] 毛泽东.毛泽东著作选读:下册[M].北京:人民出版社,1986.

[16] 毛泽东.毛泽东书信选集[M].北京:人民出版社,1983.

[17] 中共中央组织部.毛泽东邓小平江泽民论干部监督[M].北京:党建读物出版社,2000.

[18] 毛泽东.建国以来毛泽东文稿:第8册[M].北京:中央文献出版社,1993.

[19] 毛泽东.建国以来毛泽东文稿:第11册[M].北京:中央文献出版社,1996.

[20] 邓小平.邓小平文选:第1卷[M].北京:人民出版社,1994.

[21] 邓小平. 邓小平文选：第 2 卷[M]. 北京：人民出版社，1994.

[22] 邓小平. 邓小平文选：第 3 卷[M]. 北京：人民出版社，1993.

[23] 江泽民. 江泽民文选：第 2 卷[M]. 北京：人民出版社，2006.

[24] 胡锦涛. 胡锦涛文选：第 2 卷[M]. 北京：人民出版社，2016.

[25] 习近平. 习近平谈治国理政：第一卷[M]. 北京：外文出版社，2018.

[26] 习近平. 习近平谈治国理政：第二卷[M]. 北京：外文出版社，2017.

[27] 习近平. 习近平谈治国理政[M]. 北京：外文出版社，2014.

[28] 中共中央组织部, 中共中央宣传部, 中共中央编译局. 马列主义经典著作选编学习导读[M]. 北京：学习出版社，2011.

[29] 中国社会科学院马克思列宁主义毛泽东思想研究所. 毛泽东邓小平江泽民论哲学社会科学[M]. 北京：中国社会科学出版社，2005.

[30] 潘相陈. 毛泽东家书钩沉[M]. 北京：中共中央党校出版社，1997.

[31] 毛岸青, 邵华. 我们爱韶山的红杜鹃——献给亲爱的父亲毛泽东诞辰 105 周年[M]. 北京：中央文献出版社，1998.

[32] 程颢, 程颐. 二程遗书[M]. 上海：上海古籍出版社，2000.

[33] 胡适. 容忍与自由[M]. 郑州：中州古籍出版社，2015.

[34] 费孝通. 乡土中国生育制度[M]. 北京：北京大学出版社，1998.

[35] 王磊. 马克思恩格斯论道德[M]. 北京：人民出版社，2011.

[36] 张红艳. 马克思恩格斯家庭伦理思想及其当代价值[M]. 桂林：广西师范大学出版社，2015.

[37] 王立东. 马克思主义伦理学十讲[M]. 北京：冶金工业出版社，2011.

[38] 韦冬, 王小锡. 马克思主义经典作家论道德[M]. 北京：中国人民大学出版社，2017.

[39] 顾海良. 马克思主义发展史[M]. 北京：中国人民大学出版社，2009.

[40] 苏国勋, 刘小枫. 社会理论的诸理论[M]. 上海：上海三联书店，2005.

[41] 陶行知. 陶行知全集：第 1 卷[M]. 成都：四川教育出版社，1991.

[42] 陶行知. 陶行知全集：第 2 卷[M]. 成都：四川教育出版社，1991.

[43] 陶行知. 陶行知全集：第 3 卷[M]. 成都：四川教育出版社，1991.

[44] 陶行知. 陶行知全集：第 4 卷[M]. 成都：四川教育出版社，1991.

[45] 陈鹤琴. 陈鹤琴全集：第 2 卷[M]. 南京：江苏教育出版社，1989.

[46] 鲁洁. 德育社会学[M]. 福州：福建教育出版社，1998.

[47] 叶澜, 等. 教育理论与学校实践[M]. 北京：高等教育出版社，2000.

[48] 范先佐. 教育经济学新编[M]. 北京：人民教育出版社，2010.

[49] 陈谷嘉, 朱汉民. 中国德育思想研究[M]. 杭州：浙江教育出版社，1998.

［50］马凤歧.教育政治学［M］.北京：人民教育出版社，2002.

［51］蔡元培.文化融合与道德教化——蔡元培文选［M］.上海：上海远东出版社，1994.

［52］中国妇女管理干部学院.中国妇女运动文献资料汇编：第2册［M］.北京：中国妇女出版社，1988.

［53］戴素芳.传统家训的伦理之维［M］.长沙：湖南人民出版社，2008.

［54］蔡元培.蔡元培教育文选［M］.北京：人民教育出版社，1980.

［55］蔡元培.蔡元培全集：第2卷［M］.北京：中华书局，1984.

［56］郭凤志.德育文化论［M］.北京：中国社会科学出版社，2008.

［57］吕杰，张波，袁浩川.传播学导论［M］.北京：科学出版社，2007.

［58］孙孔懿.教育时间学［M］.南京：江苏教育出版社，1993.

［59］庄孔韶.教育人类学［M］.哈尔滨：黑龙江教育出版社，1989.

［60］王思斌.社会工作概论［M］.北京：高等教育出版社，2014.

［61］杨志坚.中国本科教育培养目标研究［M］.北京：高等教育出版社，2005.

［62］张耀灿，陈万柏.思想政治教育学原理［M］.北京：高等教育出版社，2001.

［63］陆学艺.当代中国社会阶层研究报告［M］.北京：社会科学文献出版社，2018.

［64］汤因比.历史研究［M］.上海：上海人民出版社，1960.

［65］周振甫.周易译注［M］.北京：中华书局，1991.

［66］赵祥麟.外国教育家评传：第3卷［M］.上海：上海教育出版社，1992.

［67］时蓉华.社会心理学［M］.杭州：浙江教育出版社，1998.

［68］陈根法，吴仁杰.幸福论［M］.上海：上海人民出版社，2004.

［69］刘玉新.工作压力与生活———个体应对与组织管理［M］.北京：中国社会科学出版社，2011.

［70］刘超良.制度德育论［M］.武汉：湖北教育出版社，2007.

［71］康德.历史理性批判文集［M］.何兆武，译.北京：商务印书馆，1990.

［72］康德.实践理性批判［M］.韩水法，译.北京：商务印书馆，1999

［73］康德.论教育学［M］.赵鹏，何兆武，译.上海：上海人民出版社，2005.

［74］亚里士多德.政治学［M］.吴寿彭，译.北京：商务印书馆，2006.

［75］皮亚杰，英海尔德.儿童心理学［M］.吴福元，译.北京：商务印书馆，1980.

［76］皮亚杰.儿童的心理发展［M］.傅统先，译.济南：山东教育出版社，1982.

［77］夸美纽斯.大教学论［M］.傅任敢，译.北京：人民教育出版社，1984.

［78］德鲁克.有效的管理者［M］.吴军，译.北京：求实出版社，1985.

［79］贝克，等.儿童发展［M］.吴颖，吴荣先，等译.南京：江苏教育出版社，2002.

［80］科尔伯格.道德发展心理学：道德阶段的本质与确认［M］.郭本禹，何谨，等译.上海：

华东师范大学出版社,2004.

[81] 拉思斯.价值与教学[M].谭松贤,译.杭州:浙江教育出版社,2003.

[82] 班杜拉.社会学习理论[M].陈欣银,李伯黍,译.沈阳:辽宁人民出版社,1989.

[83] 海德格尔.诗·语言·思[M].彭富春,译.北京:文化艺术出版社.1991.

[84] 马卡连柯.马卡连柯全集:第3卷[M].文颖,等译.北京:人民教育出版社,1957.

[85] 涂尔干.社会分工论[M].渠东,译.北京:生活·读书·新知三联书店,2000.

[86] 布列钦卡.教育科学的基本概念:分析、批判和建议[M].胡劲松,译.上海:华东师范大学出版社,2001.

[87] 杜威.民主主义与教育[M].王承绪,译.北京:人民教育出版社,2001.

[88] 科尔曼.社会理论的基础:上卷[M].邓方,译.北京:社会科学文献出版社,1999.

[89] 塞利格曼.持续的幸福[M].赵昱鲲,译.杭州:浙江人民出版社,2012.

[90] 科特,等.变革[M].李原,孙健敏,译.北京:中国人民大学出版社,1999.

[91] 罗宾斯,库尔特.管理学[M].孙健敏,等译.北京:中国人民大学出版社,2012.

[92] 阿普尔比,等.历史的真相[M].刘北成,译.北京:中央编译出版社,1999.

[93] 亨廷顿,哈里森.文化的重要作用——价值观如何影响人类进步[M].程克雄,译.北京:新华出版社,2010.

[94] 马斯洛.动机与人格[M].许金声,等译.北京:华夏出版社,1987.

[95] 杜威.学校与社会·明日之学校[M].赵祥麟,译.北京:人民教育出版社,2005.

[96] 特纳·邱泽奇.社会学理论的结构[M].张茂元,译.北京:华夏出版社,2006.

[97] 中村哲.学校を活性化する伝統·文化の教育[M].东京:学事出版,2009.

[98] 施韦泽.文化哲学[M].陈泽环,译.上海:上海人民出版社,2013.

[99] 阿伦特.过去和未来之间[M].王寅丽,张立立,译.南京:译林出版社,2011.

[100] 卢梭.爱弥儿——论教育:上卷[M].李平沤,译.北京:人民教育出版社,2001.

二、论文类

[1] 习近平.深入学习中国特色社会主义理论体系 努力掌握马克思主义立场观点方法[J].求是,2010(7):17-24.

[2] 江泽民.关于教育问题的谈话[J].求是,2000(5):3-5.

[3] 韩震.中国才是当今世界最大的民主国家[J].前线,2017(12):160.

[4] 王贵明.高举邓小平理论旗帜 培育跨世纪合格人才[J].山西财经大学学报,1999(S1):138-139.

[5] 王中汝.社会主义核心价值观:集体主义还是其他[J].社会主义研究,2010(5):18-22.

［6］镡鹤婧.马克思恩格斯家庭思想的基本内涵研究［J］.东北大学学报（社会科学版），2015
（6）：631-636.

［7］魏长领，冯展畅.马克思主义人类解放思想的三层意蕴［J］.河南社会科学，2019（10）：
1-7.

［8］庞桂甲.习近平关于文艺育人的重要命题［J］.思想教育研究，2019（4）：59-62.

［9］贾双跃.中国改革开放以来社会分化的基本状况、特征与趋势［J］.学术界，2019（7）：
74-82.

［10］袁贵仁.坚持党的领导和社会主义办学方向 不断推进教育事业科学发展［J］.求是，
2011（14）：30-33.

［11］李旭东.未成年人犯罪的家庭不良因素影响及预防对策［J］.中国青年政治学院学报，
2005（2）：5-20.

［12］哈丽娜，刘娜，何佳洁.未成年人犯罪与家庭功能相关性研究［J］.法制与社会，2019（22）：
132-133.

［13］牛凯，张洁，韩鹏.论我国未成年人网络保护的加强与改进［J］.青少年犯罪问题，2016（2）：
37-52.

［14］杨耕.价值、价值观与核心价值观［J］.北京师范大学学报（社会科学版），2015（1）：16-22.

［15］杜时忠.制度德性与制度德育［J］.教育研究与实验，2002（4）：11-13.

［16］刘利民.学校教育与家庭教育的边界［J］.中国教育学刊，2017（7）：43-47.

［17］刘珂，杨启光.校园欺凌的道德教育影响因素与环境重构：关怀伦理的视角［J］.教育
科学研究，2018（3）：12-17.

［18］刘铁芳，颜桂花.教师：活在师生关系之中［J］.大学教育科学，2015（3）：76-81.

［19］刘国雄，陆婷.青少年的道德推脱及其与家庭教养方式的关系［J］.中国特殊教育，2013（4）：
40-42.

［20］严从根.论教师日常生活启蒙的使命自觉与能力发展［J］.教育研究，2019（7）：
150-159.

［21］李东坡.思想政治教育复杂性及其创新发展［J］.教学与研究，2018（2）：34-42.

［22］安世遨.教育的复杂性与非线性规律［J］.现代教育管理，2015（7）：41-46，81.

［23］毕明生.陶行知生活教育理论的德育理论探析［J］.思想政治教育研究，2010（1）：
43-45.

［24］倪娜，鲁宇滴.理解与体验：大学德育方法与道路的探索［J］.东北师大学报（哲学社会
科学版），2012（6）：13-17.

［25］黄艺羡.情感激励法在"思想道德修养与法律基础"课中的运用［J］.思想理论教育导
刊，2011（2）：88-91.

[26] 赵志毅.德育的"意志"转向——兼论走向"实践理性"的学校德育[J].教育研究, 2012(2)：53-59.

[27] 骆郁廷, 孙婷婷.形象德育：一种新的德育形态[J].教育研究, 2017(6)：20-26.

[28] 刘长海.经验德育：一种基于杜威哲学的德育思路[J].教育研究, 2019(6)：51-59.

[29] 徐萍萍, 勇素华.论转型社会的自律德育[J].广西社会科学, 2016(8)：53-57.

[30] 王小飞.重构道德主体的自治：德育范式变革的中介[J].教育研究, 2009(6)：96-101.

[31] 詹万生, 宁武杰.和谐德育研究的理论基础[J].教育研究, 2007(7)：61-65.

[32] 吴文君, 张彦通.主体间性视域下导师与研究生交往的德育效应探析[J].学位与研究生教育, 2017(1)：19-22.

[33] 李凯.论社会主体如何可能——面对人类解放的困惑[J].现代哲学, 2011(3)：20-24.

[34] 马玉慧, 柏茂林, 周政.智慧教育时代我国人工智能教育应用的发展路径探究——美国《规划未来, 迎接人工智能时代》报告解读及启示[J].电化教育研究, 2017(3)：123-128.

[35] 万俊人.什么是幸福[J].道德与文明, 2011(3)：32-35.

[36] 欧阳鹏, 胡弼成.家庭德育：为人一生的发展奠基[J].大学教育科学, 2018(4)：10-17.

[37] 胡弼成, 欧阳鹏.共建共治共享：大学治理法治化新格局——基于习近平的社会治理理念[J].中南大学学报(社会科学版), 2019(6)：153-161.

[38] 欧阳鹏, 胡弼成.人工智能时代教育管理的变革研究[J].大学教育科学, 2019(1)：82-88, 125.

[39] 刘克利, 欧阳鹏.教育的元价值是创新生命本质——生命哲学视域中教育的本真意蕴新探[J].大学教育科学, 2019(3)：29-36, 123.

[40] 张蔚, 李斌."幸福教育学"论纲——胡弼成教育论著观点撷拾[J].湖南师范大学教育科学学报, 2014(1)：73-78.

[41] 徐艳玲, 贺方彬.中国道路：世界性与民族性双重维度的观照[J].理论探讨, 2014(4)：5-9.

[42] 龙宝新.教育如何成就学生的幸福——兼论为了幸福的教育何以可能[J].陕西师范大学学报(哲学社会科学版), 2008(1)：15-20.

[43] 陈浩彬, 苗元江.幸福与幸福的教育——基于积极心理学幸福观的思考[J].教育理论与实践, 2012(7)：45-48.

[44] 刘铁芳.走向整全的人：个体成长与教育的内在秩序[J].教育研究, 2017(5)：33-42.

[45] 丁工.中等强国与中国周边外交[J].世界经济与政治, 2014(7)：24-41, 156-157.

[46] 冯秀军.现代学校德育环境的生态建构[J].教育研究, 2013(5)：104-111.

[47] 于光, 张澍军.传统德育主体理论的弊端与现代困境[J].东北师大学报(哲学社会科学版), 2009(1)：56-59.

［48］吴潜涛，杨峻岭.全面理解爱国主义的科学内涵［J］.高校理论战线，2011(10)：9-14.

［49］徐勇.民主：一种利益均衡的机制——深化对民主理念的认识［J］.河北学刊，2008(2)：
    1-5.

［50］周加仙.学会关心：从生物倾向到伦理关怀［J］.教育发展研究，2017(8)：10-17.

［51］陶莉.论伦理道德的经济功能［J］.四川大学学报(哲学社会科学版)，2001(6)：130
    -135.

［52］张大均.论人的心理素质［J］.心理与行为研究，2003(2)：143-146.

［53］蒋奖，鲁峥嵘，蒋苾菁，等.简式父母教养方式问卷中文版的初步修订［J］.心理发展与
    教育，2010(1)：94-99.

［54］高书国.中国家庭教育研究的理论缺失与自信重构［J］.教育发展研究，2020(2)：
    9-17.

［55］钱颖一.大学治理：美国、欧洲、中国［J］.清华大学教育研究，2015(5)：1-12.

［56］吴念阳，张东昀.青少年亲子关系与心理健康的相关研究［J］.心理科学，2004(4)：
    812-816.

［57］刘蓉，宋杰.德育生态的基本内涵与评价指标体系探讨［J］.江汉论坛，2013(4)：
    141-144.

［58］宋晔."学会关心"与责任生成［J］.教育理论与实践，2003(3)：36-40.

［59］关培兰，石宁.中美家庭道德伦理观与教育的比较［J］.比较教育研究，1999(4)：
    33-37.

［60］刘玉新，王学普，张建卫，等.家庭心理需求及其对家庭幸福的影响——基于1139个
    家庭的研究证据［J］.北京理工大学学报(社会科学版)，2016(5)：98-104.

［61］艾红梅.新时代教育如何创造性转化中华传统美德——评《鲁洁德育论著精要》［J］.中
    国教育学刊，2020(5)：112.

［62］鲁洁.道德教育的根本作为：引导生活的建构［J］.教育研究，2010(6)：3-8.

［63］鲁洁.生活·道德·道德教育［J］.教育研究，2006(10)：3-7

［64］鲁洁.教育的原点：育人［J］.华东师范大学学报(教育科学版)，2008(4)：15-22.

［65］鲁洁.通识教育与人格陶冶［J］.教育研究，1997(4)：16-19.

［66］鲁洁.实然与应然两重性：教育学的一种人性假设［J］.华东师范大学学报(教育科学
    版)，1998(4)：1-8.

［67］鲁洁.道德教育的期待：人之自我超越［J］.高等教育研究，2008(9)：1-6.

［68］袁晓琳，肖少北.道德符号理论视角下的学校德育［J］.教育观察，2017(18)：48-49.

［69］张兆国，张旺峰，杨清香.目标导向下的内部控制评价体系构建及实证检验［J］.南开
    管理评论，2011(1)：148-156.

[70] 易然，易连云.从"诗意居住"到"精神幸福"——海德格尔哲学的现代教育意义诠释[J].教育研究，2014(11)：16-23.

[71] 吴红明.特殊家庭学生群体值得引起关注[J].中国教育学刊，2015(10)：108.

[72] 石智雷.区域文化对婚姻稳定性的影响：基于跨省流动人口的研究[J].社会，2020(1)：213-242.

[73] 段新明，杨霞.科技与人文的博弈——当代中国德育发展趋向研究[J].河北师范大学学报(教育科学版)，2009(12)：23-26.

[74] 马多秀.心灵关怀：农村留守儿童德育的诉求[J].中国教育学刊，2011(1)：76-79.

[75] 丛晓波，刘鑫文.转型期我国家庭教育的困境与出路[J].东北师大学报(哲学社会科学版)，2019(5)：139-144.

[76] 龚维斌.我国社会结构：变化、特点及风险[J].中国特色社会主义研究，2019(4)：69-77.

[77] 张璐斐，张琦光，施小菊.青春期父母教育方式的调整与亲子关系[J].教育理论与实践，2002(10)：61-64.

[78] 王挺，肖三蓉，徐光兴.人格特质、家庭环境对中学生道德判断能力的影响[J].心理科学，2011(3)：664-669.

[79] 胡永嘉.正确认识理解新时代的新特征[J].党建，2019(3)：30-31.

[80] 周海涛，朱玉成.教育领域供给侧改革的几个关系[J].教育研究，2016(12)：30-34.

[81] 刘国雄，陆婷.青少年的道德推脱及其与家庭教养方式的关系[J].中国特殊教育，2013(4)：40-42.

[82] 曾晓强.国外道德认同研究进展[J].心理研究，2011(4)：20-25.

[83] 李积鹏，韩仁生.家庭教养方式对儿童道德发展的影响及家庭德育策略[J].现代教育科学，2017(8)：103-109.

[84] 王露璐，李明建.农村留守儿童道德教育的现状与思考[J].教育研究与实验，2014(6)：41-44.

[85] 段乔雨.新生代农村留守儿童家庭教育的困境及其突围[J].现代教育科学，2017(12)：24-29.

[86] 刘谦，冯跃，生龙曲珍.家庭教育与学校教育互动的文化机理初探——基于对北京市农民工随迁子女教育活动的田野观察[J].教育研究，2012(7)：22-28.

[87] 黄河清.家庭教育与学校教育的比较研究[J].华东师范大学学报(教育科学版)，2002(2)：28-34，58.

[88] 孙伦轩.中国城镇青少年成长的邻里效应——基于"中国教育追踪调查"的实证研究[J].青年研究，2018(6)：31-38，92.

[89] 李晓巍.父亲教育参与对幼儿社会适应的影响[J].中国临床心理学杂志,2016(5):890-893,899.

[90] 关颖.论社区诸要素对家庭教育的影响与制约[J].浙江学刊,2000(4):71-75.

[91] 罗洪铁.思想政治教育自然环境研究的再思考[J].思想教育研究,2010(8):28-32.

[92] 宋瑞芝,宋佳红.论地理环境对俄罗斯民族性格的影响[J].湖北大学学报(哲学社会科学版),2001(1):82-85.

[93] 舒国滢,王重尧.德治与法治相容关系的理论证成[J].河南师范大学学报(哲学社会科学版),2018(5):43-49.

[94] 祁占勇,杜越.家庭教育立法的现实诉求及其立法精神与技术[J].湖南师范大学教育科学学报,2020(1):24-31.

[95] 檀传宝.当代伦理与教育的"阿伦特困境"及其出路[J].江苏高教,2016(4):6-8.

[96] 曹永国.同情教育:公民德行养成的根基——卢梭《爱弥儿》第四卷中的一个审思[J].现代大学教育,2015(2):73-80,112-113.

[97] 李均.论实证主义范式及其对教育学的意义[J].教育研究,2018(7):41-48.

[98] 郭峰.试论高校教师德育观的建构[J].思想教育研究,2012(11):88-90.

[99] 罗海敏.论网络影响未成年人犯罪的新形势与对策[J].河南社会科学,2012(8):24-25,107.

[100] 吴俊.论人类命运共同体意识及其落地生根的社会培育[J].思想教育研究,2017(10):88-92.

[101] 夏惠贤,李国栋.从立德树人看小学语文教科书德育内容的改进——基于苏教版与人教版的比较研究[J].全球教育展望,2016(4):94-105.

[102] 周金华,刘睿.从三个领域增强大学生政治认同[J].学校党建与思想教育,2019(24):40-41,50.

[103] 邹广文,乔瑞华.关于文化自信问题的几点思考[J].北京行政学院学报,2017(2):86-91.

[104] 阎国华,何珍.国家意识的历史发展与时代培育研究[J].河海大学学报(哲学社会科学版),2019(2):13-21,105.

[105] 程德慧.现代公民人格探析[J].郑州大学学报(哲学社会科学版),2015(4):34-37.

[106] 郑敬斌.学校德育课程内容衔接问题与治理路径[J].思想理论教育,2015(1):59-63.

[107] 张耀灿.在新的历史起点上推进思想政治教育科学化[J].思想理论教育,2011(21):4-9.

[108] 张亚玲.父母教养方式对中学生亲社会行为的影响:道德同一性的中介作用[D].南

京：南京师范大学，2019.

［109］万增奎.道德同一性的心理发展与建构［D］.南京：南京师范大学，2008.

［110］陆启越.高校德育评价范式转换研究［D］.长沙：湖南大学，2018.

三、外文文献类

［1］CHRIS QI. China ready to enter a new era［J］. ICIS Chemical Business, 2015(1)：73-74.

［2］EMILIJA PETROVA-GJORGJEVA. Democratic society and moral education［J］. Procedia-Social and Behavioral Sciences, 2010(2)：635-640.

［3］KIM HA YUN, NAM EUN WOO, JIN KI NAM. Effectiveness of a school-based mental health education program in an impoverished urban area of Peru［J］. Global health promotion, 2020(1)：77-86.

［4］FEINBERG MATTHEW, WEHLING ELISABETH, CHUNG JOANNE M, et al. Measuring moral politics：How strict and nurturant family values explain individual differences in conservatism, liberalism, and the political middle［J］. Journal of personality and social psychology, 2020(4)：777-804.

［5］REN ZHENG, ZHOU GE, et al. Associations of family relationships and negative life events with depressive symptoms among Chinese adolescents：A cross-sectional study［J］. PLOS ONE, 2019(7)：1-16.

［6］PERALES FRANCISCO, LERSCH PHILIPP M, BAXTER JANEEN. Birth cohort, ageing and gender ideology：Lessons from British panel data［J］. Social science research, 2019(3)：85-100.

［7］MINGGANG JIANG, XU SHAO, et al. Family relationships and personality disorder functioning styles in paranoid schizophrenia［J］. Personality and Individual Differences, 2020(2)：1-5.

［8］CHAN, TAK WING, ANITA KOO. Parenting style and youth outcomes in the UK［J］. European Sociological Review, 2011(3)：385-399.

［9］LAWRENCE KOHLBERG. The philosophy of moral development［M］. San Francisco：Harper & Row Publishers, 1981：300.

［10］JOHN W. A new introduction to moral education［M］. London：Cassell Limital, 1990.

［11］ZHENSHAN YANG, PU HAO, DI WU. Children's education or parents' employment：How do people choose their place of residence in Beijing［J］. Cities, 2019(C)：197-205.

［12］GHEORGHIU AURELIAN, BARNA IULIANA. The education of the self and feminine body aesthetics through physical exercise and effective communication［J］. Procedia-Social and Behavioral Sciences, 2014(4)：198-201.

[13] LIN MENG-JUNG. The social and genetic inheritance of educational attainment：Genes，parental education，and educational expansion［J］. Social science research，2020（C）：1-47.

[14] BIN-BIN CHEN，NORA WIIUM，RADOSVETA DIMITROVA，et al. The relationships between family，school and community support and boundaries and student engagement among Chinese adolescents［J］. Current Psychology，2019（3）：705-714.

[15] LAUREN MCCLAIN，SUSAN L. BROWN. The roles of fathers' involvement and coparenting in relationship quality among cohabiting and married parents［J］. Sex Roles，2017（5-6）：334-345.

[16] BELSKY J. The determinants of parenting：A process model［J］. Child Development，1984（1）：83-96.

[17] BONNEY，J. F.，KELLEY，M. L.，LEVANT，R. F. A model of father's involvement in child care in dual-earner families［J］. Journal of Family Psychology，2008（13）：401-415.

[18] OGBU，J. U. Collective identity and the burden of "acting white" in black history，community，and education［J］. Urban Review，2004（1）：1-35.

[19] MASSEY，D. S. et al. Segregation，the concentration of poverty，and the life chances of individuals［J］. Social Science Research，1991（4）：397-420.

[20] BRENT STRICKLAND，MATTHEW FISHER，JOSHUA KNOBE. Moral structure falls out of general event structure［J］. Psychological Inquiry，2012（2）：198-205.

[21] DOUGLAS M GREGOR. An uneasy look at performance appraisal［J］. Harvard Business Review，l957（5/6）：89-94.

[22] COLEMAN，J. S. Social capital in the creation of human capital［J］. American Journal of Sociology，1988（1）：95-120.

[23] JOHN DORIS NAISBITT. China's megatrends：The 8 pillars of a new society［M］. New York：Harper Collins Publishers，2010：41-66.

四、报刊类

[1] 习近平.决胜全面建成小康社会 夺取新时代中国特色社会主义伟大胜利——在中国共产党第十九次全国代表大会上的报告［N］.人民日报，2017-10-28（01）.

[2] 习近平.在会见第一届全国文明家庭代表时的讲话［N］.人民日报，2016-12-16（02）.

[3] 习近平.在2015年春节团拜会上的讲话［N］.人民日报，2015-02-18（02）.

[4] 习近平在全国高校思想政治工作会议上强调把思想政治工作贯穿教育教学全过程开创我国高等教育事业发展新局面［N］.人民日报，2016-12-09（01）.

[5] 习近平.在网络安全和信息化工作座谈会上的讲话[N].人民日报,2016-04-26(02).

[6] 习近平.做党和人民满意的好老师——同北京师范大学师生代表座谈时的讲话[N].人民日报,2014-09-10(02).

[7] 习近平在全国高校思想政治工作会议上强调:把思想政治工作贯穿教育教学全过程开创我国高等教育事业发展新局面[N].人民日报,2016-12-09(01).

[8] 习近平在全国宣传思想工作会议上强调:胸怀大局把握大势着眼大事,努力把宣传思想工作做得更好[N].人民日报,2013-08-21(01).

[9] 习近平在中共中央政治局第三十七次集体学习时强调:坚持依法治国和以德治国相结合推进国家治理体系和治理能力现代化[N].人民日报,2016-12-11(01).

[10] 胡锦涛.致中国青年群英会的信[N].人民日报,2007-05-05(01).

[11] 江泽民.在庆祝中华人民共和国成立四十周年大会上的讲话[N].人民日报,1989-09-03(01).

[12] 江泽民.国运兴衰系于教育 教育振兴全民有责[N].人民日报,1999-06-16(01).

[13] 中共中央国务院举行春节团拜会[N].人民日报,2015-02-18(01).

[14] 中共中央关于构建社会主义和谐社会若干重大问题的决定[N].人民日报,2006-10-19(01).

[15] 中共中央关于加强党的政治建设的意见[N].人民日报,2019-02-28(01).

[16] 姚建龙.应对校园欺凌,不宜只靠刑罚[N].人民日报,2016-06-14(05).

[17] 杨晓蓓.调查:过半成都父母家庭教育方式不一致[N].成都晚报,2014-03-18(05).

附　录

附录 A　青少年道德同一性问卷

下列词语是用来描述一个人的品质的：

守信　诚实　孝顺　负责　真诚

礼貌　善良　助人　正直　忠诚

拥有上面这些品质的人可能是你，也可能是他人。现在，在你的头脑中想象一个拥有这些品质的人，想象这个人会怎么思考、生活和行动。当你在脑海中对他(她)有一个栩栩如生的形象时，回答下列问题。

题后的选项中：

1＝完全不符合；2＝比较不符合；3＝不确定；4＝比较符合；5＝完全符合。

将"√"画在你的选项下边。

题目	完全不符合—完全符合				
1. 做一个有如上品质的人会让我感觉很好	1	2	3	4	5
2. 成为拥有这些品质的人对我来说很重要	1	2	3	4	5
3. 我在空闲时间做的事情能清楚地反映我有如上品质	1	2	3	4	5
4. 我读的书、杂志能清楚地表现我有如上品质	1	2	3	4	5
5. 有这些品质对我不是十分重要	1	2	3	4	5

续表

题目	完全不符合—完全符合				
6. 在我的工作学习环境中，平时别人知道我拥有这些品质	1	2	3	4	5
7. 我积极参加能表现这些品质的活动	1	2	3	4	5
8. 我强烈渴望拥有这些品质	1	2	3	4	5
9. 因为我有以上的品质，所以每个接触我的人都特别认可	1	2	3	4	5
10. 我想尽力实现上述品质，这样才能对自己的品行感到很满意	1	2	3	4	5
11. 具有了以上的品质会让我感到自豪	1	2	3	4	5
12. 我认为具有如上品质会使我的一生很有意义	1	2	3	4	5
13. 我认为有如上的品质而让我感到快乐	1	2	3	4	5
14. 我常常想希望自己能成为如上品质的人	1	2	3	4	5
15. 周围的邻居都曾经夸奖我有上述品质	1	2	3	4	5
16. 我有如上品质，所以赢得大家的信赖	1	2	3	4	5

附录 B 简式父母教养方式问卷(s-EMBU-C)

亲爱的同学:

您好! 本问卷只用于教育调查, 请根据自己的情况如实作答, 不要有任何顾虑, 感谢您的参与。

1. 性别: _____ 年龄: _____ 年级: _____

2. 家庭结构:

A. 多代   B. 普通   C. 离异   D. 单亡   E. 双亡   F. 其他

3. 父亲文化程度:

A. 大学(包括大学以上、大专)   B. 高中/中专   C. 初中   D. 小学

4. 父亲职业:

A. 工人   B. 农民   C. 知识分子   D. 干部   E. 其他

5. 母亲文化程度:

A. 大学(包括大学以上、大专)   B. 高中/中专   C. 初中   D. 小学

6. 母亲职业:

A. 工人   B. 农民   C. 知识分子   D. 干部   E. 其他

父母的教养方式对子女的发展和成长是至关重要的, 我们每个人都对我们成长过程中父母对待我们的方式有深刻印象, 回答这一问卷, 就是请您努力回想小时候留下的这些印象。

请您分别在最适合的空格内打"√", 每题只选一个答案。

如果您幼小时候父母不全, 可以只回答父亲或母亲一栏。问卷不记名, 请您如实回答。

项目		从不	偶尔	经常	总是
1. 父/母亲常常在我不知道原因的情况下对我大发脾气	父				
	母				
2. 父/母亲赞美我	父				
	母				

续表

项目		从不	偶尔	经常	总是
3. 我希望父/母亲对我正在做的事不要过分担心	父				
	母				
4. 父/母亲对我的惩罚往往超过我应受的程度	父				
	母				
5. 父/母亲要求我回到家里必须得向他(她)说明我在外面做了什么事	父				
	母				
6. 我觉得父/母亲尽量使我的青少年时期的生活更有意义和丰富多彩	父				
	母				
7. 父/母亲经常当着别人的面批评我既懒惰又无用	父				
	母				
8. 父/母亲不允许我做一些其他孩子可以做的事情,因为他(她)害怕我会出事	父				
	母				
9. 父/母亲总试图鼓励我,使我成为佼佼者	父				
	母				
10. 我觉得父/母亲对我可能出事的担心是夸大的、过分的	父				
	母				
11. 当遇到不顺心的事时,我能感到父/母亲在尽量鼓励我,使我得到安慰	父				
	母				
12. 我在家里往往被当作"替罪羊"或"害群之马"	父				
	母				
13. 我能通过父/母亲的言谈、表情感受到他(她)很喜欢我	父				
	母				
14. 父/母亲常以一种使我很难堪的方式对待我	父				
	母				
15. 父/母亲常常允许我到我喜欢去的地方,而他(她)又不会过分担心	父				
	母				

续表

项目		从不	偶尔	经常	总是
16. 我觉得父/母亲干涉我做的任何一件事	父				
	母				
17. 我觉得与父/母亲之间存在一种温暖、体贴和亲热的感觉	父				
	母				
18. 父/母亲对我该做什么、不该做什么都有严格的限制而且绝不让步	父				
	母				
19. 即使是很小的过错，父/母亲也惩罚我	父				
	母				
20. 父/母亲总是左右我该穿什么衣服或该打扮成什么样子	父				
	母				
21. 当我做的事情取得成功时，我觉得父/母亲很为我自豪	父				
	母				